LASSEN SIE IHR HIRN NICHT UNBEAUFSICHTIGT!

Christiane Stenger, Jahrgang 1987, ist der Inbegriff der Überfliegerin. Sie hat in Rekordzeit ihr Abitur gemacht und studiert, ist heute erfolgreiche Speakerin, Coach und moderiert ganz nebenbei noch eine Sendung bei ZDFneo. Die mehrfache Gedächtnisweltmeisterin weiß nicht nur, wie man Wissen sammelt, sondern auch, wie man es im Kopf behält.

CHRISTIANE STENGER

LASSEN SIE IHR HIRN NICHT UNBEAUFSICHTIGT!

GEBRAUCHSANWEISUNG FÜR IHREN KOPF

CAMPUS VERLAG
FRANKFURT/NEW YORK

ISBN 978-3-593-50012-6

Umschlaggestaltung: FAVORITBUERO, München
Umschlagfoto: Johannes Löffler, Berlin
Illustrationen: Max Bachmeier, München
Satz: Publikations Atelier, Dreieich
Gesetzt aus Sabon und Futura
Druck und Bindung: Beltz Bad Langensalza
Printed in Germany

Dieses Buch ist auch als E-Book erschienen.
www.campus.de

Für Gert, Helge und Jost.

Inhalt

Einleitung

»Wenn das Gehirn des Menschen so einfach wäre, dass wir es verstehen könnten, dann wären wir so dumm, dass wir es doch nicht verstehen würden.« Dieser Satz stammt aus dem Buch *Sofies Welt* von Jostein Gaarder. Was für ein Glück, dass unser Gehirn so kompliziert ist! Das macht unser Leben zwar manchmal nicht unbedingt einfach, eröffnet uns dafür aber die unglaublichsten Fähigkeiten. Die Natur hat uns eine ganze Menge mitgegeben – aber manchmal fehlt mir eine Gebrauchsanweisung für meinen Kopf. Es wäre schön, wenn wir die mitbekommen hätten. Vielleicht zur Einschulung in der Schultüte. Das hätte mir ja gereicht. Oder zumindest ein PDF als Download.

Denn irgendwie tappe ich immer wieder in Prokrastinations-, Überforderungs- und Blockadefallen. So kann es nicht weitergehen! Wenn unser Gehirn doch alles steuert – in guten wie in schlechten Zeiten –, dann muss dort auch der Schlüssel liegen, wie wir die Fallen unseres eigenen Kopfes erkennen, umgehen und uns auf das konzentrieren können, was uns wirklich weiterbringt: das wahre Genie in uns. Na gut, ich brauche so eine Gebrauchsanweisung nicht, um perfekt zu werden. Perfekt ist ja auch immer ein bisschen langweilig, aber ein wenig genialer zu sein, fände ich nicht schlecht.

Ich möchte herausfinden, wie wir all die Erkenntnisse der Gehirnforschung in die Praxis umsetzen und die Funktionen des Geistes effektiver nutzen können. Auf meiner Forschungsreise durch Bücher, Studien, Expertenmeinungen, Interviews und Selbsttests möchte ich Sie mitnehmen und gemeinsam mit Ihnen entdecken, wie man eine genialere Version von sich selbst werden kann. Überfordert uns die Informationsflut und kann man sie durch

Routine im Umgang mit Medien tatsächlich besser bewältigen? Ist Multitasking die Lösung für die immer größer werdenden Herausforderungen unseres Alltags? Mich interessiert die Frage, wie viel Stress man sich durch Achtsamkeit und Meditation ersparen kann. Bringen Zeitmanagementtechniken einen wirklich weiter? Außerdem vermute ich bei mir viel Verbesserungspotenzial, etwa in Fragen der Disziplin oder der Motivation.

Probleme lösen können wir am besten, wenn wir nicht immer in unseren Denkmustern verharren, sondern möglichst viele verschiedene Perspektiven einnehmen und kreative Lösungen finden. Doch wie bringen wir unser Gehirn dazu, neue Wege einzuschlagen? Und was macht es, wenn wir uns entscheiden sollen? Wir können das besser verstehen, wenn wir einen Blick darauf werfen, wie unser Gehirn funktioniert. Ich möchte auch wissen, was wir grundsätzlich für unser Gehirn tun können, denn Sport, Ernährung und auch unser Schlaf sind wichtige Pfeiler auf dem Weg, um genialer zu werden. Und natürlich geht es auch um die Frage, wie wir am besten lernen.

In der Wissenschaft wird das menschliche Ich entweder als identisch mit dem Gehirn betrachtet oder das Gehirn als Ausführungsorgan für das Ich gesehen. Wenn ich in diesem Buch also vom Gehirn rede, als ob es eine eigene Identität hätte, dann natürlich nur, um seine Arbeitsweise klarer darzustellen. Ich meine damit nicht, dass wir zwei Ichs haben: das Gehirn hat kein Ich, sonder nur der Mensch. Aber wir kommen trotzdem ganz gut miteinander klar.

Ich hoffe, dass es Ihnen Spaß macht, mich auf dieser Forschungsreise zu begleiten, Sie viel Neues über sich und Ihr Gehirn erfahren und von den einzelnen Tests profitieren, die Sie natürlich gern selbst ausprobieren können. Und ich kann Ihnen versichern: Nach dem Lesen dieses Buches wird Ihr Gehirn nicht mehr das gleiche sein!

Kapitel 1

My brain is like a roller coaster oder: Welcher Film läuft hier eigentlich?

»Take a look at yourself, and then make a change.«
Michael Jackson

Chaos oder Nichtchaos?

Vor zwei Monaten hätte das erste Kapitel dieses Buches bereits beim Verlag liegen sollen, und bis jetzt habe ich noch keine einzige verwertbare Zeile geschrieben. Es lief einfach alles anders als geplant! Die paar Worte auf meinem dennoch leer wirkenden Dokument auf meinem Bildschirm starren mich an, und meine Gedanken drehen sich im Kreis. Manchmal habe ich das Gefühl, mein Leben rauscht wie ein Film an mir vorbei. Im Moment kommt es mir so vor, als ob mein Gehirn den ganzen Tag Achterbahn fahren würde: Ich höre nur das Rattern auf dem Weg nach oben, dann geht es in der Kurve linksrum, rauf, rechtsrum, ich höre ein »Hui«, rauf, wieder runter, ohne mich. Mein Gehirn hat Spaß, und ich stehe nur am Kassenhäuschen, darf die nächste Fahrt bezahlen und schaue zu. Ich habe allen Grund herauszufinden, wie ich mein Gehirn am besten nutzen kann. Momentan läuft gerade nichts. Aber irgendwie fehlt mir die Zeit, um genialer zu werden. Warum haben wir eigentlich nie Zeit für die wichtigen Dinge?

Ich versuche mein Gewissen zu beruhigen: Für diese Forschungsreise habe ich ja schon Stapel an Fachliteratur gelesen und ahne daher, was gerade in meinem Kopf abläuft, und das ist eine ganze Menge – auch wenn dort gefühlt momentan Chaos herrscht.

Was geht da tatsächlich in Ihrem Gehirn ab, während Sie gerade diese Zeilen lesen, die Seite umblättern, sich eine Situation in Erinnerung rufen, nachdenken, unbewusst aus dem Fenster schauen oder von einem Telefonanruf unterbrochen werden? Wie konstruiert unser Gehirn aus all den einprasselnden Impulsen jeden Tag aufs Neue dieses »Gesamtwerk«, unseren individuellen Film, unsere Realität? Und wie können wir diesen Film, den wir erleben, zu dem bestmöglichen und vor allem: zu unserem genialsten Film machen?

Bevor wir herausfinden, wie das geht, betrachten wir erst einmal das zu fördernde Objekt, unser Gehirn.

Unendliche Weiten unseres Gehirns

Unser Gehirn besteht aus etwa 100 Milliarden Gehirnzellen – eigentlich kaum vorstellbar, wenn Sie nach einem Kinobesuch schon einmal gesehen haben, wie viel Popcorn es nicht bis ins Ziel schafft. Selbst eine Seeschnecke, die gerade mal ein paar Gehirnzellen besitzt, würde wohl weniger Dreck hinterlassen.

Die 100 Milliarden *Neuronen* tauchen in der Literatur überall auf. Doch irgendwann stellten Forscher fest, dass eigentlich niemand genau wusste, woher diese Zahl überhaupt stammt. Laut einem »Zensus« aus dem Jahr 2009 hat unser Gehirn etwa 86 Milliarden Nervenzellen.[1] Das erklärt vielleicht auch das mit dem Popcorn. Aber einfachheitshalber bleiben wir bei den etwa 100 Milliarden; vielleicht hat man sich da ja auch etwas verzählt. Wie auch immer, es sind auf jeden Fall eine ganze Menge, und jeder Mensch wird bereits mit dieser Anzahl von Neuronen geboren.

Sich diese Anzahl vor Augen zu führen, ist schier unmöglich. Unsere Galaxie, die Milchstraße, besteht aus weit über 100 Milliarden Sternen. Bestimmt haben Sie schon einmal nachts in einer einsamen, unbeleuchteten Umgebung in den wolkenfreien Sternenhimmel geschaut. Wenn Sie bedenken, dass wir mit unserem bloßen Auge nur einige Tausend Sterne erkennen, gewinnen Sie eine Idee von der Größe unserer Galaxie. Gut, der Vergleich mit dem Sternenhimmel hinkt ein wenig. 100 Milliarden ... ach, das ist selbst für die Verantwortlichen des Berliner Flughafens eine nicht fassbare Zahl. Ein schöne Veranschaulichung von unseren knapp 100 Milliarden Nervenzellen erhalten Sie auch, wenn Sie sich einmal kurz überlegen, wie lange es dauert, bis Sie eine Million Euro besitzen, wenn Sie jede Sekunde einen Euro geschenkt bekämen. Und die zweite Frage lautet: Wann wären Sie Milliardär? Schätzen Sie einfach mal! Nicht überschlagen! Aber wenn Sie dies unbedingt möchten, na gut. Also was denken Sie? Wie lange dauert es bis zur Million und bis zu einer Milliarde?

Bis zur Million sind es genau: 11 Tage, 13 Stunden, 46 Minuten und 40 Sekunden. Um Milliardär zu werden, müssen Sie allerdings eine gehörige Portion Geduld aufbringen. Das dauert nämlich gut 32 Jahre. Und hundertfacher Milliardär? Soweit möchte ich im Moment gar nicht rechnen!

Neben unseren unzähligen Neuronen verfügt unser Gehirn auch über sehr viele *Gliazellen*, zu deren Anzahl es aber noch keine verlässlichen Daten gibt. »Glia« kommt aus dem Griechischen und bedeutet »Leim«. Von diesem Begriff wurde der Name der Gliazellen abgeleitet, da man davon ausging, diese Zellen würden die Neuronen zusammenhalten. Wenn man sich das Gehirn mal als Schoko-Muffin vorstellt, dann wären die Gehirnzellen die Schokostückchen und die Gliazellen der Teig drumherum. Nach neueren Forschungsergebnissen scheinen sie neben ihrer Stütz- und Reparaturfunktion auch eine wichtige Rolle bei der Impulsübertragung zu übernehmen. Sie sind also mehr als »nur« Leim! Übrigens hatte Einstein angeblich sehr viele Gliazellen, also besonders viel vom Muffin-Teig.

Lange Zeit ging die Hirnforschung davon aus, dass sich das Gehirn im Erwachsenenalter nicht mehr verändert und sich keine neuen Gehirnzellen mehr bilden. Doch heute weiß man, dass sich bis ins hohe Alter neue Verknüpfungen zwischen den Neuronen bilden und selbst neue Nervenzellen entstehen, vor allem im *Hippocampus,* einer Region des Gehirns, die für das Gedächtnis und beim Lernen eine Hauptrolle spielt.

Hier werden die Informationen aus dem Kurzzeitgedächtnis zusammengeführt und neue Erinnerungen generiert oder alte aktualisiert. Wird der Hippocampus, dessen Form einem Seepferdchen ähnelt, verletzt oder entfernt, können neue Erinnerungen nicht länger als ein paar Minuten gespeichert werden. Die Gedächtnisinhalte, die bereits in der *Großhirnrinde* hinterlegt sind, stehen dagegen meistens weiterhin zur Verfügung. Die Großhirnrinde ist die nur wenige Millimeter dicke, schrumpelige Schicht, die dem Gehirn die Ähnlichkeit mit einer Walnuss verleiht und »den Ort der komplexesten und höchsten Hirnleistungen des Menschen darstellt«.[2]

Na super, unser täglicher Film wird also in einer Riesenwalnuss produziert! Aus millionenfachen Einzelwahrnehmungen wird er zu unserem Bild der Welt zusammengesetzt. Und wie im Kino bekommen wir auch in unserem Film nicht alle Szenen mit, die aufgenommen wurden. Wie ein Filmregisseur und sein Cutter schneidet auch unser Gehirn unwichtige Informationen heraus. Unser Film ist letzten Endes immer ein subjektiv gefiltertes Werk und nur ein Abbild der Welt. Doch diese Filtereigenschaft ermöglicht es uns auch, eine zu laute Tonspur wie die Baustelle von nebenan auszublenden, um unseren Kollegen am Telefon zu verstehen. Unser Gehirn verfügt über viele wundervolle Eigenschaften. Es speichert zum Beispiel, ohne dass wir es wahrnehmen, komplexe Inhalte als Bilder ab. Daher tauchen bei einem Stichwort wie »US-Präsident« verschiedene Bilder auf, mit denen wir zahlreiche Erinnerungen und auch Wissen verknüpfen. Das sind gute, traurige, lustige oder andere einprägsame Rückblicke. So fällt uns vielleicht John F. Kennedy vor dem Schöneberger Rathaus und sein Satz: »Ich bin ein Berliner« ein, oder wir wissen noch, dass Barack Obama bei seiner Rede vor dem Brandenburger Tor sein Jackett auszog.

Erinnern Sie sich noch an den Namen für den Teil des Gehirns, der besonders für das Abspeichern neuer Erinnerungen zuständig ist? Happy Hippo? Fast. Um sich Fachbegriffe noch besser und langfristig zu merken, finden Sie immer wieder Visualisierungsangebote, wie Sie sich Begriffe und Funktionen in Form von Bildern einprägen können. Einige davon sehen Sie auch illustriert im Buch. Hier ein Beispiel:

Die Visualisierung des Hippocampus: Die Bedeutung des *Hippocampus* beim Lernen können Sie sich zum Beispiel leichter merken, indem Sie sich ein fleißiges Flusspferd, einen **Hippo**(-potamus), auf einem Uni-**Campus** dabei vorstellen, wie es auf einem Stapel Bücher sitzt und lernt.

Am Anfang werden Ihnen diese *merkwürdigen* Bilder vermutlich wie purer Unsinn vorkommen, aber bald werden Sie merken, dass Informationen so in null Komma nix in Erinnerung bleiben.

Was haben das Hirn und ein junger Hund gemeinsam?

Unser Gehirn ist unfassbar komplex, faszinierend, leistet jeden Tag Erstaunliches, aber es hat auch ein paar grundsätzliche Macken, die wir kennen sollten.

Erstens ist das Gehirn gegenüber dem Körper sehr *egoistisch*. Das muss es auch sein, um uns am Leben zu erhalten, weshalb es sich auch immer »vordrängelt«, wenn es um seine Energieversorgung geht. Aber manchmal gaukelt es uns auch etwas vor. So suggeriert es uns beispielsweise, etwas unbedingt haben zu wollen, weil es selbst süchtig nach Belohnung ist. Zweitens ist das Gehirn *faul*. Es versucht immer, den bequemsten Weg zu gehen, um möglichst energieeffizient zu arbeiten. Man weiß ja nie, was noch kommt! Darüber hinaus ist es ein *Gewohnheitstier*, denn es liebt alles, was ihm vertraut ist. Deshalb stehen wir oft neuen Wegen skeptisch gegenüber und müssen ab und an mal ein ernstes Wörtchen mit unserem Gehirn reden, um ausgetretene Pfade zu verlassen. Viertens möchte das Gehirn immer die *Kontrolle* über alles haben, was als Kontrollzentrum des Körpers natürlich auch nicht ganz unsinnig ist. Darüber hinaus ist es sehr *leichtgläubig*. Allein dadurch, dass wir eine Tatsache mehrmals hören, halten wir sie für wahr, wie zahlreiche Studien belegen. Das belegen auch zahlreiche Studien! In der Psychologie nennt man dieses Phänomen den »Wahrheitseffekt«. Ebenso halten wir langfristig Aussagen für wahr, die wir nur in Form einer Frage gehört haben, da unser Gehirn über kein geeignetes Format für die besondere Abspeicherung von Fragen verfügt. Sechstens ist es harmoniebedürftig und will unbedingt *gemocht werden* oder zumindest mit anderen Menschen interagieren. Zu guter Letzt ist unser Gehirn unfassbar *neugierig* und dadurch unglaublich leicht *ablenkbar*.

All diese Eigenschaften besitzt es, damit es uns gut geht. Manchmal schießt es dabei aber ein wenig über das Ziel hinaus. Im Prinzip verhält sich unser Gehirn wie ein junger Hund, der neugierig alles ausprobiert, spielen will und danach gemütlich und faul einfach nur rumliegt. Deswegen sollten wir ganz besonders gut auf unser Gehirn aufpassen und herausfinden, wie wir am besten »gemeinsam« klarkommen.

Genialität? – Es ist noch nicht zu spät!

Wie wir inzwischen wissen, befindet sich unser Gehirn in einem stetigen Wandlungsprozess. Schon jetzt ist mein Gehirn nicht mehr dasselbe wie zu Beginn meiner Schreiberei an diesem Buch, und auch Ihr Gehirn wird nach dem Lesen dieses Buches nicht mehr das alte sein! Das liegt zum einen daran, dass Sie dank dieses Buches so unglaublich viel Neues erfahren und lernen, was Ihr Leben positiv verändern wird. Ein weiterer Grund ist, dass alles, was wir während unseres Lebens entdecken, wahrnehmen oder erleben, Einfluss auf

Struktur und Funktion unseres Gehirns nimmt. Diesen Vorgang bezeichnet man als *Plastizität*, und er führt dazu, dass unser Gehirn lebenslang formbar ist. Und dies ist in einer sich verändernden Welt, in der immer schon diejenigen überlebten, die sich am besten anpassen konnten, natürlich sinnvoll. Alles, was wir erleben oder lernen, führt zu neuen Verknüpfungen zwischen Gehirnzellen. Genauer gesagt, zur *Synaptogenese*, der Neubildung, Um- und auch Rückbildung von Nervenzellverbindungen, den *Synapsen*. Damit liegt die Vize-Dschungelkönigin von 2014, Larissa Marolt, mit ihrem höchst philosophischen Satz »I hab mi selbst noch nicht an mich gewöhnt«[3] goldrichtig. Wie auch, wenn wir uns ständig verändern.

Das Gute an diesem kontinuierlichen Wandlungsprozess ist, dass wir bis ins hohe Alter noch fast alles erlernen und unser Verhalten ändern können, wenn wir es richtig anstellen! Nicht, dass es je Zweifel gegeben hätte, aber nun ist es auch neurowissenschaftlich belegt. Hurra!

Wir haben es also selbst in der Hand, unser Gehirn zu formen und somit auch genialer zu werden. Hierzu braucht es aber Fleiß, Leidenschaft und sehr viel Disziplin.

Wollen Sie eine Fähigkeit zur Perfektion führen? Dafür gibt es eine ziemlich einfache Gebrauchsanweisung: Üben Sie mit Leidenschaft und Begeisterung 10 000 Stunden! Das sind in zehn Jahren etwas mehr als drei Stunden Übung am Tag. Und sonntags ist dann sogar frei! Diese Fleißarbeit in Verbindung mit Spaß und Konzentration ist eine nahezu sichere Methode, sich auch mit einer durchschnittlichen Begabung alle möglichen Fähigkeiten auf professionellem Niveau anzueignen, egal ob es sich um das Erlernen eines Instruments, künstlerische Ambitionen, Wasserskifahren oder wissenschaftliche Gebiete handelt. Zu dieser Erkenntnis kam der schwedische Psychologe Anders Ericsson von der Florida State University.[4]

Untersuchungen der Lebensläufe herausragender Komponisten zeigen, dass die bahnbrechenden schöpferischen Leistungen bei den meisten von ihnen auch erst nach einer Übungszeit von etwa 10 000 Stunden auftraten. Nur wenige wie Mozart oder Paganini brauchten für ihr »Genie-Trainingslager« nur neun Jahre.

Mit diszipliniertem, zielgerichtetem Üben kann man also Wunderkinder en masse hervorbringen. China ist ein Beispiel dafür:

Dort spielen schätzungsweise 50 Millionen Menschen professionell Klavier, darunter Tausende Kinder, die wir als Wunderkinder bezeichnen würden.[5]

Für mich sind diese 10000 Stunden leider keine Option. Ich schaffe es ja bisher noch nicht einmal, drei Stunden am Tag an diesem Buch zu arbeiten. Mir würde es erstmal reichen, mein Gehirn besser zu verstehen. Hierzu brauche ich eine andere Strategie, denn ich will ja vor allem konzentrierter arbeiten, effektiver und gleichzeitig entspannter werden. An dieser Stelle stellt sich auch die Frage, wie wichtig Intelligenz ist, um diese Ziele zu erreichen. Was ist Intelligenz überhaupt?

Intelligenz im Doppelpack

Die Unterscheidung zwischen *kristalliner* und *fluider Intelligenz* wurde 1971 von dem Psychologen Raymond Cattell formuliert, um die Gehirnfunktionen zu veranschaulichen.

Kristalline Intelligenz umfasst all das, was wir im Laufe unseres Lebens erlernen, also mittels unserer Erziehung, dazu gehören auch unsere kulturelle Prägung, unser faktisches Wissen, aber auch all die anderen Fähigkeiten, die wir erwerben, vom Dreiradfahren bis zum Nordic Walking. Diese kristalline Intelligenz können wir tatsächlich durch Aneignung neuen Wissens oder Trainieren neuer Fertigkeiten nicht nur beibehalten, sondern noch bis ins hohe Alter steigern. So kann man auch mit über 50 Jahren Olympiasieger im Curling werden, mit 80 noch schwimmen, tanzen und Chinesisch lernen und auch mit über 90 Jahren noch Spaß am Tischtennisspielen oder an Spielekonsolen haben.

Die Visualisierung der kristallinen Intelligenz: Den Begriff der *kristallinen Intelligenz* können Sie sich sehr gut merken, indem Sie sich vorstellen, Sie wären ein **Kristall**-Forscher und hätten sich mit viel Zeit und Mühe das gesamte aktuelle *Wissen* zu Tropfsteinkristallen erarbeitet.

Das alles sind gute Argumente, um dem Sprichwort »Was Hänschen nicht lernt, lernt Hans nimmermehr« etwas entgegenzusetzen. Dennoch beinhaltet dieses Sprichwort auch sehr viel Wahrheit. Es ist höchst wichtig, allen Kindern eine möglichst gute Bildung zu ermöglichen, die sich an den Interessen und Leidenschaften des Kindes orientiert. In dieser frühen Phase werden die Grundsteine für das spätere Leben gelegt. Je mehr Kinder sich ausprobieren und beweisen können, desto mehr Synapsen entstehen im Gehirn und umso größer werden damit die Chancen, das eigene Potenzial später im Leben voll auszuschöpfen. Auch wenn Sie als Kind selbst nur für ein paar Wochen eine Gitarre oder einen Tennisschläger in den Händen gehalten oder auf einem Surfbrett gestanden haben, werden Sie diese Fähigkeiten als Erwachsener viel schneller erlernen. Und wenn Sie schon als Kind entdeckt haben, wie spannend ein Museumsbesuch sein kann, wird Ihnen auch später das Tor zur Kunst weiter offen stehen. Haben Sie als Kind schon durch Lob der Eltern Selbstbewusstsein aufbauen können, werden Sie auch später selbstbewusster durchs Leben gehen. Geben Sie deshalb Ihren Kindern so viele Möglichkeiten sich auszuprobieren, wie es nur geht!

Aber auch im erwachsenen Alter sind wir in der Lage, uns neue Kenntnisse und Fähigkeiten anzueignen. Wahrscheinlich werden wir keine Weltmeister mehr im Turnen, und den Physiknobelpreis werden wir auch nicht mehr verliehen bekommen. Aber wer weiß? Es gibt so vieles, was wir tatsächlich noch erreichen können, auch wenn das viel anstrengender ist, als wenn wir schon als Kind damit begonnen hätten. »Für das, was Hänschen nicht lernt, braucht Hans sehr viel länger oder lernt es tatsächlich nicht mehr.« Mit diesem Sprichwort könnte ich mich deutlich besser anfreunden. Auch van Gogh fing ohne eine akademische Ausbildung erst im Alter von 27 Jahren als Autodidakt an zu malen. Mit dem Pinseln von Sonnenblumen hat der Herr van Gogh also seine kristalline Intelligenz gesteigert.

Als *fluide* oder *flüssige Intelligenz* bezeichnet man die Fähigkeit, Probleme zu lösen und logisch zu denken. Hierzu zählen die Effizienz unserer Denkprozesse und somit auch unsere Veranlagungen wie zum Beispiel die Nervenleitgeschwindigkeit unseres Gehirns.

Die Visualisierung der fluiden Intelligenz: Stellen Sie sich vor, Sie sind mit einem roten Schlauchboot auf einem Fluss, der ja meist *flüssig,* also **fluid** ist, unterwegs und müssen das *Problem lösen,* dass Ihr Boot ein Loch hat.

Die fluide Intelligenz hielt man lange für unveränderlich. 2008 haben aber die Psychologen Susanne Jæggi und Walter Perrig mit ihrem Team an der Universität Bern in ihren Forschungsergebnissen gezeigt, dass man auch diese durch Training verbessern kann.[6]

Besonders gut lässt sich die fluide Intelligenz über das Training des Arbeitsgedächtnisses steigern. Dieses ist eine Art Zwischenspeicher, der uns den Zugriff auf Informationen ermöglicht, die wir zum Erfassen einer Situation, zum Lösen komplexer Aufgaben und zur Aneignung neuen Wissens brauchen. Von der Leistungsfähigkeit des Arbeitsgedächtnisses hängt auch ab, wie gut wir uns konzentrieren können. Näheres hierzu erfahren Sie in Kapitel 11, in dem ich teste, ob auch ich meine fluide Intelligenz steigern kann.

Da wir also selbst Hauptdarsteller und Regisseur unseres Films sind, können wir zu einem nicht unerheblichen Teil beeinflussen, ob unser Werk ein Kassenschlager wird.

Welchen Einfluss hat die gemessene Intelligenz auf unseren Lebensweg?

Seit dem Beginn des 20. Jahrhunderts wird Intelligenz mithilfe von IQ-Tests, bei denen es um die Fähigkeiten geht, logische, geometrische und sprachliche Probleme zu lösen, gemessen. Der Intelligenzquotient (IQ) galt lange Zeit wie die fluide Intelligenz als unveränderlich. Doch er ist weder eine feststehende Größe, noch sagt er etwas über die tatsächlichen Fähigkeiten eines Menschen aus, denn mit Neugier und Leidenschaft lässt sich viel mehr erreichen als mit einem hohen IQ. Somit hat dieser auch keinen so direkten Einfluss auf die Karriere, wie man vielleicht annehmen könnte.

Im Jahre 1921 begann Lewis Terman, Psychologieprofessor an der Stanford University, eine einmalige Studie über Hochbegabung durchzuführen.[7] Über 1500 Kinder, die einen IQ von 135 oder mehr hatten, wurden über Jahrzehnte begleitet. Viele dieser Kinder waren später überaus erfolgreich, aber sie gehörten nicht zu den Erfolgreichsten. Keinem der hochbegabten Studienteilnehmer wurde der Pulitzer Preis oder gar der Nobelpreis verliehen. Letzteres gelang jedoch William Shockley (1956) und Luis Alvarez (1968), die Lewis Terman nicht als »intelligent genug« für seine Studie eingestuft hatte.

Dies zeigt: Für eine so herausragende Leistung scheint ein hoher IQ zwar nicht hinderlich zu sein, aber entscheidender sind andere Faktoren. Es sind der Charakter, die Leidenschaft, manchmal sogar eine Form von Besessenheit, die einen Menschen zu Höchstleistungen antreiben. Ein gutes Netzwerk, um etwa Schüler eines Nobelpreisträgers zu werden und somit ein gutes Forschungsumfeld zu erhalten, erhöht übrigens die Chance auf den Nobelpreis, falls bei Ihnen da doch noch Interesse besteht. Schon Thomas Alva Edison drückte es so aus: »Genie besteht zu einem Prozent aus Inspiration und zu 99 Prozent aus Transpiration«.

Komplex – komplexer – Gehirn

Betrachten wir unser Gehirn noch etwas genauer, denn was wir nicht kennen und verstehen, können wir auch nicht besonders gut beeinflussen. Kehren wir zunächst kurz zu den Nervenzellen, den Neuronen, zurück. Jedes Neuron ist überaus gesellig und kann Zehntausende Verbindungen mit anderen Nervenzellen eingehen. Das Gehirn, dessen primäre Aufgabe es ist, uns am Leben zu erhalten, vor Gefahren zu schützen und Störungen der äußeren und inneren Welt abzuwenden oder auszugleichen, ist also ein unglaublich komplex vernetztes System mit knapp 100 Milliarden Neuronen und Billionen von Synapsen. Während Sie diese Zeilen lesen, leiten die Nervenzellen Ihre Sinneswahrnehmungen an Ihr Gehirn weiter. Die Nervenzellen können dabei nur entscheiden, ob ein Impuls überhaupt weitergegeben wird und wenn ja, mit welcher Intensität. Eine Gehirnzelle arbeitet quasi wie ein Funker, der einen Morsecode weitergibt. Die Forschung geht heute – vereinfacht gesagt – davon aus, dass wir umso »intelligenter« sind, je besser die Nervenzellen miteinander vernetzt sind. Klar, je engmaschiger das Netz ist, desto besser können wir auf unseren gespeicherten Informationspool zurückgreifen. Damit sich viele Synapsen bilden, benötigt unser Gehirn immer neuen Input.

Das Gehirn von Männern wiegt etwas über 1 500 Gramm, das von Frauen etwas weniger. Albert Einsteins Gehirn wog übrigens nur etwa 1 230 Gramm und war somit deutlich leichter als der Durchschnitt. Dass es auf die Größe des Hirns nicht ankommt, zeigt auch das Gehirn des Pottwals: Es wiegt bis zu neun Kilogramm, kann aber wahrscheinlich noch nicht einmal das kleine Einmaleins. Das muss es ja auch nicht, seine Aufgabe ist es, sich um den bis zu 40 Tonnen schweren Wal zu kümmern, da scheint die Größe ganz adäquat. In Relation zur Körpergröße ist das Gehirn des Menschen tatsächlich sehr schwer, die 100 Milliarden Nervenzellen und die Synapsen müssen ja auch Platz finden. Auch der Energiebedarf ist ganz erheblich. In Anbetracht der Tatsache, dass das menschliche Gehirn nur rund zwei Prozent unseres Körpergewichts einnimmt, ist es mit einem Verbrauch von 20 Prozent unseres täglichen Energiebedarfs eher mit einem Geländewagen als mit einem Elektroauto vergleichbar. Im Aufbau unseres zentralen Nervensystems – Rückenmark und Gehirn – spiegelt sich die Entwicklung des menschlichen Gehirns im Laufe der Evolution wider. Bis unser Gehirn so arbeitete wie heute, hat es viele Millionen Jahre gedauert.

Damit Sie künftig wissen, wie Sie Ihr Gehirn auf Trab bringen, erläutere ich Ihnen hier zunächst kurz die Hauptareale, von denen die meisten auch an unserem Lernverhalten beteiligt sind. Bei einer Gebrauchsanweisung werden ja auch zuerst die Einzelteile erklärt.

Für einen groben Überblick reicht zunächst die Unterteilung in Hirnstamm, Zwischenhirn, Kleinhirn, Großhirn und Großhirnrinde.

Die Visualisierung der Hauptareale unseres Gehirns: Stellen Sie sich folgendes Bild vor: Sie sehen einen Baum mit einem dicken **Stamm**. Nun kommt eine **Zwitscher**schwalbe angeflogen und setzt sich auf einen Ast, auf dem es sich bereits ein **kleiner** Spatz in seinem Nest bequem gemacht hat. Oben in der Baumkuppe ruht sich ein **großer** Adler mit einem Stück **Rinde** im Schnabel aus.

An der Tatsache, dass Sie dieses Buch in Ihren Händen halten, Seiten umblättern und eventuell mit einem Stift interessante Stellen markieren können, ist zusammen mit anderen Arealen Ihr *Hirnstamm* beteiligt. Er ist die Verbindungsstelle zwischen Körper und Gehirn und leitet die sensorischen Informationen an höhere Gehirnregionen weiter. Von dort werden motorische Informationen an die Peripherie, also bis zu den Gliedmaßen übermittelt. Aber natürlich ist das nicht nur die Aufgabe des Hirnstamms. Unser Gehirn ist ein komplex agierendes System, bei dem eigentlich immer mehrere Areale an den Prozessen beteiligt sind.

Das Gehirn

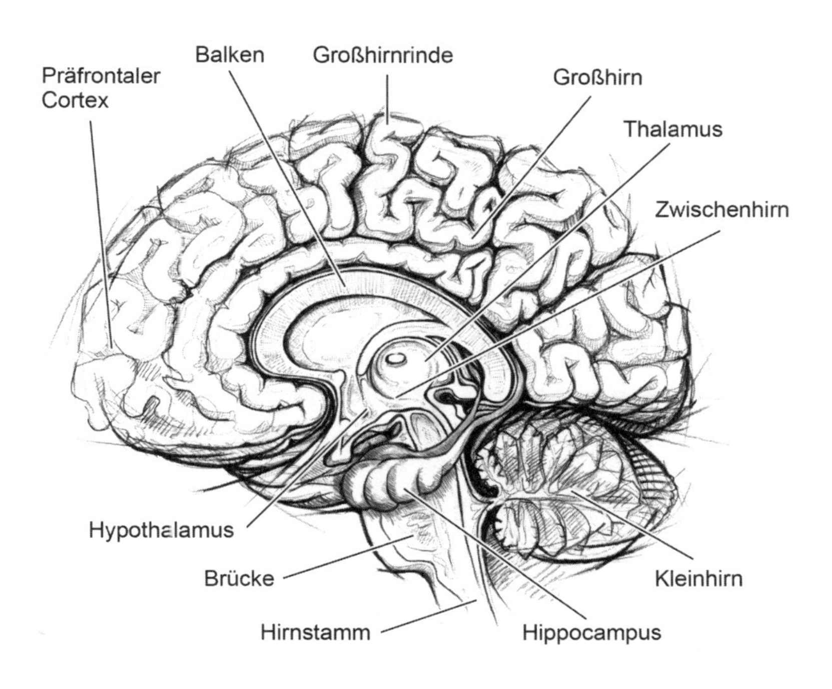

Zum *Zwischenhirn* gehören unter anderem der Thalamus und der Hypothalamus. Im *Thalamus* befindet sich eine wichtige Umschaltstelle zum Großhirn. Durch sie laufen alle Sinneswahrnehmungen, bevor diese eingehenden Informationen an die »zuständigen« Areale im Großhirn weitergeleitet werden. Deshalb wird der Thalamus auch als »Tor zur Hirnrinde« bezeichnet.

Die Visualisierung des Thalamus: Die Zwitscherschwalbe als Bild für das *Zwischenhirn* fliegt durch ein weites, von einem Fluss durchzogenes Tal. Alles Neue, das wir über unsere Sinne aufnehmen, **muss** erst mal durch dieses **Tal** – wie in *Thalamus* – fließen, bevor es weitergeleitet werden kann.

Nicht nur während Sie jetzt gerade lesen, sondern in jeder Situation kümmert sich der *Hypothalamus* um Sie und Ihren Körper. Er ist die Kommandozentrale für das Hormonsystem und die lebensnotwendigen Funktionen wie Atmung, Herzfrequenz, Blutdruck und Stoffwechsel, also Hunger und Durst.

Die Visualisierung des Hypothalamus: Als Eselsbrücke können Sie sich hier einen ziemlich hormongesteuerten Happy Hippo(-potamus), also vielleicht ein gefühlsduseliges, **hypo**chondrisches Flusspferd vorstellen, das ständig um seine Gesundheit besorgt ist und ebenfalls immer durch das **Tal** wandern **muss**. *Hypothalamus*, voilà!

Das Zwischenhirn ist außerdem wichtig für unsere Gefühle und zwischenmenschlichen Beziehungen. Es verfügt über genügend Speicherkapazität für externe Einflüsse und wird im Laufe des Lebens durch unsere permanenten Erfahrungen geprägt. Das bedeutet, dass wir lernen können, besser mit unseren Gefühlen umzugehen und auch unseren Umgang mit anderen zu verändern. Die Zwitscherschwalbe ist also kontaktfreudig und lernfähig.

Das *Kleinhirn* ist neben dem Hirnstamm für die Motorik verantwortlich und kommt richtig in Fahrt, wenn Sie reflexartig aufspringen und das Buch zur Seite zu legen, wenn das Telefon klingelt. Es würde sich auch einschalten, falls in Ihrer Umgebung plötzlich ein hinterlistiger Säbelzahntiger auftauchen würde. Dies ist allerdings in der heutigen Zeit glücklicherweise eher unwahrscheinlich, weil dieser vor etwa 12 000 Jahren ausgestorben ist. Im Gehirn hat er dennoch einen bleibenden Eindruck hinterlassen, denn das reflexartige Handeln ohne bewusstes Nachdenken ist eine hilfreiche Einrichtung der Natur. So müssten wir nicht erst eine halbe Stunde darüber grübeln, ob wir dem Säbelzahntiger ein schattiges Plätzchen zum Kaffeekränzchen mit Rosinenschnecken neben uns anbieten oder doch lieber sofort Reißaus nehmen.

Weiterhin ist das Kleinhirn an der Steuerung der Körperhaltung und des Gleichgewichts beteiligt. Da das Kleinhirn durch Alkohol in seinen Funktionen gehemmt wird und so die Feinabstimmung zwischen Körper und Auge nicht mehr perfekt regulieren kann, kommt es bei übermäßigem Genuss zu den Ihnen vielleicht mehr oder weniger bekannten Störungen. Es ist aber auch für das Schreiben oder das Spielen eines Instruments, also für erlernte Handlungsabläufe, von großer Bedeutung. Über die *Brücke* im Hirnstamm verlaufen Verbindungen zwischen ihm und den motorischen Zentren im Großhirn, die auch an der Koordination und Feinregulierung der gesamten Muskelbewegung beteiligt sind.

Kommen wir nun zum *Großhirn*, dem am weitesten entwickelten Bereich unseres Gehirns, der entscheidend für alle geistigen Fähigkeiten ist und uns – ganz platt ausgedrückt – das Denken ermöglicht. Es versetzt Sie in die Lage, Buchstaben zu Wörtern zusammenzusetzen und so zum Beispiel den Inhalt dieses Textes zu verstehen. Das Großhirn besteht aus zwei Gehirnhälften, die in verschiedene Lappen unterteilt werden und durch einen Balken, den *Corpus Callosum*, verbunden sind. In diesen Arealen des Großhirns werden die von den Sinnesorganen übermittelten Informationen kombiniert und mit den vorhandenen Informationen, also unseren Erfahrungen, verglichen.

Die linke Gehirnhälfte ist für die Steuerung der rechten Körperseite zuständig, während sich die rechte *Hemisphäre* um die linke Seite kümmert. Ganz eindeutig lässt sich heute auch die bekannte Regel, in der linken Gehirnhälfte sei die Logik und in der rechten die Kreativität zu Hause, nicht mehr aufrecht erhalten. Es ist alles ein wenig komplizierter, aber die linke Seite unseres Gehirns ist *etwas mehr* für das *rationale Denken* verantwortlich, also für Logik, Analyse, Zahlen et cetera und achtet besonders auf Details. Wenn wir eine Matheaufgabe lösen oder uns Fakten wie Geburtstage oder die alles vereinfachende neue IBAN einprägen, beanspruchen wir also besonders die linke Gehirnhälfte. Das kann man sich auch sehr gut mit dem Anfangsbuchstaben L merken: Links wie Logik. Auch die Sprache ist im Wesentlichen hier zu lokalisieren. Deshalb wird die linke Gehirnhälfte oft auch als die »dominantere« bezeichnet. Die Aufteilung der beiden Gehirnhälften sollte aber nicht überinterpretiert werden, denn unser Bewusstsein entsteht über das Zusammenwirken beider Seiten: Sie ergänzen sich perfekt.

In der rechten Gehirnhälfte geht es mehr um *Kreativität*, Mimik, Gestik, Musik und räumliches Vorstellungsvermögen. Sie hat immer das große Ganze im Blick. Man kann sich also vorstellen, dass die rechte Gehirnhälfte permanent damit beschäftigt ist, sich kreative Ausreden auszudenken für das, was die linke Gehirnhälfte kognitiv verbockt hat.

Beide Gehirnhälften haben sich auf bestimmte Aufgaben spezialisiert. So ist beispielsweise die linke Seite beim Verarbeiten akustischer Reize schneller, bei visuellen Reizen ist es die rechte Gehirnhälfte. Wenn wir aber viel Alkohol getrunken haben, nähern sich diese Fähigkeiten auf das jeweilige schlechtere Niveau der anderen Seite an, was dazu führt, dass wir fast uneingeschränkt »dämlicher« werden und unsere Reaktionsfähigkeit stark abnimmt.

Die *Großhirnrinde,* auch Cortex genannt, ist die Oberflächenschicht des Großhirns und Ihnen schon als Riesenwalnuss bekannt. Hier liegt unser »Filmstudio«, die »Cortex Filmproduction« sozusagen. Obwohl die verschiedenen Areale der Großhirnrinde auch an jeweils eigenen Aufgaben arbeiten, entsteht in unserem Kopf eine zusammenhängende Wahrnehmung der Welt. Dem Cortex, der sich im Laufe des Evolutionsprozesses zuletzt entwickelt hat, kommt eine ganz entscheidende Funktion zu. Hier findet die bewusste Auseinandersetzung mit unserer Umwelt statt.

Um zum Beispiel Inhalte eines Textes zu bewerten, Probleme zu lösen oder Entscheidungen zu treffen, dafür ist vor allem ein Areal der Großhirnrinde zuständig, der *präfrontale Cortex*. Hier entstehen auch »die Gedanken, die nicht von externen Quellen oder von unseren Sinneswahrnehmungen gespeist werden«, erklärt die Neurobiologieprofessorin Amy Arnsten.[8] Gedanken wie »Ich möchte dieses Buch lesen« wären ohne ihn undenkbar. Ich könnte weder meinem Impuls widerstehen, an den Flughafen zu fahren, um eine einjährige Weltreise zu buchen, noch die Vor- und Nachteile dieser Entscheidung abwägen. Auch das Durchdenken eines Themas, das Entwickeln eigener Argumente und die Bildung eigener Meinungen oder Ansichten finden hier statt. Ein nicht ganz unwichtiger Bereich also!

Die Visualisierung des präfrontalen Cortex: Stellen Sie sich bitte einmal vor, wie Sie *präfrontal* gegen eine Glasscheibe laufen und sich die Stirn anhauen. Jetzt sehen Sie nicht nur kleine Sterne, sondern den schönsten **Kor**allenfisch aus **Tex**as.

Unter der Großhirnrinde befindet sich eine weiße Masse, die sogenannte *Weiße Substanz*. Dieses Neuronengeflecht ermöglicht die Kommunikation der einzelnen Hirnareale untereinander sowie mit dem Rückenmark. Zum Großhirn gehören noch zahlreiche weitere Bereiche wie das limbische System oder auch die Basalganglien, auf die ich später noch eingehen werde.

Die eigene Wirklichkeit

Unser Gehirn konstruiert, durch die synchrone Vernetzung aller über die fünf Sinnesorgane empfangenen Informationen, eine individuelle Wirklichkeit und ermöglicht es uns zu denken, Gefühle zu äußern, Entscheidungen zu treffen, unsere individuellen Wertesysteme zu überprüfen und damit auch unsere Einstellungen zu überdenken. Jeder Mensch lebt sozusagen in seinem eigenen »kleinen« Universum.

Aber was hat nun eigentlich den größten, den entscheidenden Einfluss auf das Ich? Warum handle ich, wie ich handle? Ich muss ja grob wissen, wer dieses »Ich« überhaupt ist, mit dem ich es zu tun habe.

Zum einen bestimmen die geerbten Gene unsere Persönlichkeit und zum anderen sind es unsere vielfältigen Erfahrungen, die uns zu dem machen, wer wir sind und was uns leitet. Auf die genetische Veranlagung haben wir keinen Einfluss, auch nicht auf unsere frühkindliche Prägung, aber für die Auseinandersetzung mit unseren Erfahrungen, für die Bereitschaft zum Erleben immer neuer Eindrücke, für unser Wissen und unsere Erkenntnisse sind wir selbst zuständig. Wir können unseren Film selbst gestalten, indem wir nicht nur auf »Aufnahme« drücken, sondern selbst im Regiestuhl Platz nehmen. Ihr Film wird so, wie Sie ihn inszenieren möchten. Deshalb sollten wir neugierig bleiben, unsere Aufmerksamkeit und Wahrnehmung erhöhen, auf unsere Gefühle und die anderer achten, denn damit vergrößern wir unseren Erfahrungs- und Erinnerungsschatz und verbessern so die Grundlage für künftige Entscheidungen.[9] Das hört sich soweit alles schon mal gut an. Es gibt also einige Schrauben, die wir kontinuierlich drehen und nachjustieren können. Das müssen wir jetzt nur noch umsetzen.

Das Gehirn als Aquarium

Da unser Gehirn sich Informationen am besten merken kann, wenn wir sie visualisieren, habe ich mir ein Bild für unser Gehirn überlegt, das Ihnen beim Lesen dieses Buchs helfen soll, eine bessere Vorstellung von der Arbeitsweise unseres Gehirns zu erlangen. Das »geordnete Chaos« sieht für mich so aus:

Die Visualisierung unses Gehirns: Stellen Sie sich bitte noch einmal den *Korallenfisch aus Texas* vor. Er schwimmt gerade glücklich in einem riesigen Ozean mit vielen bunten Fischen, Schildkröten, getragen von sanften Strömungen. Das glaubt er zumindest, bis er mit seinem bunten Korallenfischkopf *präfrontal* gegen eine Scheibe knallt. Es ist die Besucherscheibe eines riesigen Aquariums. Auch der Korallenfisch hat es nicht so wirklich mit Glasscheiben!

Wir wechseln nun unsere Perspektive, indem wir uns auf die Besucherseite des Aquariums begeben und so von außen die Funktions-

weise unseres Gehirns betrachten können. Stellen Sie sich diesen Besucherraum so ähnlich wie einen riesigen Kinosaal mit bequemen Sesseln vor, der uns eine ungestörte Betrachtung des Gehirns ermöglicht.

Dort nehmen wir in einem der schönen roten Samtsessel Platz und blicken auf das riesige, beleuchtete Aquariumsfenster. Es ist unsere Leinwand, eine Bühne, auf der wir all das sehen, was uns gerade im Augenblick bewusst ist, was wir gerade denken. Es symbolisiert quasi den aktuellen Film in unserem Kopf. Hinter dem Aquariumsfenster tummeln sich verschiedene Fische und Meerestiere, die unsere *momentanen Gedanken* darstellen. Natürlich halten sich auch noch viele andere Fische in diesem riesigen Aquarium auf, die aber in dunkleren Gewässern herumschwimmen und die wir daher im Moment nicht sehen können. Sie stehen für unsere gesamten Erinnerungen, unser Wissen, alles, was sich in *unserem Gedächtnis* unbewusst herumtreibt.

Es handelt sich also um ein riesiges Aquarium. Aufgrund der riesigen Datenmengen all unserer Gedanken und Erinnerungen muss man sich dieses Aquarium eigentlich mindestens so groß wie das Mittelmeer vorstellen, ach, wahrscheinlich eher so groß wie alle Weltmeere zusammen.

Im Moment fragen Sie sich beim Lesen dieser Zeilen sicherlich, ob die Autorin eigentlich noch alle Fische im Becken hat. Aber Sie werden sehen, diese Visualisierung unseres Gehirns wird uns im Laufe dieser Forschungsreise enorm weiterhelfen, die verschiedenen Abläufe im Gehirn etwas besser zu verstehen.

Was werden wir in Zukunft wissen?

Die rasant fortschreitende Entwicklung bildgebender Verfahren zur Untersuchung des Gehirns ermöglicht es, seine Funktionsweise immer detaillierter zu erforschen. Die Neurowissenschaften haben in den letzten Jahren unglaubliche Erkenntnisse erzielt. Doch es ist nicht so leicht, ein Gesamtbild der verschiedenen Forschungsfelder zu erlangen, denn weltweit arbeiten etwa 50 000 Forscher an der Entschlüsselung des Gehirns, und jedes Jahr werden rund 100 000 Artikel über die neuen Forschungsergebnisse veröffentlicht. Wichtige Erkenntnisse erhofft man sich auch von dem europäischen »Human Brain Project«, das mit über einer Milliarde Euro in den nächsten zehn Jahren gefördert wird. Auch in den USA und China laufen große Projekte zur Erforschung des Gehirns. Aber trotz allen wissenschaftlichen Fortschritts bleibt es fraglich, ob es jemals gelingen wird, alle Geheimnisse unseres Gehirns zu lüften, ob sich das riesige Puzzle aus einer unbekannten Zahl von Bausteinen wirklich vollständig zusammensetzen lässt.

Die Hirnforschung liefert uns aber durchaus Erkenntnisse, wie und wo unser Gehirn Ordnung in das einströmende Chaos bringt. Ich möchte nun aber wissen: Was bringt mir dieses Wissen? Die Tasche für meine Forschungsreise ist gepackt, jetzt muss ich nur noch loswandern. Aber zunächst möchte ich sehen, was mein Gehirn da eigentlich während seiner Achterbahnfahrt so treibt. Wie um Himmelswillen denkt es eigentlich?

Das Kapitel auf einen Blick

- Unser Gehirn konstruiert aus einer riesigen Anzahl von Informationen einen eigenen Film in unserem Kopf.
- Unser Gehirn spiegelt seine Entwicklung im Laufe der Evolution wider.
- Es ist nie zu spät für Genialität.
- Ein hoher IQ ist kein Garant für Genialität, viel wichtiger sind Leidenschaft und Begeisterung.
- Mit Visualisierungen können wir uns Informationen besser einprägen.
- Unser Gehirn hat Ähnlichkeit mit einem Schoko-Muffin. Und eins ist sicher: Von beidem kann man nie genug haben.
- Mit unserem Gehirn ist es wie mit unserem Chef. Es ist den ganzen Tag beschäftigt, aber was genau es arbeitet, das weiß noch kein Mensch.

So werden Sie genialer

- Entdecken Sie Ihre Leidenschaften.
- Üben Sie 10 000 Stunden, wenn Sie etwas zur Perfektion bringen möchten. Aber weniger ist natürlich auch ein Anfang.
- Fehler helfen beim Genialerwerden. Also machen Sie ruhig welche und lernen Sie aus ihnen.
- Wenn Sie einen Oscar, Pulitzer- oder Nobelpreis gewinnen wollen, halten Sie sich ran!
- Nehmen Sie Platz auf Ihrem Geniestuhl, pardon, Regiestuhl und los geht's!

Kapitel 2

Denken übers Denken!

»Wir sind, was wir denken. Alles, was wir sind, entsteht aus unseren Gedanken. Mit unseren Gedanken formen wir die Welt.«
Siddhartha Gautama, Begründer des Buddhismus

Neulich im Zoo

Es war im Hochsommer vor ein paar Jahren, als ich mit einer meiner besten Freundinnen in einem kleinen Straßencafé in München in der warmen Sonne saß. Kurz zuvor hatte ich meine Diplomnote erfahren. Aufgrund des Ergebnisses stießen wir mit einem kleinen Glas Sekt an. Vielleicht waren es auch zwei. Leicht beschwipst und gut gelaunt beschlossen wir, das einzig Sinnvolle zu tun – wir gingen in den Zoo. Schon bald standen wir vor einer großen Voliere und betrachteten ein paar bunte, außergewöhnliche Vögel. Da diese gefiederten Freunde einen sehr lustigen Eindruck auf uns machten, fragte ich meine Freundin, wie diese putzigen Tierchen denn hießen. Sie wandte sich einem Schild zu und antwortete »Pacchaus 1«. Ich wunderte mich eine Sekunde, und wir stellten uns vor, wie wohl »Pacchaus 2« aussähe, wenn uns »Pacchaus 1« schon so gut gefiel. Wir schauten erneut auf das Schild in der Hoffnung, einen Hinweis zu finden, wo wir »Pacchaus 2« bewundern könnten. Doch da stand nur »Parkhaus 1«. Ein klarer Fall von: Ja, was eigentlich? Sogar das Pärchen neben uns musste lachen. Wir hatten uns schlicht und ergreifend *verdacht*.

Das passiert also, wenn wir nicht genau auf unser Gehirn aufpassen, wenn wir nicht wirklich mitdenken. Denn ab und zu bastelt es sich ganz schnell seine eigene Realität. Wieder nüchtern, erkannte ich plötzlich, dass dieses Erlebnis mir eine ganz neue Einsicht verschaffte, wie das mit dem Denken grundsätzlich abläuft.

Wie viel wissen wir eigentlich über das Denken?

Seit Jahrtausenden zerbrechen sich die Menschen den Kopf, wie das Denken funktioniert und mit unserem Bewusstsein und Verstand zusammenhängt, dennoch steht die heutige Wissenschaft bei der Entschlüsselung des Gehirns trotz allen Fortschritts in den letzten Jahren quasi noch am Anfang.

Wenn ich mir während des Studiums mal Gedanken über das Denken machte, war ich immer der Meinung, dass ich eigentlich die Kontrolle über mein Denken habe, dass ich sehr logisch und rational denke und handle. Inzwischen wird mir aber immer häufiger bewusst, dass ich meist genau das mache, was nicht auf meiner Agenda steht, einfach weil es eine leichtere Aufgabe ist, oder mir gerade besonders viel Spaß bereitet. Wir haben bereits erfahren, dass unser Gehirn eher von der faulen Truppe ist. So lese ich manchmal stundenlang »Artikel« im Internet (prokrastiniere also auf Facebook), beginne, meinen Schreibtisch aufzuräumen, obwohl ich eigentlich an diesem Buch schreiben möchte oder verabrede mich für den Biergarten. Mein Belohnungssystem scheint stärker zu sein als mein Wille.

Es kommt aber auch vor, dass ich mich den ganzen Tag über irgendetwas aufrege, was ich momentan gar nicht ändern kann. Ich kann dann meine negativen Gedanken einfach nicht ausblenden, obwohl ich genau weiß, dass das sinnvoller wäre. Auf logische oder kreative Einfälle komme ich auch nicht immer durch intensives Nachdenken. Oft fliegen mir neue Ideen zu, wenn ich gar nicht damit rechne: im Fahrstuhl, beim Zähneputzen oder zufällig in einem Gespräch.

Ich habe das Gefühl, zwischen zwei völlig unterschiedlichen Ebenen zu wechseln. Eine Seite von mir will an sich arbeiten und

Aufgaben konsequent durchziehen, die andere liegt jedoch lieber in der Sonne, ruht sich gerne aus und möchte unvernünftig sein. Mir fällt auf, dass ich eigentlich noch gar nicht viel darüber weiß, wie man denkt. Schauen wir uns das also einmal genauer an.

Ein kleines Experiment

Halten Sie nun bitte mal kurz inne und denken Sie darüber nach, was Sie gerade denken. – Jetzt! – Vielleicht denken Sie: »Was soll das? Nein, das mach ich nicht. Ich mache nie Übungen in einem Buch!« – was ich sehr gut nachvollziehen kann. Vielleicht kommen Sie auch zu dem Schluss: »Ich denke gerade nicht, sondern lese ja diese Zeilen.« Oder Sie fragen sich, ob Sie jetzt tatsächlich eine kleine Pause einlegen sollen, um kurz über Ihr Denkmuster nachzudenken. Oder Sie denken, dass Ihnen dieser Absatz mit dem Denken übers Denken gerade ziemlich auf die Nerven geht. So, was haben Sie gedacht? Was es auch immer war: Sie können sich dabei beobachten und wissen, was Sie gedacht haben, oder?

Nun stellen Sie sich mal bitte nicht eine kleine Giraffe vor. Und schon ist sie da, obwohl wir eigentlich gar nicht an sie denken wollten: etwas unscharf, aber klein und gelb. Obwohl Giraffen uns nicht täglich über den Weg laufen, liefert unser Gehirn sofort ein Bild. Denn es kann nicht nur Fragen, sondern auch negative Aufforderungen nicht gesondert abspeichern, damit also auch nicht das Wort »nicht«. Denken Sie jetzt *nicht* an Ihr heutiges Mittagessen, und schon ist es wieder da.

Aber zurück zur Giraffe. Denken Sie bitte noch an irgendeinen weiteren Begriff, und bringen Sie ihn mit der Giraffe in Verbindung: Löwe zum Beispiel, denn Löwen fressen kleine Giraffen. Wählen Sie nun bitte nochmal zwei andere Wörter aus und verknüpfen Sie diese so, dass Sie ein Bild vor Augen haben. Und was haben Sie nun gedacht und gesehen? Warum sind Sie gerade auf diese beiden Begriffe gekommen? Wie kamen sie Ihnen in den Sinn?

Meist ist uns gar nicht bewusst, wie wir denken, und auch nicht klar, wie wir auf unsere Ideen kommen und wie sie entstehen.

Doch Fakt ist, wir können uns beim bewussten bildhaften Denken beobachten.

Ein bekanntes Experiment mit einem weißen Bären belegt, dass wir unsere Gedanken aber nicht wirklich kontrollieren können: Bei diesem Experiment werden die Teilnehmer gebeten, fünf Minuten *nicht* an einen weißen Bären zu denken. Während dieser Minuten erzählen die Probanden laut, was ihnen alles durch den Kopf geht. Jedes Mal, wenn sie verbotenerweise an den weißen Bären denken, müssen sie auf eine Klingel drücken. Es gelingt niemandem, in den fünf Minuten nicht an den weißen Bären zu denken. Er taucht im Durchschnitt mindestens einmal pro Minute auf. Anscheinend ist das mit der Kontrolle über unsere Gedanken doch gar nicht so leicht. Zu einem außergewöhnlichen Ergebnis führte auch die anschließende Versuchsanordnung. Nun sollten die Probanden, die bisher den Gedanken an einen weißen Bären hatten unterdrücken müssen, ganz bewusst an ihn denken, während eine zweite Gruppe sofort an einen weißen Bären denken sollte. Was meinen Sie? Wer hat öfter an den weißen Bären gedacht? Es war nicht die zweite Gruppe! Die vorigen Bären-Unterdrücker klingelten viel häufiger. Der Versuch, nicht an etwas Bestimmtes zu denken, führt dazu, dass wir diesen Gedanken gar nicht mehr ausblenden können. Es scheint, als habe das Gehirn etwas nachzuholen, wenn wir Gedanken unterdrücken.[10] Kein Wunder, dass es einem so schwer fällt, auf die leckeren Schokotörtchen zu verzichten, wenn wir so oft an sie denken müssen, obwohl wir nicht an sie denken wollen.

Die Magie der mentalen Bilder

Es ist schon sehr erstaunlich, dass wir über unser Denken reflektieren können. Aber unser Gehirn kann noch viel mehr. Es ist ein wahres Wunder! Wir lernen zu laufen, zu sprechen und zu schreiben. Wir können zum Beispiel die Wurfbahn eines Balls einschätzen und ihn fangen, meistens zumindest, ohne irgendeine Ahnung von Physik zu haben. Wir berechnen weder die Beschleunigung noch die Masse oder Geschwindigkeit des Balls. Wir verfügen aber über physikalische Modelle in unseren neuronalen Netzwerken, mit denen wir eine Erwartung generieren können, wo der Ball ungefähr landen wird und wo wir unsere Patschepfötchen hinbewegen müssen. Wir besitzen die Fähigkeit, Fremdsprachen zu lernen, Tausende von Gesichtern zu unterscheiden oder die Gefühle unseres Gegenübers wahrzunehmen. Und die Errungenschaften in Wissenschaft und Technik scheinen kein Limit zu kennen. Wir betreten den Mond, senden Satelliten ins All oder verlegen Tiefseekabel im Meer. Also, einige von uns. Menschen haben immer Visionen gehabt, die sie realisieren wollten, auch wenn diese zunächst unvorstellbar schienen. Manchmal wurde Jahrhunderte lang darüber nachgedacht, wie etwas funktionieren könnte. Denken Sie nur an den Traum vom Fliegen, der erst Anfang des 20. Jahrhunderts in einem »Flugzeug« erfüllt wurde.

Andererseits lernen wir manches auch überhaupt nicht und denken oft zu kurzfristig. So hat es der Mensch in den letzten Jahrzehnten geschafft, die Weltmeere mit geschätzten 150 Millionen Tonnen Plastikmüll[11] zu »beglücken«, um nur ein »kleines« Beispiel zu nennen. Die Menge entspricht übrigens mindestens 30 Millionen Elefanten, die im Meer schwimmen würden. Sich mit dem Denken zu beschäftigen, macht also durchaus Sinn.

Mittlerweile sind wir nicht mehr nur in der Lage, uns selbst beim Denken zu beobachten. Dank der funktionellen Magnetresonanztomografie, kurz fMRT, können wir inzwischen auch anderen beim Denken, Handeln oder Fühlen zusehen. Zumindest ein klein wenig. Möglich wird diese Visualisierung der Hirnaktivitäten durch den sogenannten BOLD-Effekt: In einem extrem starken Magnetfeld werden die unterschiedlichen Eigenschaften von sauerstoffarmem und sauerstoffreichem Blut ersichtlich. So können in einer fMRT die Gehirnregionen farbig dargestellt werden, die an einem Denkvorgang, einer Emotion oder einer Tätigkeit beteiligt sind. Das bedeutet, wir können tatsächlich zuschauen, wie unser Gehirn arbeitet.

Der Neurowissenschaftler David Eagleman vergleicht allerdings die heutigen Möglichkeiten zum Beobachten des Gehirns mit einem Blick aus dem Spaceshuttle auf die Erde mit der Absicht, die aktuelle politische und wirtschaftliche Lage der Europäischen

Union zu beurteilen. Es ist also noch ein langer Weg, bis wir alle Bausteine kennen und verstehen, wie unser Denken und Handeln, unser Bewusstsein und unsere Emotionen entstehen und zusammenwirken. Und bis wir die Europäische Union verstehen, dauert es womöglich noch ein wenig länger.

Wer steuert uns?

Um eine Vorstellung unseres Denkens zu gewinnen, müssen wir noch nicht einmal in unser Hirn hineinschauen. Auch wenn es noch keine endgültigen Antworten darauf gibt, wer uns steuert oder wie wir gesteuert werden, ob wir einen freien Willen besitzen oder nicht, vermitteln uns psychologische Studien ein Bild, wie wir in etwa ticken. Und das ist eben nicht immer ganz logisch, wie man aufgrund unserer Fähigkeiten zum rationalen Denken eigentlich annehmen könnte. Man muss sich da gar nicht groß umschauen, um zu merken, dass nicht immer alles rational läuft. Wie ich selbst an mir beobachte, herrscht ein permanenter Konflikt zwischen emotionalem und rationalem Handeln, zwischen Verlangen und Vernunft. Ich weiß, dass es vernünftig wäre, dreimal die Woche Sport zu machen und mich gesund zu ernähren. Jeden Tag mindestens zwei Stunden an der frischen Luft zu verbringen, ist auch eine super Idee. Aber tue ich das auch? Natürlich nicht immer. Manchmal handeln wir sogar weder rational noch irrational, sondern überhaupt nicht! Wir denken zwar oft, dass es eigentlich ganz schlau wäre, dieses oder jenes zu tun, lassen es aber trotzdem. Doch es ist auch ein Glück, dass wir nicht uneingeschränkt logisch denken und handeln. Das wäre am Ende des Tages wohl auch ziemlich langweilig. Und es gäbe keinen »Pacchaus 1«, über den man sich freuen könnte.

Warum wir so sind, wie wir sind, verdanken wir, wie schon erwähnt, zwei wichtigen Faktoren. Zum einen wird unsere Persönlichkeit durch unsere Gene bestimmt und zum anderen durch unsere Erziehung und unsere Erfahrungen. Wie bei einem Spiel ist es also reiner Zufall, wie unsere Karten ausfallen. Doch spätestens mit dem Beginn des Erwachsenwerdens und so lange wir gesund sind, haben wir großen Einfluss darauf, wie wir sind und was wir in der Zukunft erleben werden.

Fünf Besonderheiten unseres Denkens

Fünf wichtige Eigenheiten unserer Denkweise möchte ich Ihnen nun kurz vorstellen. Sie verdeutlichen uns das Wesen unseres Denkens und Verhaltens. Zunächst müssen wir uns darüber im Klaren sein, dass wir nicht so viel selbst entscheiden, wie es uns unser Bewusstsein suggeriert. Wenn man weiß, wie man ungefähr tickt, kann man sich mit seinem eigenen Verhalten auseinandersetzen und sich das Leben vereinfachen.

Erstens: Unsere Gedanken stammen aus einem Chemie- und Elektrobaukasten

Grundsätzlich halte ich Gedanken seit langer Zeit für etwas Immaterielles, aber inwieweit ist das Denken eigentlich materiell? Erinnern wir uns noch einmal, wie unser individueller, täglich ablaufender Film im Kopf entsteht. Unser Gehirn selbst sitzt in unserem Schädel im Dunkeln und sieht, hört, tastet, schmeckt und riecht zunächst einmal überhaupt nichts. Erst durch die Transformierung unserer Wahrnehmungen in den verschiedenen Gehirnarealen läuft unser Film mit synchroner Ton-, Tast-, Geschmacks- und Riechspur ab. Auf diesen physiologischen Wahrnehmungen beruhen unsere Erfahrungen, Gefühle und Gedanken. Sie entstehen in unserem Gehirn, das diese auf elektrischen und chemischen Impulsen basierende Informationsübertragung ermöglicht.

Aber wie funktioniert diese Kommunikation zwischen den Neuronen? Eine Gehirnzelle hat einen Zellkern und ein Axon, das vor allem für die Weitergabe von Impulsen verantwortlich ist und somit als Sender agiert. Zudem besitzt ein Neuron unglaublich viele *Dendriten*, die sich wie Tentakeln von der Zelle in alle Richtungen ausbreiten und so mit den Axonen vieler anderer Neuronen in Verbindung treten können. Die Hauptaufgabe der Dendriten ist also das Empfangen von Informationen anderer Nervenzellen. Die Kontaktstelle zwischen einem Axon und den Dendriten einer anderen Gehirnzelle ist die Synapse. Über sie findet die Kommunikation statt. Wenn eine Gehirnzelle aktiv ist, fließt vom Zellkörper ein elektrischer Impuls zur Spitze des Axons. Durch diesen Impuls werden chemische Botenstoffe, die Neurotransmitter, an der Axonspitze freigesetzt. Hier an der Synapse wird das elektrische in ein chemisches Signal umgewandelt, das nun über den synaptischen Spalt weitergegeben werden kann. Anschließend wird es erneut in ein elektrisches Signal umgewandelt, das über einen Dendriten bei einer benachbarten Gehirnzelle ankommt. Dort wird dann wieder ein neuer elektrischer Impuls ausgelöst, zumindest dann, wenn er groß genug ist. Sonst wird er unterdrückt und das Signal somit nicht mehr weitergeleitet – ein ähnliches Prinzip wie bei einem Kettenbrief. Manche Empfänger leiten ihn weiter, andere nicht, weil sie ihn für unwichtig halten. Somit landen in unserem Bewusstsein immer nur die als besonders wichtig eingestuften Informationen.

Da unser Gehirn die einströmenden Informationen filtert, um die immense Datenmenge bewältigen zu können, nehmen wir nur einen individuell geprägten Ausschnitt der Wirklichkeit wahr. Genaugenommen werden viele Prozesse, die im Gehirn ablaufen, durch unsere Sinne mehr oder weniger ergänzt und modifiziert, Stichwort »Pacchaus 1«. Manchmal sind wir sogar für die offensichtlichsten Dinge blind. Ich suche meine Brille, sehe sie aber nicht, weil ich meinen Gedanken nachhänge. Dabei liegt sie genau vor mir auf dem Schreibtisch. Oder ich durchwühle eine Schublade und nehme den gesuchten Kellerschlüssel nicht wahr, nur weil ich der Auffassung bin, ihn verlegt zu haben. Vielleicht kennen Sie auch das Video, bei dem man die Ballkontakte der Spieler einer Basketballmannschaft in weißen Trikots zählen soll. Da die Aufmerksamkeit voll auf das Zählen der gespielten Pässe gerichtet ist, wird häufig der Mensch im Gorillakostüm übersehen, der ganz deutlich durchs Bild läuft.

Die Erfahrungen und Eindrücke, die wir über unsere Sinne aufnehmen, werden im Gehirn durch elektrische und chemische Prozesse in Wahrnehmung, Bewusstsein und Erinnerungen verwandelt. Und aus diesen materiellen Vorgängen und Strukturen entstehen unsere immateriellen Gedanken und Gefühle. Es ist schon ziemlich spannend und bemerkenswert, sich klarzumachen, dass unser Denken auf diesen physikalischen Ereignissen basiert. Genauso wichtig erscheint mir, dass sich allein durch das (und das werden wir uns später noch genauer ansehen), was wir essen und trinken, was wir tun und lassen, unser Gehirn verändert. Daraus lässt sich schlussfolgern, dass letztlich der Zustand unseres Gehirns darüber entscheidet, »wer wir sind«.[12]

Wir haben also die Chance, unser Gehirn durch unser Verhalten zu beeinflussen. Sonnenlicht, Schlaf, Sport, aber auch Kaffee, Alkohol, selbst ein Schokoriegel – alles hat Auswirkungen auf unser Gehirn. Und nicht nur das: So, wie wir unser Gehirn und unseren Körper behandeln, so gehen die beiden auch mit uns um, und das zeigt sich in unserem Verhalten. Letztendlich haben die Muster und Strukturen unseres Gehirns wohl mehr Macht über uns, als wir zunächst annehmen würden.

Bereits jetzt wissen wir, dass schon kleine Veränderungen im Gehirn große Folgen haben können. So kann zum Beispiel ein Mangel des Hormons Serotonin, das für das Wohlbefinden zuständig ist, mitverantwortlich sein für eine klinische Depression und unser Gefühlsleben wie ein Kartenhaus zusammenfallen lassen. Unser Gehirn ist ein kompliziertes Gebilde, geprägt von Neurotransmittern und Hormonen, das sogar bereits durch kleinere Mängel in unserer Ernährung aus dem Gleichgewicht gebracht werden kann. Unsere Persönlichkeit kann sich schon gewaltig verändern, wenn wir Alkohol in größeren Mengen trinken. Kennen Sie vielleicht!

Das, was wir sind, was jeder Einzelne sein »Ich« oder seine Persönlichkeit nennt, entsteht in einem sehr komplexen physikalischen System. Die Wissenschaft wird allerdings noch viel Zeit benötigen, um die Zusammenhänge zwischen den biologischen Vorgängen und unseren Erfahrungen im Detail zu verstehen, und fast allen Gehirnforschern ist wohl bewusst, dass die Erklärungslücke, die sich zwischen Körper und Geist auftut, nicht einfach zu überwinden sein wird. Für mich ist aber schon heute klar: Wir sind mehr als die Summe unserer einzelnen Hirnprozesse.

Zweitens: Wir denken in Mustern, Modellen und Netzwerken

Wie wir gesehen haben, entstehen unsere Gedanken und Gefühle im Gehirn durch elektrische sowie biochemische Prozesse. Die Leistung unseres Gehirns, die täglichen immateriellen Informationen und Erfahrungen in materielle Strukturen umzuwandeln und in unsere riesigen neuronalen Netzwerke einzuordnen, sie zu verknüpfen und zu speichern, ist eigentlich unfassbar. Und das Ganze zum Schnäppchenpreis, denn unser Gehirn hat einen Energieverbrauch, der mit dem einer 15-Watt-Glühbirne vergleichbar ist. Michel A. Hofman vom Netherlands Institute for Neuroscience in Amsterdam hat vor einigen Jahren berechnet, dass die Energiekosten für unser Gehirn bei einem Lebensalter von 80 Jahren nicht mehr als 1200 Euro betragen würden![13] Heute wäre die Summe bestimmt doppelt so hoch, doch selbst dann wären das nur etwa 30 Euro pro Jahr! Und das Gehirn bringt doch weitaus mehr Licht in unser Leben als eine 15-Watt-Glühbirne.

Unser Gehirn arbeitet so effizient, da es sich zu einem Meister der Mustererkennung entwickelt hat. Es trifft blitzschnelle Entscheidungen bei der Zuordnung von Begriffen, Gedanken und Handlungsabläufen zu einzelnen Mustern oder Modellen.

Wenn wir etwas lesen, dann konstruiert unser Gehirn ein »mentales Modell«[14] in unserem Kopf, mit dem wir das, was wir gerade lesen, verstehen. Gleichzeitig vergleichen oder verbinden wir es mit dem Kosmos bereits existierender Modelle, die zum entsprechenden Thema gehören. Sie bedingen sich wechselseitig und bauen aufeinander auf, sodass aus einfachen Modellen immer komplexere entstehen. Diese werden wiederum einzelnen neuronalen Netzwerken, auch *kognitive Netzwerke* oder *mentale Karten* genannt, zugeordnet, die aus Millionen Verknüpfungen und Querverbindungen zwischen den Milliarden von Neuronen in verschiedenen Gehirnregionen bestehen.

Stark vereinfacht kann man sich dies so vorstellen: Alles, was rot ist, kommt erstmal in die rote Kiste, alles, was wie ein »Kätzchen« aussieht und sich so verhält, wird der »Kätzchenkiste« zugeordnet, und zwar so lange, bis Widersprüche auftauchen, bis sich ein »Kätzchen« als Tiger entpuppt und dieser in der Kiste für »gefährliche Kätzchen«, also »Tiger« landet. Wenn wir diesen Kätzchen-Text lesen, konstruieren wir im Geist ein Muster, ein Modell, oder es entstehen Bilder in unserem Kopf.

Wenn Sie auf Ihrer Fahrt ins Büro auf ein Umleitungsschild stoßen, dann wird Ihre mentale Karte »Mein Weg ins Büro« entsprechend überschrieben. Mithilfe dieser Netzwerke entdecken wir morgens den roten Rock oder die rote Krawatte im Kleiderschrank, können einen Tiger von einem Kätzchen unterscheiden, uns über Modelle Gedanken machen und auch den Weg ins Büro ohne großes Nachdenken finden, selbst bei einer Umleitung. Wir besitzen solche Netzwerke nicht nur für unsere Kleiderauswahl oder täglichen Wege, sondern auch für das Fahrradfahren oder Schuheputzen, also für unseren Alltagstrott, und ebenso für alle Fähigkeiten wie Fremdsprachen oder Bewegungsabläufe, die durch Übung in unser Unterbewusstsein gelangen und die wir ohne Nachdenken abspulen können. Aber es kann immer mal passieren, dass sich eine falsche mentale Karte einschmuggelt, wie bei dem Vorfall an jenem warmen Tag im Zoo mit dem »Pacchaus 1«.

Haben wir kein Modell parat, um zum Beispiel eine quadratische Gleichung zu lösen, müssen wir erst einmal scharf nachdenken, im Mathebuch nachschlagen, die Lösung im Internet suchen oder jemanden fragen. Um sie aber im Kopf zu behalten, müssen wir nicht nur motiviert sein, sondern auch ein paar Gleichungen üben, damit sich das abrufbare Modell neu aufbauen kann.

Wir entwickeln Gewohnheiten oder Denkmuster, nach denen wir agieren, ohne dass wir uns dessen immer bewusst sind. So bilden wir leider unbewusst auch negative Denkmuster. Wenn sich zum Beispiel in einem Gehirn ein solch markantes Muster entwickelt hat, dass man zum Beispiel glaubt, man könne etwas nicht, dann kann es passieren, dass aus diesem Muster Realität wird. Wenn Sie also fest daran glauben, dass das neue Projekt Sie überfordert, und Ihre Energie sich darauf beschränkt, dieses negative Denken zu verstärken, dann werden Sie eventuell Recht bekommen.

Schon eine kleine Angewohnheit kann den Impuls auslösen, eine negative Gewohnheit zu aktivieren. Das Trinken einer Tasse

Kaffee löst dann zum Beispiel bei einem Raucher auch den Wunsch aus, sich eine Zigarette anzuzünden. Wenn man bei einem Projekt nicht weiterkommt, holt man vielleicht immer eine Tafel Schokolade aus der Tasche oder verhält sich unfair oder unfreundlich den Kollegen gegenüber.

Wenn man an solchen Situationen etwas verändern will, gilt es, sein Denken und vor allem seine Denkmuster zu ändern, indem man sich klar macht, wie es zu diesem Verhalten, zu diesem Muster gekommen ist und an welchen Rädchen man drehen kann, um aus diesem Teufelskreis wieder herauszukommen. Hört sich nicht nach einem Riesenspaß an, ist aber hilfreich.

Unser Gehirn liebt Modelle, weil es auch Klarheit und Harmonie liebt. Wir erwarten, dass das, was wir sehen und lernen, in unsere Modelle hineinpasst. Und was nicht passt, wird manchmal einfach passend gemacht. Die Welt soll möglichst klar und einfach sein. Deshalb haben wir möglicherweise auch einige Schwierigkeiten, mit der komplexer werdenden Welt Schritt zu halten, weil es immer komplizierter wird, in den unendlich erscheinenden Informationen eindeutige Muster und Modelle zu erkennen und den Überblick zu behalten.

Doch wir können lernen, auch mit einer riesigen Datenmenge fertig zu werden und sie zu interpretieren. Schauen Sie sich zum Beispiel mal ein Buch in hebräischer oder kyrillischer Schrift an. Solange Sie die Sprache nicht beherrschen, können Sie vermutlich nichts damit anfangen. Erst langsam müssten Sie lernen, die fremden Buchstaben sowie die Bedeutung der Wörter zu erkennen. Aber mit Begeisterung, Fleiß und Beharrlichkeit würde Ihr Gehirn es fertig bringen, auch diese Schrift nicht nur zu lesen, sondern mit weiterer Übung auch automatisch und mit immer größerer Geschwindigkeit zu erfassen.

Je leichter wir eine Aufgabe bewältigen, desto vernetzter scheinen die neuronalen Netzwerke zu sein, die sich dahinter verbergen. Und je komplizierter neue Strukturen sind, desto länger benötigen wir, um die entsprechenden Schaltkreise aufzubauen. Dies trifft auch auf Bewegungsabläufe wie Ski fahren oder das Erlernen eines Musikinstruments zu. Zu Beginn sind die Fortschritte klein, und wir müssen auf jede Bewegung genau achten und sie bewusst ausführen. Ist aber das Bewegungsmuster einmal in einem Netzwerk abgespeichert, ja, wie in eine Holzplatte eingeritzt, läuft es von ganz allein. Bei diesen motorischen Fähigkeiten geht es darum, die Bewegungen so zu automatisieren, dass sie unbewusst ablaufen und keine Aufmerksamkeit mehr erforderlich ist, um sie zu kontrollieren. Wenn sich unser Gehirn dennoch bewusst einschaltet, werden unsere Leistungen fehlerhaft und langsamer, zum Beispiel beim Eintippen eines Textes auf der Tastatur.

Die Visualisierung von Mustererkennung und Netzwerken: Mustererkennung, Modelle und Netzwerke können Sie sich wie vorgegebene Pfade im Aquarium vorstellen. Vielleicht schwimmen die Fische genau entlang dieser Wege, weil das warme Wasser dort angenehmer ist oder Strömungen sie schneller vorwärts bringen. In einer Strömung müssen die Fische sich nicht groß anstrengen, sondern können sich einfach treiben lassen. Auch unser Gehirn bahnt sich Wege und baut Netzwerke auf, um sie dann bequem zu nutzen.

Ohne dass wir es merken, laufen die ganze Zeit die verschiedensten Programme in unserem Gehirn, die eintreffende Informationen filtern und versuchen, alles Neue und Bemerkenswerte richtig einzuordnen. Wir haben also alle eine kleine NSA in unserem Kopf.

Es können auch mehrere Programme oder Netzwerke gleichzeitig aktiv sein. Das ist zum Beispiel bei dem Experiment mit dem weißen Bären der Fall, bei dem davon ausgegangen wird, dass zwei verschiedene Prozesse gleichzeitig im Gehirn ablaufen. Zum einen wird ein unbewusstes Netzwerk aktiviert, das kontrollieren soll, dass der verbotene Gedanke möglichst nicht auftaucht. Zum anderen ist ein bewusst ablaufendes Programm dafür zuständig, den verbotenen Gedanken sofort zu unterdrücken, wenn das Kontrollprogramm ihn meldet. Somit ist das unbewusst agierende Netzwerk die ganze Zeit mit dem verbotenen Gedanken beschäftigt, sodass sich dieser irgendwann dann doch ins Bewusstsein drängt. Es besteht nur eine einzige Möglichkeit, ein solches Dilemma aufzulösen: indem man den verbotenen Gedanken durch einen anderen ersetzt. In der Psychologie nennt man dies »fokussierte Ablenkung«.[15] Wenn Sie zum Beispiel nicht mehr an Schokolade denken wollen, stellen Sie sich immer, wenn der Gedanke an Schokolade auftaucht, einen Schlittschuh vor. Oder einen Apfel, den können Sie immerhin als Ersatz essen. Wenn Sie trainieren, automatisch an Ihr Ablenkungsbild zu denken, wird es in Zukunft einfacher sein, ungewollte Gewohnheiten zu ändern.

Haben Sie Gewohnheiten, die auf Muster schließen lassen? Ich habe früher unterwegs zum Beispiel alles, was ich in der Hand hielt, immer auf alle möglichen Ablagen vor mir gelegt. Ich habe meine Wasserflasche am Kiosk auf den Tresen gestellt, Zeitschriften zum Bezahlen nochmal kurz auf die Süßigkeiten gelegt, mein Handy nur kurz auf dem Bankautomaten platziert oder den Geldbeutel schnell mal auf dem Autodach deponiert. Weder Wasserflasche, Zeitung, Handy, noch Geldbeutel waren kurz danach noch in meinem Besitz.

Inzwischen habe ich mir deshalb angewöhnt, unterwegs nicht mehr alles auf allen Ablagen vor mir abzulegen. Wenn Sie also auch so ein Muster haben, dann achten Sie darauf, oder legen Sie zumindest Ihr Handy oder andere wichtige Gegenstände niemals irgendwo mal schnell ab, wo Sie diese genauso schnell wieder vergessen können. Um eine Angewohnheit zu ändern, müssen wir sie also zunächst bewusst wahrnehmen und sie dann auch bewusst ändern wollen.

Drittens: Das Unterbewusstsein ist immer mit am Start!

Viele dieser Muster, die wir gerade kennengelernt haben, laufen unbewusst ab. Wir wissen zwar, dass wir nur einen begrenzten Zugang zu unserem Gehirn haben und vor allem keinen bewussten Draht zu den Bereichen unseres Gehirns, die unsere Gedanken erzeugen. Wie groß der Einfluss unseres Unterbewusstseins tatsächlich ist, davon haben wir dennoch keine wirkliche Vorstellung. Das Freudsche Konzept der konkurrierenden Gemeinschaft von Es, Ich und Über-Ich, bei dem das vernünftig denkende Ich zwischen dem Es, den Trieben des Menschen, und den Moral- und Wertvorstellungen des Über-Ichs vermittelt, wird heute von den meisten Kognitionspsychologen abgelehnt, doch es besteht ein großer Konsens darüber, dass ein wesentlicher Teil unseres Verhaltens durch das Unbewusste determiniert wird. Im Unterbewusstsein gibt es Abläufe, die unserem Bewusstsein in Bruchteilen von Sekunden vorausgehen. Und so sitzt unser Bewusstsein nicht immer allein am Steuer. Manchmal ist es sogar eher ein Beifahrer, der als Letzter mitbekommt, was eigentlich gerade so abgeht.

Um dies zu erklären, wird in der Psychologie seit mehreren Jahrzehnten von zwei unterschiedlichen Systemen gesprochen. Der amerikanische Psychologe Daniel Kahneman verwendet hierfür die von seinen Kollegen Keith Stanovich und Richard West eingeführten Termini, nämlich System 1 und System 2, und unterteilt das Denken in schnelles, unbewusstes, emotionales und in langsames, durchdachtes, bewusstes Denken. Nach Daniel Kahneman arbeitet System 1 »automatisch und schnell, weitgehend mühelos und ohne willentliche Steuerung«.[16] Es ist impulsiv, wird von unseren Gefühlen bestimmt und ist zum Beispiel dann aktiv, wenn wir uns ganz automatisch einem lauten Knall zuwenden oder ohne nachzudenken wissen, was 2+3 ist. »System 2 lenkt die Aufmerksamkeit auf die anstrengenden mentalen Aktivitäten (...). Die Operationen gehen oftmals mit dem subjektiven Erleben von Handlungsmacht, Entscheidungsfreiheit und Konzentration einher.«[17] Dieses System wird zum Beispiel bei einer schwereren Multiplikationsaufgabe aktiviert, bei der man schrittweise vorgehen muss.

System 1 arbeitet ständig, verfügt über riesige Kapazitäten und kann uns plötzlich eine Lösung für ein Problem präsentieren, ohne dass wir wissen, wo dieser Einfall auf einmal herkommt. In der Kognitionswissenschaft hat sich auch der Begriff »Bottom-up«-System etabliert, da die entsprechenden neuronalen Schaltkreise besonders in den unteren, evolutionsgeschichtlich älteren Gehirnteilen liegen und damit unter dem *Cortex*, der obersten Schicht unseres Gehirns. Wenn sich das System 1 bemerkbar macht, meldet es sich von unten, indem es unseren Cortex, also »oben«, in Kenntnis setzt oder beteiligt. Deshalb Bottom-up – von unten nach oben. Genauso gibt es – und das ist dann System 2 – auch »Top-down«-Aktivitäten, von oben nach unten, die hauptsächlich vom Cortex ausgehen. Somit kann er die sich tiefer abspielenden Abläufe zumindest überwachen und ihnen die Richtung vorgeben.

Zu den unbewussten Vorgängen, die dem System 1 zuzuordnen sind, haben wir keinen direkten Zugang. Der Betrieb läuft ohne uns. Fassen wir aus Versehen einen heißen Topf an, ist unsere Hand dort schneller weg, als wir gucken können. Wenn wir auf dem Fahrrad unterwegs sind und plötzlich ein Auto aus einer Garage auf die Straße fährt, bremsen wir, bevor wir das Auto bewusst wahrnehmen. Es ist die *Schnelligkeit* unbewusster Reaktionen, mit der sie unser Bewusstsein schlagen.

Ein weiterer Vorteil dieser Abläufe ist die *Energieeffizienz*. Unser Gehirn muss für bewusste Tätigkeiten deutlich mehr Energie aufbringen als für einstudierte oder automatisierte Abläufe. Spielen wir zum Beispiel das allererste Mal das Computerspiel *Tetris*, verbraucht unser Gehirn unglaublich viel Energie, um bewusst Muster und Strukturen zu erkennen. Nach einer Trainingszeit von wenigen Wochen ist der Energieverbrauch auf einen Bruchteil der Energie gesunken, wie bereits eine Studie aus dem Jahre 1992 belegt.[18] Auf Bildern einer Positronen-Emissions-Tomographie (PET) ist das Gehirn zu Beginn des Lernprozesses ein buntes Zusammenspiel aus allen möglichen Farben mit vielen roten Bereichen, was für einen hohen Energieverbrauch spricht. Nach einer gewissen Übungsphase ändert sich die Darstellung in blau, grün und grau, was den sehr viel geringeren Energieverbrauch visualisiert. Das Gehirn wendet also den »Trick« der Automatisierung an und baut spezielle Netzwerke auf, die genau auf diese bestimmten Aufgaben zugeschnitten sind. Hier werden also Tätigkeiten, die wir anfangs ganz bewusst und mit viel Anstrengung ausführen, von Bottom-up-Schaltkreisen übernommen.

Unser Bewusstsein wählt dabei vor allem aus, welche Muster sich bilden. So scheint es für den freien Willen, zumindest was langfristige Pläne und Entscheidungen betrifft, eine ernsthafte Chance auf Existenz zu geben. Das ist doch schon mal etwas, mit dem wir arbeiten können.

Die Visualisierung des Bottom-up- und Top-down-Systems: Der Fensterausschnitt unseres Aquariums, die Bühne der Fische, ist quasi unser Bewusstsein. Die Fische auf der Bühne glauben, sie wären die Stars des Aquariums und würden die Haupt-

rolle spielen. Aber viele dieser Fische vergessen, dass hinter der Bühne noch Milliarden weiterer Fische Arbeit leisten, damit die ganze Show vorne funktioniert.

Unser System 2 kann in gewisser Weise Anweisungen an System 1 geben, indem wir uns bewusst Gedanken über ein Problem machen. Somit können wir es quasi zwingen, sich ebenfalls mit dieser Problematik auseinanderzusetzen. Denn wenn Sie eine neue Idee oder ein Aha-Erlebnis haben, ist diese Erkenntnis nur selten ganz plötzlich und einfach so entstanden, auch wenn es Ihnen so vorkommt. Wahrscheinlich haben sich unbewusste Strukturen und Bottom-up-Schaltkreise schon Stunden bis Wochen vorher mit der Thematik beschäftigt, Informationen gesammelt, neu miteinander kombiniert und immer wieder neu angepasst. Ich war zum Beispiel monatelang auf der Suche nach einer neuen Metapher für das Gehirn, mit deren Hilfe man auch seine Funktionsweise visualisieren konnte. Schon sehr bald wusste ich, dass ich nach einem Bild mit Tieren suchte, überlegte dann aber doch, eine Bücherei oder einen Zirkus als Bild für das Gehirn zu wählen. Ich spielte bewusst viele Möglichkeiten durch. Und ganz plötzlich, als ich mal wieder auf dem Weg von Berlin nach München im Zug saß, draußen nur die dunkle Landschaft an mir vorbeizog und ich auf meinen Laptop starrte, war die Fisch-Idee plötzlich da. Fast schon komplett ausgereift. Und es war so gut wie klar, welches Bild welche Eigenschaft darstellen würde. Unbewusst hatte mein Gehirn anscheinend schon länger an der Idee gearbeitet, und es präsentierte sie mir dann ganz plötzlich wie durch Zauberhand.

Unser Bewusstsein kann man somit als einen sehr stark vereinfachten Überblick über alle Aktivitäten im Nervensystem betrachten. Wir bekommen quasi eine grobe Zusammenfassung von dem geliefert, was in den verschiedenen Bereichen unseres Gehirns passiert. Es ist ein bisschen so wie bei der Tagesschau. Natürlich passiert den ganzen Tag unglaublich viel auf der Welt, aber wir bekommen lediglich die wichtigsten Fakten kompakt geliefert. Vielleicht schaffen wir es auf unserem Weg zu mehr Genialität ja noch, uns zumindest die ausführlicheren Tagesthemen anzuschauen.

Viertens: Es gibt kein Denken ohne Fühlen

Ein weiterer Aspekt ist beim Denken ganz entscheidend: Wir können nicht einfach nur rational denken. Es gibt keinen Gedanken ohne Gefühle und kein Denken ohne Fühlen. Die meisten von uns sind vermutlich der Auffassung, dass sie meist logisch und rational denken, wenn sie denken. Doch wie erwähnt, basiert unser Denken auf unserem erworbenen Wissen und unseren gesammelten Erfahrungen, zu denen natürlich auch unsere Gefühle gehören.

Unter rationalem Denken verstehe ich zum Beispiel, mathematische Aufgaben zu lösen. Da Mathematik in meiner Schulzeit eigentlich nie zu meinen Lieblingsfächern zählte, verfolgen mich angenehme wie unangenehme Erinnerungen bis heute. Bei dem IQ-Test, zu dem ich mich extra für dieses Buch und zum Test des Arbeitsgedächtnisses aufgerappelt hatte, wurden verschiedene Textaufgaben vorgelesen. Ausgerechnet Textaufgaben! Sofort begannen verschiedene Zahnrädchen in meinem Hinterkopf ineinanderzugreifen und die neuronalen Netzwerke zu aktivieren, die mir unbewusst in Erinnerung riefen, was im Zusammenhang mit dem Thema Mathematik passiert war: meine erste und einzige Eins in Mathe, meine null Punkte in einer Klausur oder das schlimme An-der-Tafel-Vorrechnen. Mein »Du-kannst-kein-Mathe!«-Netzwerk war also aktiviert. In dieser Testsituation war ich plötzlich so blockiert, dass ich nicht einmal eine der Aufgaben lösen konnte, die ich normalerweise mit links bewältigt hätte. Nicht einmal simples Rechnen läuft ohne Gefühle ab.

Als Sie zu Kapitelbeginn (nicht) an die kleine Giraffe dachten, haben Sie vielleicht eine bestimmte Situation vor Augen gehabt, hoffentlich eine positive, vielleicht einen Zoobesuch mit Ihrer Familie. Oder Sie hatten als Kind eine Giraffe als Kuscheltier. Auch über eine Giraffe denken wir nie nur rational nach. So sind mit unseren Erinnerungen immer auch Emotionen verbunden. Und die sind manchmal ziemlich chaotisch. Das ist leicht zu erklären, denn sie entstehen im *limbischen System*, unserem Emotionszentrum, durch Interaktion mehrerer Gehirnareale.

Die Visualisierung des limbischen Systems: Stellen Sie sich vor, Ihre Emotionen und Gefühle tanzen am liebsten **Limbo**.

Es ist wissenschaftlich bisher noch nicht ganz genau geklärt, welche Areale zu dem limbischen System oder besser zum Konzept des limbischen Systems gehören. Auf jeden Fall zählt der Hippocampus dazu, der für das Lernen und Erinnern eine wichtige Rolle spielt und direkt mit diesem System verknüpft ist, außerdem der orbitofrontale Cortex, unsere Emotionskontrolle, die Amygdala, unser Angstzentrum, die Insula, beteiligt an der Schmerzwahrnehmung, und der Gyrus cinguli, zuständig für Konzentration, Aufmerksamkeit, Schmerzverarbeitung und die Regulierung unserer Affekte.

Auch wenn Emotionen zumeist verworren sind, ohne sie würden wir in der Fülle der Informationen ertrinken, mit denen unser Gehirn jede Sekunde überschüttet wird. Erst durch unsere Gefühle stellen wir einen Kontakt zu unserer Umwelt her, indem wir etwas bei unseren Begegnungen mit Menschen, bei der Entwicklung von Gedanken oder bei der Betrachtung von Gegenständen empfinden und sie auf diese Weise für uns bedeutsam werden lassen.

Begeisterung ist dabei die Emotion, die am meisten dazu beiträgt, etwas Neues zu lernen. Das kennen Sie sicher auch! Bei allem, was uns interessiert und mitreißt, haben wir die schnellsten Lernerfolge. Um etwas auch langfristig in Erinnerung zu behalten, müssen wir uns nicht nur anstrengen, sondern uns vor allem begeistern. Wir müssen uns also anstrengen, uns zu begeistern! Denn dann empfinden wir sogenannten Eustress, positiven Stress, und unser Gehirn läuft dadurch wie geschmiert. »Unser Hirn wird so, wie wir es benutzen, besonders, wenn wir dabei begeistert sind«,[19] fasst Neurobiologe Gerald Hüther es zusammen.

Was machen wir aber, wenn von Begeisterung weit und breit keine Spur ist? Wenn wir richtig schlecht gelaunt sind, weil wir eine E-Mail nicht rechtzeitig rausgeschickt haben, auf einen Anruf warten oder einfach, weil ein Kollege heute ohne Grund nervt und die ganze Zeit von seinem neuen Hobby (Kakteen züchten!) erzählt.

Bis zu einem gewissen Punkt haben wir unseren Gemütszustand selbst in der Hand, zumindest solang wir unter keiner Depression oder einer anderen Erkrankung leiden. Denn unsere Stimmung wird nicht nur durch unsere Mitmenschen oder Ereignisse erzeugt, sondern auch unsere eigene Bewertung von Situationen ist ganz entscheidend. Sie selbst reagieren sicher auch abhängig von Ihrer Stimmung auf Ereignisse. An einem miesen Tag gibt uns der Strafzettel den letzten Rest, während er uns an dem Tag, an dem wir eine Beförderung erhalten oder ein tolles Projekt abgeschlossen haben, ganz egal ist. Oder wir stolpern über eine kleine Stufe, regen uns entweder furchtbar auf oder wir lachen, je nach Laune. Das heißt aber, wir reagieren auf Situationen nicht nur aufgrund unserer Persönlichkeit oder aufgrund unserer Veranlagung. Es gibt da nämlich einen Spielraum, den wir nutzen können. Wir und unsere Gefühle sind also nicht nur von äußeren Einflussfaktoren abhängig. Psychologen sprechen auch vom »ABC der Gefühle«[20]. Dies verdeutlicht, welche Macht Sie selbst haben. A steht dabei für die Ausgangssituation, also zum Beispiel für das Stolpern an der Stufe. B steht für die Bewertung der Situation: Sie können sich aufregen, dass jemand da so eine depperte Stufe gebaut hat, oder Sie freuen sich darüber, dass Sie nicht auf die Nase geknallt sind. Aufgrund dieser Bewertung folgt daraufhin C, die Conclusion, also die Schlussfolgerung, nämlich Ihre Reaktion. Sie sind entweder glücklich darüber, dass alles heil geblieben ist, wütend über die Stufen, ängstlich, weil Sie nun Sorge haben, öfters zu stürzen, oder gelassen, weil Sie einfach ein entspannter Typ sind. Diesen Vorfall mit der Stufe können Sie also ganz unterschiedlich bewerten. Versuchen Sie doch mal in einem Moment, in dem Sie richtig schlechte Laune haben, Ihre Stimmung zu benennen und diese dadurch umzudeuten. Machen Sie sich andere Reaktionsmöglichkeiten bewusst und setzen Sie Ihre Reaktion in Relation zu diesen. Das führt uns auch gleich zum nächsten Punkt.

Fünftens: Wir denken relativ!

Es wird uns selten bewusst, dass unser Gehirn alle Informationen vergleichend betrachtet und speichert, etwa dass ein Tiger größer als eine Katze, aber kleiner als ein Zebra ist. Dies bedeutet, dass wir unbewusst alles relativ, also in Relation zu anderen Erfahrungen betrachten. So können wir auch einen Ball nur im richtigen

Moment fangen, weil unser Gehirn die visuellen Informationen mit unseren bisherigen Ballspielerfahrungen vergleicht und anhand dieser Werte unsere Muskeln aktiviert.

Dieses In-Relation-Setzen findet jedoch nicht nur bei unseren motorischen Aktivitäten statt, sondern in jeder Situation. Wir vergleichen nicht nur unser Gehalt mit dem unserer Freunde oder Kollegen oder sind mit unserem Auto so lange glücklich und zufrieden, bis der Nachbar ein größeres hat, sondern wir können uns meistens auch erst eine Meinung über etwas bilden, wenn wir konkrete Vergleichswerte haben. Wenn jemand zum Beispiel sagt, er kann sich 60 Ziffern in fünf Minuten merken, klingt das ziemlich beeindruckend, da man seine eigene Leistung geringer einschätzt. Wenn man dann aber hört, dass der Weltrekord bei 500 Ziffern liegt, ist die zuerst genannte Leistung plötzlich nicht mehr so imposant. Dieser Aspekt unseres Denkens spielt auch bei der visuellen Wahrnehmung eine Rolle.[21]

Komische Kästchen

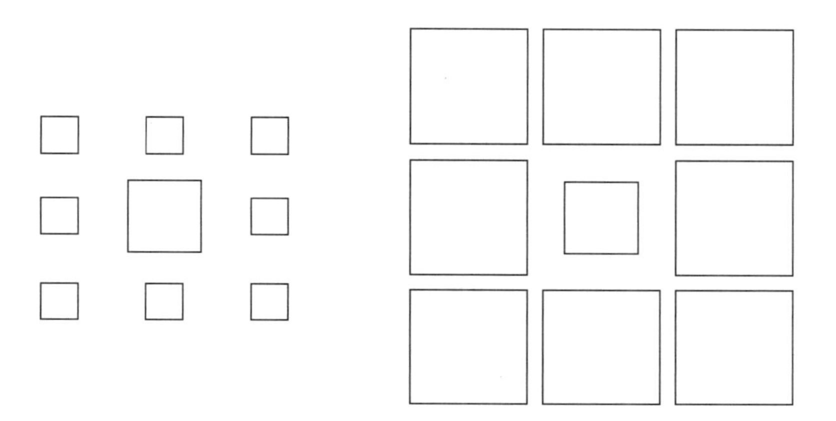

Es wird Sie vielleicht nicht überraschen, aber die mittleren Quadrate sind gleich groß. Dadurch, dass links kleine Kästchen um das mittlere Quadrat angeordnet sind, erscheint es uns größer. Das rechte Quadrat wirkt dagegen in Relation zu den großen Quadraten ringsherum viel kleiner. Hier hängt es also unmittelbar von der Umgebung ab, wie wir die Größe des mittleren Quadrates bewerten.

Auch im Leben vergleichen wir immer. Wir alle sind nicht besonders gut darin, uns über das Erreichte und unsere Erfolge zu freuen, da wir im nächsten Moment sehen, was wir nicht haben. Doch nie völlig zufrieden zu sein, ist auch eine gute Eigenschaft, sonst würden wir alle sehr schnell nur noch selbstgenügsam auf der Couch abhängen. Es ist jedoch ein Irrsinn zu glauben, dass man glücklich und zufrieden sei, wenn man erst das eine erreicht hat oder das andere besitzt. Letztendlich sind viele Reiche neidisch auf die Superreichen, und wenn man eine Villa bezieht, hat der Nachbar vielleicht eine luxuriösere Ausstattung oder einen größeren Pool. Wenn Sie einen Privathubschrauber haben, beschäftigt Ihr Nachbar auch noch einen Piloten und kann damit sogar herumfliegen … Deswegen schauen Sie immer genau hin, was Sie bereits besitzen, und vergessen Sie nicht, dies auch ausreichend wertzuschätzen, ohne alles in Relation zu setzen.

Die Suche nach immer mehr können wir aber auch durchbrechen, indem wir uns diese Form des Denkens bewusst machen. James Hong, ein sehr erfolgreicher Unternehmer, hat das auf eine außergewöhnliche Weise geschafft. Er tauschte seinen Porsche Boxster gegen einen Toyota Prius ein. Die Begründung lieferte er in einem Interview für die *New York Times*: Er habe sein Auto verkauft, weil er einsah, dass sein nächster Wunsch ein Porsche 911 sein würde.[22] Darauf würde ein Ferrari folgen und so weiter und so fort. Sich bewusst dagegen zu entscheiden, ist auch ein Weg, die Spirale des unbegrenzten Immer-mehr-Wollens zu durchbrechen.

Neben unseren Fischen möchte ich Ihnen nun kurz ein anderes Tier vorstellen, das uns hilft, diese vorgestellten fünf Merkmale des Denkens zu memorieren.

Die Visualisierung von fünf Eigenschaften unseres Denkens: Stellen Sie sich bitte ein hübsches dickes Schaf vor. Als Erstes suchen wir uns fünf Punkte an unserem Schaf aus: Vorderbeine, Kopf, Hals, Hinterbeine und natürlich die Wolle. Mit diesen Punkten wollen wir uns die aufgeführten fünf Eigenschaften unseres

Denkens merken. Können Sie sehen, wie das Schaf mit den Vorderbeinen an seinem *Elektro- und Chemie*baukasten hantiert? Es setzt sich während des Experimentierens mit lautem Gekicher eine karierte, gepunktete, auf jeden Fall eine bunt *gemusterte* Kappe auf den Kopf. Um den Hals trägt es stets eine Herzkette, ein Bild für seine *Gefühle*. Und seine Vorderbeine wollen manchmal woanders hin als die Hinterbeine. Die Hinterbeine sind die *unbewusste* Steuerung. Die Wolle des Schafes ist *relativ* borstig im Vergleich zur weichen Wolle des Alpaka, auf das das Schaf nun ein bisschen neidisch ist.

Jetzt stellen Sie sich bitte nochmal kurz vor, was unsere Fische im Aquarium für Augen machen würden, wenn auf einmal dieses Schaf an ihnen vorbeitaucht. Das Schaf weiß nicht, dass es nicht schwimmen kann, in unserer Vorstellung macht es das einfach! Und das ist genau der Punkt. Unsere Einstellungen und unsere positiven Gedanken prägen unser Leben enorm. Wenn Schafe tauchen können, dann ist auch uns alles möglich.

So, nun wissen wir schon einiges über das, was in unserem Kopf passiert. Die Gebrauchsanweisung ist aufgeschlagen.

Das Kapitel auf einen Blick

- Versuchen wir, Gedanken zu unterdrücken, tauchen sie danach noch öfter auch.
- Wir verfügen über zwei mentale Systeme, die weitgehend unabhängig voneinander arbeiten.
- Unser Denken beruht auf biochemischen Prozessen.
- Wir denken in Modellen und folgen bestimmten Denkmustern, die wir aber auch ändern können.
- In unserem Gehirn finden nicht nur bewusste Prozesse statt.
- Auch unsere Gefühle spielen beim Denken eine große Rolle.

So werden Sie genialer

- Achten Sie auf Ihre Denkmuster. Vielleicht haben sich einige ganz ungewollt eingeschlichen.
- Machen Sie sich besonders beim Einkaufen bewusst, dass wir in Relationen denken.
- Wenn Sie schlecht gelaunt sind, denken Sie daran: Bis zu einem gewissen Grad können wir Situationen umdeuten.
- Fangen Sie an, darüber nachzudenken, wie Sie nachdenken. Und danach denken Sie darüber nach, wie Sie darüber nachgedacht haben, wie Sie nachdenken.

Kapitel 3

Wer bin ich, wenn ich im Neuland bin? Information Overkill

»Das Internet ist für uns alle Neuland.«
Angela Merkel

Wie komm ich hier wieder raus?

Auf meinem 70er-Jahre-Schreibtisch mit den vielen Schubladen stapeln sich Bücher, Zeitschriften und Fachartikel. Und zum Thema *Information Overkill* liegen noch gefühlt Tausende von bunten Karteikarten vor mir. Frustriert von der Komplexität dieses Themas überlege ich mir, meinen Tag mit etwas Produktivem zu beginnen: meine E-Mails zu beantworten. Nach etwa einer halben Stunde reicht es mir, und ich öffne eine Suchmaschine, um im Internet nach weiteren informativen Beiträgen zu recherchieren. Ganz automatisch klicke ich nebenbei auf Facebook, dann klingelt mein Handy. Während ich telefoniere, öffne ich *Spiegel online*, überfliege den neuesten Artikel von Sascha Lobo und scrolle mich durch die aktuellen Nachrichten.

Wieder zurück bei der Suchmaschine werden mir etwa 476 000 Beiträge zu dem Schlagwort »Informationsflut« angezeigt. Wow! Bereits der Gedanke an diese vielen Beiträge erschlägt mich, und nach dem Lesen mehrerer Artikel mit zahllosen neuen Fakten fühle ich mich, als wäre auch ich gegen eine Glasscheibe gerannt. Die Informationswucht des Internets zeigt sich nicht nur in der Masse der Artikel, sondern auch in den optischen Reizen, die beim Recherchieren links und rechts, oben und unten als bunte Bildchen aufleuchten. Es fällt schwer, sich neben dem Kino-Trailer zu Lars von Triers neuem Film und einem Artikel über einen 10-Meter-Wal auf das Wesentliche zu konzentrieren. Das Internet ist für mein Gehirn wie Wundertüte, Disney- und Schlaraffenland in einem. Überall blinkt und funkelt es, alles macht neugierig.

Meine Gedanken kehren zurück zur Recherche. Mich beschleicht ein Gefühl der Unsicherheit. Ich merke, dass ich die vielen inzwischen wahrgenommenen Informationen gar nicht richtig verarbeiten kann. Deshalb hüpfe ich wieder zu Facebook und scrolle ein bisschen wie in Trance die Neuigkeiten runter: Julia ist im Café, und die Sonne scheint, Oliver ist von seinen Kolleginnen zum Geburtstag mit Luftschlangen im Büro überrascht worden, Marina und Daniela posten ihr Mittagessen, und dann erscheint noch der unschöne »Pullover des Tages«, er trägt den Namen »Eleonore«, und ich scrolle weiter. Was für ein Irrsinn eigentlich.

Der Vormittag ist fast vorüber, und ich habe noch nichts geschafft, außer ein paar belanglose E-Mails zu beantworten, ein wenig zu recherchieren, und trotzdem brummt mir irgendwie der Kopf. Es fühlt sich an, als hätte ich vergessen, meinen digitalen Papierkorb zu leeren. Bevor ich meinen Laptop zuklappe, um zum Mittagessen aufzubrechen, checke ich noch meine Nachrichten in meinem allerersten E-Mail-Postfach, in das ich inzwischen eigentlich gar nicht mehr reinschaue. Unter den Trends des Tages steht dort auf Platz 3 »Hemden bügeln«, Platz 6 nimmt der Bürgerkrieg in Syrien ein, direkt gefolgt vom »10-Meter-Wal«. Na dann, guten Appetit und auf zum Mittagessen.

Überforderung durch Informationsflut

Aus vielen Umfragen geht hervor, dass wir etwa 50 Mal am Tag unsere E-Mails checken, noch öfter Instant-Messaging-Programme nutzen und etwa 40 verschiedene Websites pro Tag besuchen. Allein mit dem Abarbeiten von E-Mails befassen sich Berufstätige bis zu 20 Stunden in der Woche. Im Rahmen einer amerikanischen Arbeitsplatzuntersuchung wurde festgestellt, dass Angestellte sogar etwa alle elf Minuten bei ihrer Arbeit durch Kollegen, Telefonanrufe und eintreffende E-Mails unterbrochen oder abgelenkt werden, und meist dauert es nach einer Unterbrechung fast genauso lang, sich wieder in den aktuellen Vorgang einzuarbeiten. Außerdem hatten die Studienteilnehmer am Computer ungefähr acht Fenster gleichzeitig geöffnet, bei mir sind es momentan 28 Tabs. Klingt alles nach einem größeren Problem, wenn man am Abend mit dem Gefühl nach Hause gehen möchte, etwas geschafft zu haben.

Es zeichnet sich der Trend ab, dass wir uns, unabhängig vom Beruf, zunehmend von der steigenden Informationsflut überfordert fühlen. Aber was subsumiert man eigentlich unter diesem Begriff? Die Informationsflut beginnt übertrieben gesagt ja schon bei den Wurfsendungen im Briefkasten. Neben der Riesenauswahl an Fernseh- und Radioprogrammen, Zeitungen und Zeitschriften zählen dazu vor allem die ständige Erreichbarkeit über das Handy, die vielen E-Mails im beruflichen Alltag, aber auch die vielfältigen Angebote im Internet über Suchmaschinen, soziale Netzwerke und Nachrichtendienste. Und Blogs, Shoppingportale und Co. lassen auch noch grüßen.

Doch es wäre falsch, die rasant fortschreitende Entwicklung zur »Informationsgesellschaft« rundweg im Sinne eines klassischen Kulturpessimismus zu verteufeln. Die Vorteile, die wir durch die neuen Technologien heute genießen, sind atemberaubend. Vor allem eröffnet das Internet Milliarden von Menschen auf der ganzen Welt einen Zugang zu Wissen und die Möglichkeit, sich zu vernetzen. Wir sollten nur lernen, dies richtig zu nutzen. Im Anpassen an neue Gegebenheiten und neue Technologien sind wir doch eigentlich ziemlich gut. Vielleicht manchmal zu gut? Wir sind fast den ganzen Tag online. Ist die Verlockung einfach zu groß?

Das Internet ändert unsere Denkmuster

Die Welt hat sich in den letzten Jahrzenten mit einer unglaublichen Geschwindigkeit zu einer globalisierten und digitalisierten Welt gewandelt, in der wir immer schneller immer komplexeren Aufgaben gegenüberstehen und – nicht nur gefühlt – immer mehr Arbeit in kürzerer Zeit erledigen müssen. Diese Entwicklung hat nicht nur unsere Wirtschaft und Gesellschaft revolutioniert, sondern auch unsere Kommunikation. Die »digitale Revolution« hat die Barrikaden erstürmt. Der Pegel des Datenmeeres im Internet steigt immer schneller, und seine Wellen überrollen uns täglich. Dazu kommt: Niemand muss sich mehr irgendwo jemals langweilen! Im Bus, im Wartezimmer, überall sind wir online: Wir können uns 24 Stunden am Tag dauerberieseln lassen oder uns gezielt weiterbilden.

Und das tun wir auch. Wir verbringen mehrere Stunden täglich im Internet. Selbstverständlich hat dies auch Einfluss auf unsere Synapsen, wie eine Studie belegt: Bei Internetneulingen, die eine Woche lang etwa täglich eine Stunde im Netz verbrachten, zeigten sich auf Gehirnscans bereits deutliche Unterschiede im präfrontalen Cortex, wie sie auch bei geübten Internet-Usern zu finden sind. Bereits wenige Stunden pro Woche reichen also aus, um im Gehirn neue Strukturen erkennen zu lassen.[23]

Sicher hat das Online-Sein viele positive Effekte. Doch Studien von Neurobiologen und Psychologen weisen auch daraufhin, dass ein Übermaß der vielseitigen Reize, die auf Internetseiten angeboten werden, sowohl zu flüchtigem Lesen als auch zu hastigem und eher zerstreutem Denken und oberflächlichem Lernen führen können. Über die rasante Zunahme von Informationen machte sich auch der Wirtschaftsnobelpreisträger Herbert Simon bereits Anfang der 1970er Jahre Gedanken: »Die Information verbraucht die Aufmerksamkeit ihrer Empfänger. Deshalb schafft ein Reichtum an Informationen eine Armut an Aufmerksamkeit.«[24] Zahlen wir mit den vielen »Gefällt-mir«-Klicks und der Sucht nach Befriedigung unserer Neugier und nach sozialer Anerkennung einen zu hohen Preis, der auf Kosten unserer Konzentration geht?

Das Modell des Arbeitsgedächtnisses

Bestimmt kennen Sie das Gedächtnismodell von Ultrakurzzeit-, Kurz- und Langzeitgedächtnis. Es wurde bereits 1968 von den amerikanischen Psychologen Richard Atkinson und Richard Shiffrin publiziert. Dieses Modell verleitet jedoch dazu, sich vorzustellen, dass eine neu gelernte Information von einem ins nächste Gedächtnis hüpft, bis sie langfristig abgespeichert ist. Um eine Idee zu bekommen, wie wir neue Informationen aufnehmen und abspeichern, eignet sich das Modell des Arbeitsgedächtnisses besser, das eine Erweiterung des Gedächtnismodells von Atkinson und Shiffrin darstellt.

Es wurde 1974 von Alan D. Baddeley und Graham J. Hitch veröffentlicht, basierend auf zahlreichen empirischen Untersuchungen. Wir nutzen unser Arbeitsgedächtnis, wenn wir uns kurzfristig etwas merken, zum Beispiel eine Telefonnummer nachschlagen und sie daraufhin sofort wieder vergessen. Das Arbeitsgedächtnis ist die Schnittstelle zwischen den Wahrnehmungen unserer Sinnesorgane und dem Langzeitgedächtnis. Es ermöglicht uns, Informationen für wenige Sekunden zu speichern, damit wir zum Beispiel noch den Satz unseres Gesprächspartners parat haben, um entsprechend reagieren und antworten zu können.

Das Arbeitsgedächtnis besteht aus unabhängig voneinander arbeitenden Systemen: der *phonologischen Schleife* für sprachbasierte Informationen, dem *visuell-räumlichen Notizblock* für Bilder sowie einer *zentralen Exekutive*.[25] Letztere kontrolliert die Aufmerksamkeit und koordiniert die Informationen, die über die phonologische Schleife und den visuell-räumlichen Notizblock wahrgenommen werden. Dieses Modell erklärt, weshalb wir uns zum Beispiel eine Buchstabenfolge merken, die wir noch »im Ohr« haben, und gleichzeitig eine Matheaufgabe rechnen können, aber schneller scheitern, wenn wir zwei Aufgaben des gleichen Typus zur selben Zeit lösen sollen, wie zum Beispiel zwei Matheaufgaben auf einmal zu bearbeiten oder uns zwei verschiedene Buchstabenreihen gleichzeitig zu merken. Die zentrale Exekutive agiert auch als Filter, der nur handlungsrelevante Informationen ins Langzeitgedächtnis weiterleitet. Baddeley fügte seinem Modell des Arbeitsgedächtnisses im Jahre 2000 noch eine weitere Komponente hinzu, die auch von der zentralen Exekutive überwacht wird: den *episodischen Puffer*. Er dient als Speicher und kann Informationen aus den beiden anderen Untersystemen zu ganzheitlichen Episoden zusammenführen.

Was das Arbeitsgedächtnis kann und was nicht

Das Arbeitsgedächtnis ist beispielsweise auch bei folgender Aufgabe gefordert: Lesen Sie die folgenden Zahlen, und ordnen Sie diese dann im Kopf nach ihrer Größe, ohne dabei auf diese Seite zu schauen: 33, 18, 94, 25. Und? Wie klappt es?

Aufgrund der geringen Zeitspanne des Arbeitsgedächtnisses von wenigen Sekunden steht unserem Gehirn nur ein begrenztes kognitives Kontingent im Umgang mit Informationen zur Verfügung. Es gibt uns die Möglichkeit, mit dem kurz gespeicherten Inhalt zu hantieren: ihn uns wieder in Erinnerung zu rufen, neu zu verknüpfen oder zu bearbeiten. Werden diese Informationen anschließend nicht nochmals aufgerufen, entstehen jedoch keine Verknüpfungen, und so wandern sie nicht ins Langzeitgedächtnis und wir vergessen die Situation umgehend. Nur wenn uns der Inhalt emotional bewegt oder rational beeindruckt hat, bleibt er in Erinnerung. Das hübsche Lächeln der Frau auf der Plakatwand bleibt vielleicht länger in Erinnerung als die Werbung für ein Käsebrot beim Bäcker. Zumindest falls Sie gerade keinen Hunger haben. Das Arbeitsgedächtnis spielt nicht nur beim Abspeichern neuer Informationen eine entscheidende Rolle, sondern auch beim Aufrufen von bereits Gelerntem, also zum Beispiel beim Wiederholen.

Um neu Gelerntes verarbeiten zu können, benötigt unser Gehirn zwischendurch immer wieder kurze Leerlaufphasen. Daher fällt es von Zeit zu Zeit automatisch in einen weniger aktiven Zustand, um Informationen zu verarbeiten und sie vom Arbeits- ins Langzeitgedächtnis zu transportieren. Sie kennen sicher aus eigener Erfahrung, dass man nach etwa 90 bis 120 Minuten konzentrierter Arbeit einfach nicht mehr richtig aufnahmefähig ist und ein bisschen »Leerlauf« braucht. Und selbst während einer konzentrierten Phase »schweift« man immer wieder mal kurz ab.

Bereits 1956 hatte der amerikanische Psychologe George A. Miller seine Theorie über »die magische Zahl sieben« in der *Psychological Review* publiziert.[26] Dieser Aufsatz gehört bis heute zu den am meisten zitierten Artikeln der Psychologie. Miller vertrat die Auffassung, dass ein Mensch sieben Informationseinheiten (*chunks*) plus oder minus zwei, also fünf bis neun, eine gewisse Zeit lang gleichzeitig in Erinnerung behalten kann. Diese Informationseinheit war jedoch nicht genau definiert. Miller verstand darunter sinnvolle Einheiten wie Ziffern, Silben, Wörter oder auch Buchstaben. Seine Untersuchungen belegten auch, dass man sich durch die Gruppierung von Informationen, auch *Cluster* genannt, sehr viel mehr einprägen kann. Ansonsten wären auch viele bei Gedächtnismeisterschaften erzielte Leistungen gar nicht möglich.

Mit der sogenannten Millerschen Zahl setzte sich der amerikanische Psychologe Nelson Cowan kritisch auseinander und belegte 2001 mit einer an der University of Missouri in Columbia durchgeführten Studie, dass ein Mensch sich innerhalb von zwei Sekunden gerade mal an drei bis vier Informationseinheiten gleichzeitig erinnern kann.[27] Damit steht also definitiv fest, dass unsere kurzfristige Erinnerungskapazität begrenzt ist. Drei bis vier! Das klingt nach äußerst wenig. Das erklärt aber auch, weshalb die Aufgabe mit den vier Zahlen beziehungsweise acht Ziffern von eben schon so unglaublich schwer ist. Ich habe es beim ersten Versuch auch nicht hinbekommen. Vier Ziffern oder vier kurze Wörter stellen im Normalfall vielleicht kein Problem dar, aber bei den Begriffen wie Rekonvaleszenz, lombardieren, reüssieren und Anatidaephobie kann man schon in die Bredouille kommen.[28]

Die Visualisierung des Arbeitsgedächtnisses: Kehren wir zu unserem bequemen Kinosessel vor unserem Aquarium zurück. Schauen wir uns dieses beleuchtete Aquariumsfenster noch einmal genauer an. Vor diesem Zuschauerfenster, das uns Einsicht in unsere Gedanken ermöglicht, können sich also gar nicht so viele Fische auf einmal tummeln, wie wir zunächst annehmen würden. So richtig gut können wir gerade mal drei bis vier Fische sehen.

Bei neun ist dann bei den meisten in jedem Fall Schluss. Für viel mehr Informationen, für mehr Gedanken, Wörter oder Zahlen ist kein Platz. Wenn noch mehr Fische versuchen, sich gleichzeitig ins Licht zu drängeln, kann es passieren, dass wir gar keinen Fisch mehr so richtig wahrnehmen.

Manchmal können wir aber auch einige Fische beim Paartanz beobachten. Findet dieser in größeren Grüppchen statt, können wir uns ein Bild mit etwa sieben Teams dennoch einprägen. Das liegt daran, dass wir die Informationen miteinander verbunden, also *geclustert* haben. Wir nennen dies Clustern, für die Fische ist es ein unterhaltsamer Tanzabend.

Was stört die Arbeitsweise des Arbeitsgedächtnisses?

Die Ruhephasen unseres Gehirns werden durch die heutigen Informationsmöglichkeiten immer kürzer und seltener, da wir selbst während der Arbeitszeit häufiger zwischendurch chatten, twittern oder facebooken. Und immer wieder müssen wir auch kleine Entscheidungen treffen. Drücken wir den »Gefällt-mir«-Button auf Facebook? Klicken wir diesen einen Artikel oder Link an oder nicht? Wollen wir mehr über den 10-Meter-Wal erfahren oder nicht? Wenn wir im Internet surfen, nehmen wir ständig neue, aber nicht unbedingt relevante Informationen auf, die ebenfalls die Ressourcen des Arbeitsgedächtnisses beanspruchen und die erforderlichen Ruhezeiten verringern und eventuell sogar das kleine Chaos in unserem Kopf vergrößern.

Vonseiten der Gehirnforschung ist man sich noch nicht einig, inwieweit die zunehmende Reduzierung solcher »Erholungspausen« zu einer Überlastung des Arbeitsgedächtnisses führt. Möglicherweise steht uns dadurch nicht mehr die notwendige Zeit zur Verfügung, um Daten zu verarbeiten, also Ordnung in die gerade aufgenommenen Informationen zu bringen und sie ins Langzeitgedächtnis weiterzuleiten. Dadurch gingen diese zwangsläufig verloren. Denn allein die Aufnahme oder das punktuelle Nachschlagen von Fakten ist leider noch kein Lernvorgang. Auch Fernsehsendungen verleiten uns zur Selbsttäuschung, wenn wir meinen, wir wüssten etwas, nur weil wir es gesehen haben. Der Journalist und Politiker Günter Gaus sagte in diesem Zusammenhang den schönen Satz: »Augenschein ist keine Erkenntnis, sondern eben nur Augenschein.«[29] Wenn die neuen Informationen nicht mit bekanntem Wissen verknüpft werden, vergessen wir sie schnell wieder. Das kann positiv sein, wie beim »Pullover des Tages«, aber nicht immer. Hinzu kommt auch, dass unser Smartphone ebenfalls neuen Input liefert und damit dem Arbeitsgedächtnis wichtige »Leerlaufphasen« raubt.

Wenn Sie während der Arbeitszeit oft auf Nachrichtenseiten zur kurzen Ablenkung und Erholung unterwegs sind, achten Sie bewusst darauf, ob Ihnen dieses »unanstrengende« Nachrichtenlesen tatsächlich Ablenkung, Erholung und neue Energie bringt.

Exkurs: Werden wir durch die technische Entwicklung eigentlich schlauer?

Hat uns die rasante technische Entwicklung der letzten hundert Jahre klüger gemacht? Wie der amerikanische Politologe und Intelligenzforscher James R. Flynn nachgewiesen hat, ist der durchschnittliche IQ in diesem Zeitraum tatsächlich kontinuierlich angestiegen. Dieses Phänomen wird heute als Flynn-Effekt bezeichnet. Nach seiner Auffassung waren die Menschen früher aber nicht dümmer. Im Laufe des letzten Jahrhunderts hat sich jede Generation den Veränderungen von Wirtschaft und Gesellschaft angepasst, und somit veränderte sich auch ihre Gedankenwelt. Daher sind wir heute in der Lage, abstrakter und logischer zu denken, und das ist es, was in IQ-Tests abgefragt wird.

Flynn selbst hält jedoch eine kritische Intelligenz, die Dinge hinterfragt und nicht als gegeben hinnimmt, für wesentlich essenzieller als die Intelligenz, die er in seinen Studien erforscht hat. Zudem befinden wir uns aus seiner Sicht derzeit an einem Wendepunkt, da das Gehirn durch die tägliche Reizüberflutung an seine Grenzen stoßen wird, sodass der IQ seiner Meinung nach in den nächsten Jahrzehnten nicht weiter ansteigen wird.[30] Aber man weiß ja nie.

Gezielter Umgang mit der Informationsflut

Die Entwicklung der Informationstechnologien wird nicht nur an Geschwindigkeit zunehmen, sondern es werden auch neue Kommunikationsformen hinzukommen. Gleichzeitig werden Internetseiten aber auch immer intuitiver. Zur steigenden Informationsfülle und ständigen Erreichbarkeit gibt es viele kritische Stimmen. Mitarbeiter klagen über Konzentrationsstörungen, und Begriffe wie digitale Demenz oder Prokrastination (so wird chronisches Aufschieben genannt – kenn ich gut) machen die Runde.

Das Gefühl, von dem gewaltigen Informationsangebot überfordert zu sein, ist nichts Neues. Zu keiner Zeit war es möglich, alles zu wissen: Selbst das Lesen der 500 000 Schriftrollen in der antiken Bibliothek von Alexandria hätte wahrscheinlich über 70 Jahre in Anspruch genommen. Der amerikanische Kommunikationswissenschaftler Clay Shirky hat vor einiger Zeit zusammen mit einem IBM-Mitarbeiter überschlagen, dass es ungefähr 100 Millionen Stunden menschlichen Denkens benötigt hat, das gesamte Wissen auf Wikipedia in jeder Sprache zu verfassen. Das alles zu lesen würde man in einem einzigen Leben, selbst wenn man rund um die Uhr läse, nicht mehr hinbekommen. Das Schreiben dieser Einträge hätten die Fernsehzuschauer der USA aber an einem einzigen Wochenende in der Zeit geschafft, die sie sonst allein mit dem Schauen von Werbung verbringen.[31] Wahrscheinlich ist es ganz gut, dass es anders gelaufen ist. Und da die technische Entwicklung nicht aufzuhalten ist, sollten wir uns nicht von ihr überrollen lassen, sondern lernen, mit den Angeboten adäquat umzugehen – also nicht zu viel Zeit vertrödeln – und sie effektiv zu nutzen.

Ein weiteres Problem ist der tägliche Kampf mit den einströmenden E-Mails. Das kennt sicherlich jeder. Ich kämpfe nicht allein mit der Masse, sondern auch damit, dass ich sie manchmal viel zu spät oder auch gar nicht beantworte. Außerdem werde ich durch sie ständig in meiner Arbeit unterbrochen, denn ich bin neugierig und möchte immer gleich wissen, worum es geht. E-Mails sind wie Überraschungseier; nur ohne Spaß und Schokolade. Ich überlege oft, ob ich E-Mails sofort beantworte oder nicht doch lieber bei meiner angefangenen Tätigkeit bleibe.

In letzter Zeit ist mir aufgefallen, dass ich mich überhaupt immer leichter ablenken lasse. Selbst bei einem Abendessen mit den besten Freunden ertappe ich mich, wie mein Blick immer wieder ganz unauffällig Richtung Handy wandert. Und auch beim Arbeiten fühle ich mich unkonzentrierter. Nicholas Carr, der Autor des Buches *Wer bin ich, wenn ich online bin*, beschreibt die Veränderung seiner Arbeitsweise so: »Einst war ich ein Sporttaucher im Meer der Worte. Heute rase ich über die Oberfläche wie ein Typ auf einem Jet-Ski.«[32] Wie kann ich bewusster Prioritäten beim Arbeiten setzen und besser mit den vielen E-Mails umgehen?

Unsere Energiereserven sind nicht unbegrenzt!

Morgens am Schreibtisch checke ich als Erstes meine E-Mails. Ein paar kenne ich dann schon, da ich sie mir natürlich direkt nach dem Frühstück auf meinem Smartphone angesehen habe.

Unser Gehirn verbraucht für bewusste geistige Leistungen viel mehr Energie als für automatisierte Prozesse oder Routinetätigkeiten wie Autofahren oder abwaschen. Elektronische Post zu beantworten gehört leider nicht immer dazu, haben doch E-Mails die Eigenschaft, viele Entscheidungen auf viele, zum Teil banale Fragen von uns zu verlangen: Beantworten? Weiterleiten? An wen? Was will man von mir wissen? Was soll ich antworten? Und und und. Verschwende ich vielleicht mit dem morgendlichen E-Mail-Check schon zu viele Ressourcen meiner Kommandozentrale? Um künftig effektiver arbeiten zu können, sollten wir verstehen, was in unserem Gehirn abläuft.

Deshalb befassen wir uns noch einmal mit der Funktionsweise des präfrontalen Cortex. Erinnern Sie sich noch an unseren Korallenfisch aus Texas? Er ist der Teil des Gehirns, in dem die Prozesse des Zielesetzens und Problemlösens ablaufen, also genau die Fähigkeiten, die wir im Berufsalltag benötigen. Bei bewussten geistigen Leistungen werden aber noch viele weitere Gehirnareale aktiviert, die alle miteinander kommunizieren, um einen Gedanken zu generieren oder eine Entscheidung zu treffen. Auch wenn unser Gehirn egoistisch ist, kann es nur für den Grundbedarf, nicht aber für kognitive Eskapaden unbegrenzt Energie anfordern. Deshalb sind wir nach konzentrierter Arbeit ermüdet, wie ein Spielzeugauto mit fast leeren Batterien. Es kann zwar noch langsam umherfahren und ein paar Lämpchen leuchten lassen, aber der Turbo ist weg. Das Gute ist aber, dass wir nach einer angemessenen Ruhephase oder einem entspannten Mittagessen wieder zu neuen Spitzenleistungen bereit sind.

Die Visualisierung unserer bewussten geistigen Leistung: Jeder der vielen verschiedenen Fische, die im Aquarium herumschwimmen, symbolisiert einen Aspekt unserer geistigen Leistung. Das Licht der Scheinwerfer, das die Fische genießen, entspricht unserer täglich nur begrenzt zur Verfügung stehenden Energie.

Als Bild für unsere bewusste geistige Leistung stellen wir uns eine wundervolle, konzentrierte Choreographie aller Fische vor dem Besucherfenster vor, der Korallenfisch aus Texas ist natürlich auch dabei. Das Aquarium ist während der Show hell ausgeleuchtet, alle Fische sind gut erkennbar und glänzen in ihrem besten Licht. Da täglich mehrere große Shows stattfinden, muss mit der Energie sehr sorgsam umgegangen werden, damit auch die letzte Show noch ein Erfolg wird. Deshalb werden die Scheinwerfer nur zu den Auftritten voll aufgedreht und die Batterien danach wieder aufgeladen, denn: The show must go on!

Wie viele große »Shows« wir in unserem Berufsalltag bewältigen müssen, ist natürlich vom Arbeitsplatz abhängig. Eine Show kann zum Beispiel die Vorbereitung eines Meetings, die Ausarbeitung einer Broschüre, das Verfassen eines Angebotes oder auch das Beantworten einer sehr wichtigen E-Mail sein. An manchen Tagen ist es vielleicht auch notwendig, sich nur einen Teil einer wichtigen Aufgabe, also nur eine Show, vorzunehmen und diese konzentriert zu bearbeiten und weiterzubringen. Die vielen, meist nicht so wichtigen E-Mails und Aufgaben, die am Tag an-

TIC
TIC
TIC
Nächste Show um 14 Uhr

fallen und erledigt werden müssen, stellen keine eigene Show dar, sondern bilden eher die Zugabe – und genau mit ihnen starte ich oft meinen Arbeitstag.

Wenn wir gleich mit einem Übermaß an Information und unwichtigen Entscheidungen unseren Tag beginnen, verschwenden wir bereits einen großen Teil unserer Energiereserven für eine Tätigkeit, die für unsere Arbeit meist gar nicht so relevant ist. Man sollte also sein morgendliches Leistungshoch bewusst für die wichtigen Aufgaben des Tages, also für die richtig wichtigen Shows nutzen, vor allem für das Priorisieren der aktuellen Aufgaben. Wenn Sie allerdings jemand sind, der erst später seine Hochphasen hat, machen Sie es genau anders herum: zunächst der Kleinkram, dann der Topact.

Rückblickend hätte ich am heutigen Vormittag mein Ziel, ein oder zwei Absätze dieses Kapitels zu schreiben, leicht erreichen können, wenn ich mein Hirn bewusster genutzt hätte. Zunächst überlegen, welche Aufgaben anstehen, um dann klaren Strukturen zu folgen: vor Recherchebeginn zu diesem Kapitel kurz die E-Mails überfliegen und ihre Wichtigkeit beziehungsweise Dringlichkeit kennzeichnen; die Benachrichtigungsfunktion von neuen Mails deaktivieren, das Handy auf lautlos schalten, um in Ruhe eine begrenzte Zeit zum Recherchieren, Festlegen der Kernpunkte und zur Gliederung der Abschnitte zu nutzen; eine kurze Entspannungspause einlegen und schließlich vor der Formulierung des Textes die wichtigsten E-Mails beantworten. Ein Telefonanruf hätte mich nicht gestört, weil mein Handy lautlos gestellt gewesen wäre, und der Rückruf wäre später in einer ruhigen Minute, einer Pause oder nach getaner Arbeit erledigt worden.

Sie meinen, Handy ausschalten und nicht jede E-Mail sofort anschauen geht nicht? Fragen Sie sich doch mal einen Tag lang, was geschehen wäre, wenn Sie jede E-Mail eine halbe Stunde oder eine Stunde später gelesen hätten: Wäre etwas passiert? Wahrscheinlich nicht viel. Gönnen Sie sich ab und zu diese neue Nichterreichbarkeit. Machen Sie sich rar! Zumindest eine Stunde am Tag, um in Ruhe an einer Aufgabe arbeiten zu können. Versuchen Sie auch, Telefonate zu bündeln oder immer auf ähnliche Uhrzeiten zu legen. Denn Sie wissen ja jetzt, alle Aufgaben, die nach einem Muster ablaufen, verbrauchen weniger Energie. Versuchen Sie also bewusst, sich dem *Information Overkill* zu entziehen. Beschäftigen Sie sich ab und zu auch mit etwas, das nicht mit Bildschirm und Tastatur zu tun hat. Sie müssen nicht gleich einen Papierflieger basteln – obwohl … Vor allem die ständigen kleinen neuen Informationen beim Scrollen auf Nachrichtenseiten oder die wandernden Zeilen beim Überfliegen eines Dokuments können sehr kräftezehrend für unser Gehirn sein. Es kann sich jedoch zwischendurch sogar ganz entspannend auswirken, einen einzigen wichtigen Artikel mal in Ruhe zu lesen. Ob Sie aber so weit gehen müssen, komplett auf alle News in allen Medien und auch auf Radio und Fernsehen zu verzichten, wie es Rolf Dobelli, der Autor des Bestsellers *Die Kunst des klaren Denkens*, handhabt? Seiner Meinung nach gibt ihm diese News-Abstinenz die Zeit, sich mit den für ihn wirklich wichtigen Dingen zu befassen, denn Nachrichten würden nur das Flackern an der Oberfläche, nicht aber die Zusammenhänge aufzeigen, die wichtig sind, um die Welt zu verstehen.[33]

Das muss jeder für sich entscheiden. Ich habe mich zum Beispiel während des Schreibens an diesem Buch wieder frisch in Bücher verliebt und führe jetzt eine Dreiecksbeziehung mit Büchern und dem Internet. Wichtig bleibt immer, sich bewusst zu machen, wann Sie die Vorteile des digitalen Zeitalters nutzen möchten und zu welchen Zeiten Sie auf sie verzichten.

Exkurs: Mein neuer Umgang mit E-Mails

Beim Umgang mit E-Mails gibt es keinen allgemeingültigen Weg, aber es ist auf jeden Fall lohnend, sich einmal mit neuen Strategien auseinanderzusetzen.

Wichtig ist nur, dass Sie ein Ordnungssystem für Ihre E-Mails finden, das Ihrer Arbeitsweise entspricht, sodass Sie nicht den Überblick verlieren. Die heutigen E-Mail-Programme sind mit fantastischen Möglichkeiten ausgestattet, zum Beispiel mit intelligenten E-Mail-Ordnern oder der Möglichkeit, Regeln zum Ordnen von E-Mails festzulegen.

Selbsttest: Lange Zeit empfand ich das Ordnen von E-Mails als reine Zeitverschwendung. Erst als mich ein Arbeitskollege mindestens drei Minuten ausgelacht und aufgezogen hat, nachdem er meinen Posteingang mit 2384 ungelesenen E-Mails gesehen hatte, fing ich ernsthaft an, mir Gedanken über mein Nicht-System zu machen.

Nun habe ich das Projekt »Postfach ordnen« in die Hand genommen und dabei bezaubernde Regeln entdeckt, die langweilige Newsletter direkt in einen »Langweilige-Newsletter«-Ordner verschieben, ohne dass sie meinen Posteingang verstopfen. Nun kann ich sie dort irgendwann finden und lesen, wenn ich selbst mal Langeweile habe. Aber sie versperren mir in meinem Posteingang nicht mehr die Sicht auf die wirklich wichtigen E-Mails. Diese Regeln lassen sich ganz schnell einstellen. Sie sind bestimmt viel weiser als ich und kennen und nutzen all diese Möglichkeiten schon längst. Ich kann nur empfehlen, nicht nur mit Ordnern, sondern auch mit Fähnchen, mit Farben, Filtern und allen anderen Möglichkeiten zu arbeiten. So gewinnen Sie die Kontrolle zurück und haben nur noch die wichtigen, zu erledigenden E-Mails im Blick. Heute habe ich null ungelesene Mails im Posteingang, bin sehr stolz darauf und fühle mich kein bisschen spießig. Aktuelle Projekte stehen in meiner Ordnerstruktur nun zum Beispiel ganz oben. Ich habe einen »Erledigt«-Ordner, in den ich alle E-Mails verschiebe, die ich nicht mehr benötige, aber nicht löschen möchte. Im Internet finden sich viele Blog-Einträge, Videos und Vorschläge, wie Sie Ihre Mails ordnen können, falls Sie nach noch mehr Inspiration suchen.

Da wir alle unterschiedlich sind, brauchen wir alle einen individuellen Weg, wie wir mit der Informationsflut fertig werden. Die Kulturwissenschaftler Martin Schlesinger und Marius Böttcher haben sich in ihrer Dokumentation *Odyssee und Nahverkehr* mit der Arbeitsweise erfolgreicher Professoren beschäftigt, auch in der Annahme, Muster und Strukturen eines erfolgreichen Schreibprozesses zu erkennen. Aber wie sich herausstellte, folgte jeder Professor ganz eigenen Techniken und Strategien und gestaltete auch seinen Arbeitsplatz anders: Manche brauchen das Chaos, manche lieben die Ordnung.

Als Freiberufler kann man sich auch das Beantworten von E-Mails leichter machen, wie das Beispiel von Sascha Lobo zeigt. Er bittet auf seiner Homepage um Verständnis, dass er nicht alle Interviews, Anfragen zu Diplomarbeiten, Gastbeiträgen, Umfragen oder Kooperationen beantworten kann. Ich habe es übrigens getestet, und er antwortet tatsächlich nicht. Aber auch kein Wunder, wenn man quasi der Pressesprecher des Internets ist. Auch eine Soziologin, die sich sogar auf das Thema Informationsflut spezialisiert hat, handhabt das so. Eine sehr gute Idee! Nur ist sie in den meisten Jobs leider nicht umsetzbar.

Soziale Netzwerke und das Gehirn

Wir sind auch nach Feierabend gerne online. Lassen Sie mal die außergewöhnlich schönen Momente des letzten Jahres Revue passieren. Sehen Sie Momente mit Freunden und Familie oder haben Sie vielleicht einen unvergesslichen Facebook-Post im Kopf oder einen Tweet, der Sie grenzenlos und himmelschreiend begeistert hat?

Es ist natürlich schön, immer grob informiert zu sein, was bei den anderen so los ist. Soziale Netzwerke sind faszinierend, aber auch sie unterliegen, ähnlich wie »Berühmtheit«, einer Art Illusion. Sie verleiten ein wenig dazu, sich der Simulation von vielen bis Tausenden Freunden hinzugeben, doch viele dieser »Freunde« kennen wir nur ganz flüchtig oder gar nicht.

Evolutionsgeschichtlich sind wir dafür gemacht, mit anderen Menschen zu kommunizieren. Der Neurobiologe Joachim Bauer, der sich seit langem mit dem Wunsch nach Anerkennung beschäftigt, weist daraufhin, dass inzwischen viele Studien zeigen, »dass nichts das Motivationssystem so sehr aktiviert, wie von anderen gesehen und sozial anerkannt zu werden«.[34] Sind wir mit Freunden zusammen, wird unser Belohnungssystem aktiviert, denn es reagiert auf alles, was es für unser Überleben als wichtig und somit »belohnenswert« erachtet. Wir wollen dazugehören. Und genau dieses Gefühl, sich als Mitglied einer Gemeinschaft zu fühlen, vermitteln die sozialen Netzwerke vielen Menschen. Daher spielt unser Belohnungssystem auch bei jedem neuen Facebook-Like für unsere Links, Fotos und Statusmeldungen verrückt, aber auf einer oberflächlicheren Ebene.

Es gibt Theorien, die davon ausgehen, dass sich die Gruppenstärke von Säugetieren anhand der Größe des Frontalhirns bestimmen lässt. Demnach ist unser Gehirn für einen sozialen Verband von etwa 150 Personen ausgelegt. Kein Wunder, dass wir eventuell Probleme haben, uns so viele Namen zu merken. Vielleicht können zu viele Freunde ein einziges Gehirn eventuell sogar überfordern.

Aber solange wir Freunde und Familie oft genug real zu Gesicht bekommen, ist auch das Glück über neue »Gefällt-mir«-Klicks durchaus in Ordnung. Wie immer im Leben sollte man es auch mit sozialen Netzwerken nicht übertreiben, um nicht das reale Leben zu verpassen.

Was lernen wir daraus? Struktur als Antwort auf die Nachrichtenflut?

Wir haben ja schon im zweiten Kapitel gesehen, dass unser Gehirn jederzeit neue Muster bilden kann. Kann uns das vielleicht auch bei der Mediennutzung weiterhelfen? Nach Auffassung von Oscar Tiefenthal, Journalist und Leiter der Evangelischen Journalistenschule in Berlin, ist es wichtig, in der täglichen Mediennutzung Routinen zu entwickeln, also ausgewählte Nachrichtenseiten und soziale Netzwerke nur zu bestimmten Zeitpunkten – zum Beispiel einmal vor- und einmal nachmittags – aufzurufen. Das sei eine gute Methode, die Vorteile der vorhandenen Informationsmöglichkeiten zu nutzen und die Kontrolle über die Informationsflut zu gewinnen. Legen Sie doch selbst kleine tägliche Abläufe fest: Verschaffen Sie sich zum Beispiel vor der Arbeit einen kurzen Nachrichtenüberblick durch Twitter, Radio oder eine Tageszeitung. Am späten Vormittag gewinnen Sie noch einen Eindruck der Neuigkeiten in einem sozialen Netzwerk, werfen vielleicht auch einen Blick in ein oder zwei Tageszeitungen oder entsprechende Online-Auftritte und statten den arbeitsrelevanten News-Seiten einen Besuch ab. So hat Ihr Gehirn während der Mittagspause Zeit, das Gelesene zu verarbeiten, und Sie können direkt auch mit Kollegen über die neuesten Geschehnisse diskutieren. Wenn Sie solche routinierten Abläufe ein- oder zweimal am Tag wiederholen und sich sonst davon nicht ablenken lassen, dann ist das eine gute Möglichkeit, die Übersicht zu behalten.

Wenn Sie es nicht schon längst tun, können Sie sich auch ein kleines Notizbuch zulegen und Informationen notieren, die Sie nachrecherchieren wollen. So können Sie Ihre Neugier auf einen späteren Zeitpunkt verschieben. Dann sucht Ihr Gehirn nicht nur kurz Ablenkung, sondern hat Zeit, sich intensiver mit einem Thema zu beschäftigen.

Weitere Inspiration, Tipps und Tools, um mit der Informationsflut umzugehen, finden Sie auch auf Blogs, zum Beispiel beim »Medien-Menü« auf der Seite von Journalist und Autor Christoph Koch, um nur ein Beispiel zu nennen.

Vielleicht befinden wir uns im Moment auch in einem Übergang von linearen Denkprozessen hin zum »vernetzten Denken«. Der Kommunikationswissenschaftler und Blogger Philip Davis beschreibt die Entwicklung für sich so: »Das Internet mag mich zu einem ungeduldigeren Leser gemacht haben, doch ich glaube, dass es mich in vielerlei Hinsicht auch schlauer gemacht hat. Ein erweiterter Zugang zu Dokumenten, Artefakten und Menschen bedeutet mehr äußere Einflüsse auf mein Denken und damit auch auf mein Schreiben.«[35]

Selbsttest: Ich habe aus Neugier darauf, wie ich selbst damit klarkomme, eine Woche lang überhaupt keine einzige Nachrichtenseite besucht, und ich sage Ihnen, es hat erstaunlich gut getan. Am Anfang war es erschreckend schwer, dem Wunsch meiner Finger zu widerstehen, ganz automatisch eine News-Seite im Internet aufzurufen, aber mit ein wenig Disziplin konnte ich sie schnell wieder von dem Gedanken abbringen. Das Schreiben an diesem Buch war schon am zweiten Tag viel entspannter. Ich hatte viel mehr Zeit für die Arbeit, und durch Gespräche und die Tagesschau, die ich mir erlaubte, bekam ich trotzdem immer das Nötigste mit. Natürlich fühlte ich mich weniger informiert, dafür ist aber auch mein tägliches Chaos im Kopf ein wenig kleiner geworden. Ich hatte schlicht und ergreifend wieder mehr Zeit zum ruhigen Verstehen und Nachdenken. Diese kurze Abstinenz hat auf jeden Fall zu einem bewussteren Nachrichtenkonsum geführt, und ich kann diese Erfahrung nur jedem empfehlen, ausgenommen vielleicht, Sie sind Journalist bei einer Tageszeitung.

Wenn ich jetzt arbeite, gucke ich natürlich trotzdem noch ab und zu ins Internet, denn manchmal ist es ja tatsächlich eine tolle Ablenkung und eine gute Möglichkeit, aus einer gedanklichen Sackgasse herauszukommen. Ich übertreibe es aber nicht mehr.

Trotz aller gesammelter Erfahrung lasse ich mich immer noch viel zu gerne ablenken. Neben der Arbeit an diesem Kapitel ist eine Menge anderer zu erledigender Aufgaben liegen geblieben. Ich befürchte, dies hat noch andere Gründe als die Informationsflut, denn ich bin oft etwas chaotisch und – ja – irgendwie faul. Also vor allem mein Gehirn, nicht ich. Das muss doch alles besser zu organisieren sein, diese verdammte Zeit vor allem! Sie rinnt und rinnt. Ich muss effektiver werden, sonst ist dieses Buch in zehn Jahren noch nicht fertig.

Das Kapitel auf einen Blick

- Unserem Gehirn stehen täglich nur begrenzte Energieressourcen zur Verfügung.
- Unser Arbeitsgedächtnis kann sich gleichzeitig etwa sieben plus/minus zwei Informationen merken und bei schwierigen Aufgaben sogar nur etwa drei Wörter oder Zahlen.
- Durch das Zusammenfügen von Informationen (Clustern) kann die Anzahl der gemerkten Einheiten erhöht werden.
- Prioritäten zu setzen ist eine wichtige Aufgabe, für die das persönliche Leistungshoch genutzt werden sollte. Für die meisten von uns liegt dies am Morgen. Das muss aber nicht so sein.
- Viele Artikel im Internet zu lesen ist nicht unbedingt Erholung für das Gehirn und kostet Energie.
- Unser Gehirn braucht ab und zu Ruhephasen, ohne Computer oder Mobiltelefon.

So werden Sie genialer

- Entwickeln Sie feste Routinen, um in der Nachrichtenflut nicht unterzugehen, indem Sie sich zum Beispiel auf ausgewählte Nachrichtenseiten beschränken und diese auch nur zu bestimmten Zeiten am Tag checken.
- Schaffen Sie effektive Arbeitsstrukturen: Beginnen Sie Ihren Tag mit dem Setzen von Prioritäten, je nach Typ auch kurz vor Feierabend für den folgenden Arbeitstag oder kurz vor Arbeitsbeginn am Morgen, und schaffen Sie sich Zeiten, in denen Sie offline sind – zumindest ab und zu.
- Bündeln Sie Ihre Aufgaben wie zum Beispiel die Beantwortung von E-Mails, und machen Sie das nur zwei- oder dreimal am Tag.
- Legen Sie Ordner für Ihre Mails an, wenn Sie es nicht schon tun, um schnell einen Überblick zu gewinnen.
- Bestellen Sie irrelevante Newsletter ab.
- Machen Sie nach etwa 90 Minuten eine kurze Pause.
- Lesen Sie mehr Bücher. Das ist sehr, sehr gut für Ihr Gehirn!

Kapitel 4

Der Weg zu mehr Effizienz? Multitasking

»Alles auf einmal tun zu wollen, zerstört alles auf einmal.«
Georg Christoph Lichtenberg

Ich ertappe mich beim Multitasking

Ich muss schneller arbeiten. Vielleicht liegt die Lösung darin, einfach dadurch effizienter zu werden, dass ich mehrere Dinge gleichzeitig erledige. Früher habe ich ja auch beim Erledigen meiner Hausaufgaben ferngesehen. Gut, das mag vielleicht auch der Grund gewesen sein, warum ich in der 7. Klasse fast durchgefallen wäre. Aber eigentlich müsste man doch während eines Meetings oder eines Gesprächs seine E-Mails beantworten können. Ich kann ja auch Auto fahren und mich unterhalten. Also warum nicht reden und gleichzeitig E-Mails abarbeiten oder zwei Kapitel auf einmal schreiben?

Es ist Montag. Ich sitze an meinem Schreibtisch im Büro. Meine Bürokollegen sind alle Mittagessen gegangen bei Wulle, das ist der Besitzer eines kleinen Lokals gegenüber. Ich habe keine Zeit für so etwas. Mittagessen! In Ruhe! Pah! Da lach ich nur. Ich bin jetzt schon viel zu spät im Zeitplan mit diesem Buch. Die Soße tropft aus dem Wrap in meiner Hand auf meinen Teller, der vor meinem Laptop steht. Okay, während des Essens zu arbeiten, ist ein wenig umständlich. Dann nutze ich die Zeit doch lieber, um endlich eine Freundin zurückzurufen, mit der ich schon ewig nicht mehr telefoniert habe. Ich presse mein Handy ans Ohr, verschlucke mich fast dabei und schmatze Steffi ins Ohr, während ich doch wieder auf meinen Bildschirm starre und sie mir von ihrem Umzug erzählt, eine längere Story. Dabei fällt mir eine ganz wichtige Textstelle ein, die ich doch noch schnell ändern wollte. Ich tippe mich durch die vielen offenen Dokumente. Steffi erzählt gerade, wie ihr der Schlüssel des Umzugswagens in den Gully vor ihrer neuen Haustür gefallen ist, da passiert es. Beim Schließen von Dokumenten hab ich aus Versehen einen E-Mail-Entwurf versendet. Wie konnte das passieren! Oh nein! In der verzweifelten Hoffnung, dass ich mich irre, klicke ich auf meinen »Gesendet«-Ordner. Aber nichts zu machen, die E-Mail ist raus. Jetzt flattert eine wahrlich unfertige E-Mail in die unbarmherzige und unwiderrufliche Welt des Internets direkt in den Posteingang eines bekannten Gehirnforschers, dem ich ein paar Fragen stellen wollte. Ich glaube, ich hatte bisher nur geschrieben: »Sehr geehrter Herr«. Immerhin keine Rechtschreibfehler – hoffe ich zumindest. Steffi, immer noch an meinem Ohr, lacht sich kaputt, und ich sage ihr, dass ich sie abends wieder anrufe. Dann klicke ich auf die verschickte E-Mail. Da steht tatsächlich nicht mal »Sehr geehrter Herr«, sondern einfach nur »Sehr«. Oh nein. Das ist zwar nicht tragisch, es hätte wesentlich schlimmer kommen können, aber eine Glanzleistung, auf die ich stolz sein könnte, ist es nun auch nicht. Ist das mit dem Zeitsparen durch Multitasking doch keine so gute Idee? »Keinen Hunger mehr auf den doofen Wrap«, denke ich mir und gehe jetzt erst einmal auch rüber zu Wulle. Köche müssen doch auch so viel gleichzeitig …

Ist Multitasking heute schon ein Muss?

Was heißt Multitasking eigentlich genau? Es bedeutet, sich in einem bestimmten Zeitrahmen mit verschiedenen Aufgaben parallel zu befassen. Zunächst kommt einem das ganz selbstverständlich vor. Wie oft führen wir Tätigkeiten gleichzeitig aus, ohne uns überfordert zu fühlen: Wir schauen Fernsehen und essen, lesen Zeitung und trinken Kaffee, fahren Auto und hören Musik. Wie wir bereits wissen, sind unserem Arbeitsgedächtnis klare Grenzen gesetzt. Wir können Zahlen nicht im selben Moment addieren und dividieren oder mit der linken Hand einen komplizierten Bericht schreiben und mit der rechten währenddessen Origami-Figuren falten. Auch unsere Sinne sind in gewisser Weise begrenzt. Wir sind zwar in der Lage, gleichzeitig mehrere Geräusche wahrzunehmen, aber wir können immer nur ein einziges Bild vor Augen haben. Es sei denn, wir haben zu tief ins Glas geschaut und sehen alles doppelt.

Dass wir nur ein Bild zur gleichen Zeit sehen können, ist Ihnen sicherlich schon mal bei einer optischen Täuschung aufgefallen, zum Beispiel bei der Zeichnung, in der man entweder eine junge Frau erkennen kann, die ihren Kopf vom Betrachter abwendet, oder eine alte Dame mit Kopftuch. Aber beide Personen können wir niemals gleichzeitig betrachten.

In einer geringen Zeitspanne kann unser Gehirn seine fokussierte Aufmerksamkeit immer nur auf *einen einzigen* Inhalt richten. Das Arbeitsgedächtnis kann zwar für einige Momente, sozusagen im Hintergrund, Informationen zwischenspeichern, weshalb wir auch in sehr kurzen Zeitintervallen unterschiedlichen Tätigkeiten nachgehen können, aber unser Gehirn wechselt dabei zwischen den Aufgaben hin und her. Dies erfordert eine sehr hohe Konzentration, die wir nicht über einen allzu langen Zeitraum aufrechterhalten können und die zudem geübt werden will. Ein ungarisches Sprichwort verdeutlicht das sehr schön: Versuche nicht, zwei Hasen auf einmal zu jagen, sonst fängst du keinen.

Wie vermitteln wir unserem Gehirn, was es zu tun hat? Tatsächlich ist es vor allem unsere Aufmerksamkeit, die den uns wichtigen Informationen die »Eintrittskarte« ins Gehirn verschafft, da wir sie so aus der uns angebotenen Informationsfülle herausheben. Und wer ist dafür zuständig, sich zu merken, auf welche Information das Spotlight gerichtet werden soll? Das Arbeitsgedächtnis! Und das hat bekanntlich Grenzen.

Die Visualisierung der Aufmerksamkeit: Stellen Sie sich Aufmerksamkeit einfach als ein Spotlight vor, mit dem Sie bewusst eine Stelle der dunklen Bühne hinter dem Aquariumsfenster ausleuchten, also die Show, der Sie Ihre Aufmerksamkeit schenken

wollen: entweder den glänzenden Goldfischen oder den leckeren Heringen.

Vielleicht kennen Sie auch die Situation, dass Sie beim Rückwärtseinparken die Musik leiser drehen, damit Sie besser »sehen können«. Ihr Gehirn möchte dann einfach ein paar der fürs Hören zuständigen Fische, die sich ins Scheinwerferlicht gedrängelt haben, ins Dunkle zurücklocken, damit mehr Platz für die anstehende Aufgabe zur Verfügung steht.

Soweit die Theorie. Nun gibt es aber in unserer Arbeitsrealität zahlreiche Berufe, die es erfordern, unsere Aufmerksamkeit auf viele Informationen gleichzeitig zu lenken. Ich möchte mehr darüber wissen und spreche mit dem ehemaligen Fluglotsen, Ausbilder und heutigen Pressesprecher der Deutschen Flugsicherung, Axel Raab. Fluglotsen müssen nicht nur in der Lage sein, den Radarbildschirm mit den Flugzeugen im Auge zu behalten – bei Unwetter kommt noch das Wetterradar hinzu – und währenddessen mit den Piloten und anderen Fluglotsen zu kommunizieren, sondern sie müssen gleichzeitig auch Daten eingeben. Zudem kann es passieren, dass parallel Planungsänderungen oder Koordinationsgespräche mit anderen Flughäfen über das Telefon abgewickelt werden müssen, während sich bereits ein weiterer Pilot aus einem Flugzeug meldet. Da gibt es also ganz schön viel tun für ein Gehirn, und diese Fähigkeiten müssen natürlich alle geschult werden.

Sie merken schon: Man muss für den Beruf des Fluglotsen in den Bereichen Konzentration und Multitasking äußerst talentiert sein. Das bringt man entweder mit oder nicht, meint Axel Raab. Es sei schon möglich, Multitasking durch Übung zu verbessern, aber beide Fähigkeiten müssen für die Ausbildung von vornherein schon stark ausgeprägt sein. Deswegen darf man den Fluglotsen-Eignungstest auch nur ein einziges Mal absolvieren. Hopp oder top!

Aber nicht nur Fluglotsen sind gefordert. Durch die ständige Erreichbarkeit erleben auch wir anderen eine anstrengende Multitasking-Situation in unserem Alltag: Wir werden angerufen, bekommen fortwährend Mitteilungen von Kollegen oder E-Mails von Kunden, wodurch die Zahl der Arbeitsabläufe und die Geschwindigkeit der Bearbeitung sehr zugenommen haben. Ich wünschte, ich hätte auch einen Fluglotsen, der alles für mich koordiniert. Aber wir müssen selbst ran!

Welche Auswirkungen hat Multitasking auf unseren Verstand und unsere Arbeitseffizienz?

Selbst wenn wir meinen, etwas zeitgleich zu tun, schaltet unser Gehirn also immer zwischen Aufgaben hin und her. Da dies innerhalb von Millisekunden passiert, erscheint es uns, als würden wir etwas parallel erledigen. Studien belegen nun, dass bei diesem Hin- und Herschalten »Wechselkosten« entstehen: zum Beispiel Ungenauigkeiten oder Reaktionsverzögerungen, die teilweise sogar beträchtlich sein können, vor allem bei ungewohnten Aufgabenstellungen. Aber nicht nur da. Eine Studie am psychologischen Institut der Utah-University in Salt Lake City bestätigt zum Beispiel, dass die Reaktionszeit beim Telefonieren während des Autofahrens, selbst mit Freisprechanlage, deutlich verringert ist, so als hätte man 0,8 Promille im Blut.[36]

2005 wurde im Rahmen einer Studie an der University of London die Arbeitsbelastung von Angestellten untersucht. Man stellte fest, dass die permanente Erreichbarkeit sowie das ständige Schreiben und Beantworten von E-Mails und SMS den IQ im Beobachtungszeitraum im Durchschnitt um 10 Prozent senkten. Das ist mehr als doppelt so viel wie beim Konsum von Marihuana, was eine zweite Gruppe testete. Die Vergleichsgruppe, die sich weder mit E-Mails beschäftigte noch Marihuana rauchte, schnitt am besten ab.[37] In einer anderen Studie fanden Neurowissenschaftler der Universität of Michigan heraus, dass sich die kognitive Leistungsfähigkeit sogar um 20 bis 40 Prozent reduzierte, wenn Aufgaben im Wechsel und nicht nacheinander bearbeitet wurden.[38]

Übrigens wurde in keiner Studie nachgewiesen, dass Frauen tatsächlich die besseren Multitaskerinnen sind, auch wenn sie einen besseren Blick für Details zu haben scheinen.

Vielleicht gehören Sie, ob Frau oder Mann, auch zu den Personen, die von sich sagen, überhaupt kein Problem mit Multitasking zu haben: Natürlich kann man eine Telefonkonferenz führen und gleichzeitig eine Newsseite überfliegen oder auch E-Mails schreiben. Die Sache hat aber einen Haken: Multitasking hat auch Auswirkungen auf unsere Erinnerungsfähigkeit. Denn nur die Informationen werden im Langzeitgedächtnis gespeichert, denen wir unsere ungeteilte Aufmerksamkeit widmen. Das bedeutet, wenn wir uns mit mehreren Themen gleichzeitig beschäftigen, wird kaum etwas langfristig hängenbleiben.

Sogar Computer geben manchmal auf, wenn wir ihnen gleichzeitig zu viele Aufgaben zumuten: Sie stürzen ab. Deshalb ist es ganz sinnvoll, wenn wir unserem Gehirn nicht zu viel zur gleichen Zeit auftragen und mal bewusst darauf achten, wie lange wir uns am Tag tatsächlich mit unseren unterschiedlichen Aufgaben ohne Unterbrechung beschäftigen.

Lassen Sie Ihr Unterbewusstsein für sich arbeiten!

Können wir vielleicht die Automatisierung von Handlungsabläufen nutzen, um schneller und damit effektiver zu werden? Kommen wir nochmal zum Beispiel des Autofahrens zurück. Wir alle erinnern uns wahrscheinlich noch an unsere erste Fahrstunde, in der wir zunächst an den vielen Aufgaben zu knabbern hatten, die wir gleichzeitig ausführen mussten: kuppeln, Gas geben, schalten, das Geschehen beobachten, in den Spiegel gucken et cetera pp. Heute müssen wir über die einzelnen Schritte so gut wie überhaupt nicht mehr bewusst nachdenken. Hierfür sind die sogenannten *Basalganglien* mitverantwortlich. Sie zählen evolutionsgeschichtlich zu den ältesten Teilen des Gehirns und bilden ein funktionelles System von Kerngebieten, die man unter diesem Namen zusammenfasst. Ihre Funktion ist so komplex, dass man bis heute noch nicht genau verstanden hat, wie sie im Einzelnen arbeiten. Aber sie leisten uns besonders bei Routinetätigkeiten wertvolle Dienste: Wenn wir einen neuen DVD-Player bedienen, finden wir zunächst heraus, wie er funktioniert. Später drücken wir ganz automatisch auf die entsprechenden Knöpfe. Sobald wir eine Tätigkeit mehrmals ausgeführt haben, haben die Basalganglien sie schon weitestgehend verinnerlicht, ohne dass wir davon etwas mitbekommen.

Die Visualisierung der Basalganglien: Stellen Sie sich vor, dass Sie auf dem **Basa**r, (auf dem Sie oft **Aal** kaufen), *routinemäßig* immer den gleichen **Gang** entlang gehen.

Solche Routinetätigkeiten und automatisierten Prozesse werden über unbewusst ablaufende mentale Karten gesteuert. Dadurch wird im Gehirn wieder Kapazität frei: Wir können uns auf Neues konzentrieren. Dies erklärt auch, warum wir zum Beispiel bei Computerspielen am Anfang nur langsam besser werden. Wir müssen erst einmal eine bestimmte Fähigkeit wie die Bewegungsabläufe der Hände automatisieren, um dann ein Level höher zu klettern.

Versuchen Sie deshalb bei wiederkehrenden Aufgaben soweit wie möglich Routinen zu entwickeln, um Ihr Arbeitsgedächtnis zu entlasten. Sie könnten sich zum Beispiel angewöhnen, jeden Morgen eine Stunde ungestörtes Arbeiten in Ihren Tagesablauf einzuplanen oder Facebook sofort wieder zu schließen, nachdem Sie es geöffnet haben.

Wenn man eine Angewohnheit ablegen möchte, geht es zunächst darum, den Reiz zu erkennen, der den Automatismus auslöst. Wenn Sie zum Beispiel Ihre Arbeit zu oft unterbrechen, um Ihre E-Mails zu aktualisieren, machen Sie sich dies bewusst, und versuchen Sie, den Grund dafür zu finden. Vielleicht ist das ständige Beobachten Ihres Posteingangs beruflich gar nicht erforderlich, sondern ein Zeichen, dass Sie zwischendurch eine kleine Pause brauchen.

Eins nach dem anderen!

Die Forschungsergebnisse zeigen deutlich, dass wir bei bewusst ablaufenden Tätigkeiten schneller und effektiver arbeiten, wenn wir uns auf eine einzige Aufgabe konzentrieren und uns erst nach deren Beendigung einer neuen Aufgabe zuwenden. Diese Begrenztheit unseres Gedächtnisses sollten wir uns immer wieder klarmachen. Der Neurologe Christian E. Elger hat es deutlich formuliert: »Nur das Unbewusste ist in der Lage, mehrere Probleme gleichzeitig zu bearbeiten und zu lösen, aber nicht das Bewusstsein.«[39] Somit ist Multitasking bei anspruchsvollen Tätigkeiten eigentlich ein No-Go, da sonst die Qualität der Arbeit darunter leidet.

Bei mir führt Multitasking übrigens auch zu Zerstreutheit. Ein bisschen mehr Achtsamkeit würde mir bestimmt nicht schaden.

Das Kapitel auf einen Blick

- Wir erfassen immer nur einen einzigen Bewusstseinsinhalt in einem bestimmten Augenblick.
- Die Fähigkeit, mehrere Aufgaben »zur gleichen Zeit« zu erledigen, lässt sich nur bis zu einem bestimmten Grad trainieren.
- Die gleichzeitige Erledigung von mehreren Aufgaben erfordert außergewöhnlich hohe Konzentration und bringt im Alltag keine Zeitersparnis.
- Multitasking schafft nur in den Berufen Vorteile, in denen es tatsächlich benötigt wird.
- Wenn wir zwischen unterschiedlichen komplexen Themenfeldern hin- und herspringen, entstehen »Wechselkosten«, da sich unser Gehirn immer wieder erneut in die andere Aufgabe »eindenken« muss.

So werden Sie genialer

- Müssen zwei Aufgaben möglichst schnell und zuverlässig erledigt werden, ist die einzige effektive Strategie, sie nacheinander zu bearbeiten.
- Entwickeln Sie Routinen, das entlastet Ihr Gehirn und erhöht Ihre geistigen Kapazitäten.
- Falls Sie oft zwischen Aufgaben hin- und herspringen, versuchen Sie einmal bewusst, wieder länger an einer einzigen Aufgabe zu arbeiten.

Kapitel 5

Lernen Sie tauchen! Bewusstsein und Achtsamkeit

»Achtsamkeit ist nicht schwer. Schwer ist es nur, stets daran zu denken, achtsam zu sein.«
John Teasdale, Achtsamkeitsforscher

Meine Unachtsamkeit

Gerade habe ich mir meine Badezimmertür ins Gesicht gerumst und keine Ahnung, wie ich das angestellt habe. Ich bin manchmal der größte Tollpatsch der Welt, vor allem wenn ich müde bin. Ich laufe gegen jede Ecke, die sich mir in den Weg stellt, und habe immer blaue Flecke. Ich bin mehr Goofy als Schlaubi Schlumpf. Das liegt vermutlich daran, dass ich oft mit meinen Gedanken ganz woanders bin. Nicht im Hier und Jetzt, nicht bei der Badezimmertür. Auch die größten Genies können die zerstreutesten Menschen sein. Selbst Albert Einstein vergaß oft seinen Schlüssel, und seine Ehefrau Mileva beschrieb ihn als einen »hoffnungslos unpraktischen Menschen«.[40] Gut, Einstein hatte auch wirklich wichtigere Dinge im Kopf als seinen Schlüssel.

Ein wenig Zerstreutheit ist ja ganz sympathisch, doch wenn es überhandnimmt, ist es alles andere als hilfreich. So hatte ich zum Beispiel bei meinen allerersten Interviews, die ich bei einem Studentenradiosender führen durfte, oft das Gefühl, nicht richtig im Hier und Jetzt zu sein. Meine Gedanken schweiften beim Zuhören immer wieder ab, weil ich mich auf meine nächste vorbereitete Frage konzentrieren wollte. Auch heute merke ich, dass meine Gedanken auf einmal irgendwo, nur nicht gerade da sind, wo sie hingehören, wenn ich eigentlich an einem wichtigen Text arbeiten möchte. Gibt es im Gehirn vielleicht einen Schlüssel, der die Tür zum aktuellen Moment aufsperrt, auch wenn sich meine Gedanken gerade hinter den sieben Bergen in einer anderen Welt aufzuhalten scheinen? Und wenn ja, wo ist er? Und wie kann ich ihn finden?

Einen Schlüssel gibt es, aber er hat es in sich. Es gibt nämlich ein Problem: Man muss ihn bewusst nutzen wollen, sonst funktioniert er nicht. Aber durch das Schlüsselloch gucken können wir zum Glück alle und zu jeder Zeit.

Selbstwahrnehmung und unsere unterschiedlichen Bewusstseinszustände

Die Selbstwahrnehmung spielt beim Aufsperren der Tür zum Hier und Jetzt eine ganz entscheidende Rolle, denn nur wenn wir uns selbst beobachten und analysieren können, lernen wir bewusst aus unseren Fehlern oder können Denkmuster, die uns im Wege stehen, aufbrechen. Im zweiten Kapitel haben wir schon gesehen, dass wir in der Lage sind, uns selbst beim Denken zu beobachten und auch über das Denken zu reflektieren. Letzteres wird in der Fachsprache auch als Metakognition bezeichnet.

Von allen Ereignissen in unserem Leben sammelt unser Gehirn Algorithmen, die es in unseren Schaltkreisen abspeichert und auch wieder anwendet. Leider sind diese verschiedenen Gehirnareale schlecht mit unseren Sprachzentren, dafür aber umso besser mit der Körpermitte verknüpft, weshalb wir auch manchmal tatsächlich ein »Bauchgefühl« haben.[41]

Nur wenn wir zwischendurch auf unsere Gedanken achten, erkennen wir, ob unser Gehirn mal wieder auf einen Irrweg ausbüchsen möchte. Schauen wir uns deshalb unser Bewusstsein und unsere Fähigkeit, uns selbst zu beobachten, genauer an, denn wir verfügen über unterschiedliche Bewusstseinszustände.

Unser Leerlaufnetzwerk, genannt »Default Network«

Sie kennen sicher die Situation, dass Sie mit Ihren Gedanken abschweifen, wenn Sie beispielsweise auf dem Weg zur Arbeit mal wieder Ihren Tagträumen nachhängen. Und das tun wir ziemlich häufig, nämlich etwa die Hälfte des Tages. So werden Ihnen auch die Monologe Ihrer inneren Stimme nicht unbekannt sein, wenn Sie zwischendurch einmal abschalten. Uns fällt dann alles Mögliche ein: dass wir ein Geburtstagsgeschenk für den Kollegen besorgen müssen oder wie das Wetter wohl morgen wird. Wie Alice im Wunderland können wir quasi jederzeit in ein Erdloch rutschen: Schon sind wir mit unseren Gedanken woanders und laufen dann einem weißen Kaninchen hinterher. Auch wenn wir mal nichts tun wollen, tun wir eben doch nicht nichts, sondern unsere Gedanken hüpfen wild umher, und bringen uns vielleicht auf gute Ideen. Unser Gehirn sorgt schlichtweg für Unterhaltung, besonders wenn sonst nichts los ist.

Bei Probanden, die im Gehirnscanner liegen und sich entspannen – also eigentlich nichts tun –, wird sichtbar, dass alle neuronalen Netzwerke, die wir für komplexe kognitive Leistungen nutzen, hoch aktiv sein können.[42] Dabei fällt eine besonders aktive Region auf, nämlich das für diesen inneren Erzählvorgang zuständige Areal, das als *Default Mode Network*, im Deutschen als *Ruhe-* oder *Leerlaufnetzwerk*, bezeichnet wird. Es läuft erst so richtig auf Hochtouren, wenn wir uns vermeintlich ausruhen.

Norman Farb nennt dieses *Default Network* auch *narrativen Schaltkreis*.[43] Dieses Netzwerk liegt im mittleren Bereich des präfrontalen Cortex, dort, wo die Informationen zusammenlaufen, aufgrund derer wir uns als Person als eine Einheit betrachten. Es spielt für unser Bewusstsein als Selbst eine Rolle, dass ich also *Ich* und niemand Anderes bin, für unsere Geschichte, unsere Erinnerungen und unsere persönliche Identität. Dank ihm sind wir in der Lage, unser Leben als logische Abfolge von Ereignissen wahrzunehmen. Ist das *Default Network* aktiviert, denken wir ziemlich viel über uns selbst nach, planen und reflektieren unsere Zukunft, tagträumen oder grübeln über Personen in unserem Umfeld. Wir verarbeiten Geschehnisse oder fügen Interpretationen in unser Bild der Welt ein. Dieser assoziative Erzählmodus, bei dem wir von einem zum nächsten Gedanken hüpfen, entspricht quasi einem Stand-by-Modus und aktiviert sich ab und zu von ganz allein, ohne unser Zutun.

Kognitionsforscher bezeichnen diesen Zustand sogar als *Grundzustand* des Gehirns, weil es bei konzentrierten Tätigkeiten so bestrebt ist, gedanklich abzuschweifen und damit anstrengenden Aufgaben aus dem Weg zu gehen.

Die Visualisierung unseres narrativen Schaltkreises: Unser narrativer Schaltkreis entspricht unserem Aquarium, wenn gerade keine Show stattfindet. Wenn wir einfach ganz entspannt unsere farbenprächtigen Fische betrachten, wie sie sich ganz frei vor uns bewegen und sich immer wieder neugierig der Glasscheibe nähern. Der eine oder andere Fisch schwimmt unvermutet weg und macht anderen Platz. Vielleicht ist ihm gerade etwas Wichtiges eingefallen, das er zu erledigen hat.

Diese bunten Fische stehen für unsere verschiedenen Gedanken wie: »Was mache ich heute zum Abendessen? Vielleicht einen griechischen Salat? Griechenland, wir müssen uns noch entscheiden, ob wir lieber auf Kreta oder Samos Urlaub machen wollen. Aber vorher muss ich erst mein Projekt fertigstellen. Verdammt, ich habe die E-Mail an Frau Slomka noch nicht abgeschickt. Dann eben Morgen! Haben wir eigentlich genügend Schafskäse im Kühlschrank?«

Glücklicherweise haben wir nicht nur dieses *Ruhenetzwerk*. Wir können diesen unermüdlichen Erzählstrang in unserem Gehirn unterbrechen, indem wir unsere Aufmerksamkeit bewusst wieder auf unsere Aufgabe oder auf den jetzigen Moment und auf unsere Sinneswahrnehmung richten. Wie das geht, werden wir nun erfahren.

Bewusst im Hier und Jetzt sein

Nehmen Sie dieses Buch für einen kurzen Moment nur in eine Hand, und betrachten Sie kurz Ihre Fingerkuppen der freien Hand. Halten Sie Ihren Daumen und Zeigefinger so, als ob Sie ein wenig

Salz auf Ihr Essen streuen oder etwas trockenen Thymian zwischen Ihren Fingern zerreiben würden. Und wackeln Sie mit Ihren Füßen. Achten Sie einmal ganz bewusst auf das, was in Ihrem Körper gerade vor sich geht. Spüren Sie Ihren Rücken, Ihre Schulter? Haben Sie warme oder kalte Hände? Das ist der Schlüssel, der Ihnen die Tür aufsperrt. Herzlich willkommen im Jetzt!

Als mir dieser Unterschied der beiden Bewusstseinszustände klar wurde, saß ich gerade mal wieder im Zug, und es war für mich wie eine kleine Erleuchtung. Auf einmal verstand ich den Unterschied zwischen den schweifenden Gedanken, die wir haben, und andererseits der vollen Konzentration und Aufmerksamkeit, die wir auf etwas richten können: entweder auf eine bestimmte Aufgabe oder auch auf den jetzigen Moment.

Diese *Direkterfahrung* können Sie auch sehr gut aktivieren, wenn Sie am Strand oder am See sitzen, bewusst den kühlen Drink in Ihrer Hand fühlen, das Rauschen des Wassers hören oder spüren, wie Ihnen der Wind durch die Haare fährt.

Wenn Sie in diesem *Direkterfahrungsmodus* sind, dann denken Sie überhaupt nicht nach, sondern konzentrieren sich genau auf die Informationen, die auf Sie einströmen oder mit denen Sie sich gerade beschäftigen: Wenn Sie sich unterhalten, konzentrieren Sie sich auf den Gedankenaustausch und können leicht einen emphatischen Bezug herstellen; schauen Sie einen Film, verfolgen Sie die Story; lesen Sie einen Text, achten Sie auf den Inhalt. Oder aber Sie schweifen ab, landen wieder im *Default Network*, dem narrativen Schaltkreis, und stellen fest, dass Sie die letzten paar Zeilen zwar gelesen, aber die Aussage überhaupt nicht wahrgenommen haben.

Zwischen den beiden Netzwerken können wir hin- und herspringen.[44] Wenn ich tief in Gedanken versunken aus dem Zugfenster schaue, dann nehme ich so gut wie nichts von meiner Umwelt wahr: Ich höre weder die Durchsage des Zugbegleiters noch das Telefonat der Person hinter mir. Umgekehrt fallen mir, wenn ich bewusst auf den Moment achte, alle Geräusche im Zug auf, ich rieche den Duft meines Kaffees vor mir, und während ich die Situation bewusst wahrnehme, bleibt nicht besonders viel Raum, um mir Gedanken über mich selbst oder sonst etwas zu machen.

Die Existenz dieser beiden unterschiedlichen Netzwerke liefert auch eine Erklärung, warum unsere Gedanken in als stressig wahrgenommenen Situationen verrückt zu spielen scheinen. Unser *Leerlaufnetzwerk* malt sich die schlimmsten Szenarien aus: Was passiert, wenn wir zu spät kommen, das Angebot nicht rechtzeitig abschicken oder einen Abgabetermin vergessen? Sie können diesen rotierenden Gedanken aber entkommen, indem Sie einen Moment tief durchatmen und spüren, wie Sie mit Ihren Füßen wackeln oder bewusst Ihre Hände wahrnehmen. Dadurch wechseln Sie ins Hier und Jetzt und können ruhig und besonnen überlegen, was am besten zu tun ist.

Schalten Sie nun nochmal, nur zum Spaß, Ihren *Direkterfahrungsmodus* an und konzentrieren Sie sich fünf Sekunden auf Ihre Sinne. Und los! Wie geht es Ihrem Nacken? Welche Geräusche dringen an Ihr Ohr? Wie sitzen Sie gerade da? Gar nicht so leicht, im Hier und Jetzt zu bleiben, oder? Probieren Sie es nun noch mal weitere fünf Sekunden aus!

Je öfter Sie dieses *Umschalten* im Kopf üben, desto leichter registrieren Sie, wann Sie sich in welchem Bewusstseinsmodus befinden. Sie werden Ihre Gewohnheiten und Denkmuster besser erkennen, durchschauen und dadurch vielleicht sogar ändern. So bekommen Sie mehr Kontrolle über Ihr Gehirn und können in allen möglichen Situationen, vor allem in hektischen Momenten, angemessener und flexibler reagieren, weil Sie Ihre Gegenwart im *Direkterfahrungsmodus* viel aufmerksamer erleben. Ein entspannter Moment mit einfachem Nichtstun kann natürlich auch toll sein. Aber unter Stress durch bewusstes Abschalten vieler, ungefragt auftauchender Gedanken die Kontrolle zurückzugewinnen – das klingt super, das will ich auch!

Achtsamkeit trainieren

Das Hier und Jetzt bewusst wahrnehmen, darum geht es beim Achtsamkeitstraining wie zum Beispiel bei der Meditation. Genaugenommen versteht man unter *Achtsamkeit* die bewusste Wahrnehmung des unmittelbaren Augenblicks, ohne ihn sofort zu bewerten. Gedanken werden dabei weder unterdrückt noch analysiert. Somit kann man Situationen und seine Gefühle mit mehr Abstand betrachten und ist gleichzeitig mehr mit dem jeweiligen Augenblick und somit dem Leben verbunden.

Eine einfache Übung ist zum Beispiel, eine Traube zunächst in die Hand zu nehmen und einmal ganz genau zu betrachten. Da gibt es nämlich ganz schön viel zu entdecken, was einem vorher noch nie aufgefallen ist. Denken Sie immer daran, auf alle Sinne zu achten. Was hören Sie, wenn Sie die Traube an Ihr Ohr halten und zwischen den Fingern rollen? Macht sie vielleicht ein eigenes Geräusch? Wahrscheinlich nicht. Hören Sie trotzdem einmal genau hin. Wie riecht sie? Wichtig ist, sich dabei zu konzentrieren und zu versuchen, die Fülle all der Sinneseindrücke wahrzunehmen. Verspeisen Sie das Träubchen nicht sofort, sondern nehmen Sie im Mund erst einmal die Oberfläche wahr. Erst dann dürfen Sie draufbeißen. Achten Sie dabei genau darauf, was in dem Moment passiert. Versuchen Sie einmal zu beschreiben, was Ihre Sinneseindrücke Ihnen dabei vermitteln. Wahlweise können Sie diese Übung auch mit einer Rosine oder einem Stück Apfel ausprobieren, und ja, auch ein Schokoriegel ist natürlich erlaubt. Das sind schon die ersten Schritte in Richtung Achtsamkeit.

Sogar der lästige Abwasch kann auf diese Weise Spaß machen. Beobachten Sie, wie sich das Spülmittel in Schaum oder in kleine wunderhübsche Seifenblasen verwandelt oder wie Schaumbläschen in Regenbogenfarben leuchtend wieder zerplatzen. Jede Situation kann man bewusster wahrnehmen und somit auch wesentlich mehr Details erkennen. Wenn man denn möchte! Achtsamkeit ist sehr faszinierend, vor allem wenn Sie es selbst ausprobieren und dann auch darauf achten, achtsam zu sein.

Dieser eng mit der buddhistischen Lehre verknüpfte Begriff begegnete uns schon vor Jahren in Psychologie und Pädagogik, aber vielleicht haben wir der Achtsamkeit bisher tatsächlich zu wenig Achtsamkeit geschenkt, weil sie immer einen esoterischen Touch im Gepäck zu haben schien.

In seinem Buch *Das achtsame Gehirn* erläutert Daniel Siegel, amerikanischer Neuropsychiater, seine Auffassung der Achtsamkeit. Ihm geht es vor allem darum, sooft wie möglich den Reiz des Neuen zu spüren, denn unser »Gehirn hat den natürlichen Drang,

Muster zu entdecken«, um alle eingehenden Informationen schnell zu erfassen und sofort einer Kategorie zuzuordnen.[45] Siegel fordert uns auf, unser Gehirn zu überlisten, indem wir bewusst im Hier und Jetzt leben und unsere Umwelt immer wieder aus neuen Blickwinkeln wahrnehmen, um uns so ein aktuelles Bild der Welt zu machen, unabhängig von den im Langzeitgedächtnis gespeicherten Schemata.

Die Visualisierung der Achtsamkeit: Und wie zeigt sich dieser Bewusstseinszustand in unserem Aquarium? Stellen Sie sich vor, dass Sie ohne Taucheranzug und Sauerstoffgerät ins Wasser des Aquariums eintauchen, um unsere Fische, also unsere Gedanken, aus der Nähe zu betrachten und auch um bewusst wahrzunehmen, wie warm das Wasser im Aquarium ist. Setzen Sie all Ihre Sinne ein. Schmecken Sie das Wasser? Ist es salzig? Sehen und hören Sie kleine Blubberbläschen aufsteigen? Und wie riecht es hier bei den vielen Fischchen? Gut, unter Wasser zu riechen ist bestimmt eine etwas anspruchsvollere Aufgaben. Aber mit Ihrer Vorstellungskraft bekommen Sie das ganz sicher hin!

Vielleicht entwickeln Sie Ihre eigenen, genau zu Ihnen passenden Achtsamkeitsübungen. Richten Sie Ihre Aufmerksamkeit auf Bereiche, die Sie besonders interessieren. Ihr Blick kann sich zum Beispiel außergewöhnlichem Design zuwenden. Beobachten Sie Ihre Umwelt genau und nehmen Sie die schöne oder auch schlechte Gestaltung von Möbeln, Lampen, Wasserkochern oder auch Regenschirmen wahr. Überlegen Sie, was Sie anders oder praktischer gestalten würden. Auch das schärft Ihre Wahrnehmung.

Achtsamkeit und Meditation in der Wissenschaft

Es gibt mittlerweile eine Vielzahl von Studien und Untersuchungen, die den positiven Einfluss von Achtsamkeit und Mediation auf unseren gesamten Organismus belegen. Das Bewusst-im-Hier-

und-Jetzt-Sein beeinflusst nicht nur unsere Physiologie, sondern stärkt auch unseren Geist und unseren Umgang mit anderen.

Einen entscheidenden Beitrag lieferte unter anderem der Neurowissenschaftler Richard Davidson an der University of Wisconsin mit seinem Team durch eine Untersuchung, bei der die Gehirnaktivitäten buddhistischer Mönche während des Meditierens mithilfe einer fMRT unter die Lupe genommen wurden. Die Teilnehmer der Studie verfügten über Mediationserfahrungen von über 10000 beziehungsweise 40000 Stunden, die sie innerhalb von 15 und 40 Jahren gesammelt hatten. Die Ergebnisse waren erstaunlich. Während der Meditationsphasen wurde bei allen Mönchen ein gewaltiger Anstieg von Gammawellen im Gehirn gemessen, der bei den Probanden mit der meisten Mediationserfahrung am höchsten war.

Diese Wellen stehen für einen Zustand sehr hoher geistiger Aktivität und höchster Konzentration, an ihnen zeigt sich auch eine rege Kommunikation zwischen verschiedenen Gehirnregionen. Gammawellen sind die schnellsten aller Gehirnwellen und sie waren bei den Meditierenden außergewöhnlich gut koordiniert. Eine große Aktivität von Gammawellen lässt sich zum Beispiel in einem »gewöhnlichen«, nicht meditierenden Gehirn in dem Moment nachweisen, in dem wir eine neue Idee haben. Gammawellen lösen einen großen Energieschub aus, den wir bei uns und sogar auch bei anderen bemerken, wenn der Funke zündet und die Idee plötzlich erscheint.

Bei Davidsons Vergleichsgruppe, die sich aus Studenten zusammensetzte, die nach einer Meditationseinführung eine Woche lang geübt hatten, konnte auch ein leichter Anstieg der Gammawellen nachgewiesen werden. Das bedeutet aber, wir können unser Gehirn durch Meditation bewusst verändern und lernen uns besser zu konzentrieren.

In der Studie zeigte sich noch ein weiterer spannender Aspekt: Die Mönche meditierten auch über Mitgefühl, und es offenbarte sich ein sehr großer Anstieg der Aktivität im linken vorderen Stirnlappen. Bereits frühere Studien des amerikanischen Psychologen Daniel Goleman hatten zu der Erkenntnis geführt, dass diese Region im Ruhezustand vor allem bei jenen Menschen in größerem

Maße aktiviert ist, die überwiegend gut gelaunt, voller Energie und sehr begeisterungsfähig sind. Eine erhöhte Aktivität im rechten vorderen Stirnlappen zeigte sich dagegen vor allem bei Probanden, die emotional zu negativen Emotionen tendierten und häufiger zu Ängsten und Depressionen neigten. Der außergewöhnlich hohe Anstieg der Gehirnaktivität im linken vorderen Stirnlappen bei den Mönchen belegte, dass gerade Mitgefühl eine Freude und Begeisterung auslösende Emotion ist. Dies untermauern auch viele psychologische Studien, die eine hohe Lebenszufriedenheit vor allem mit Mitgefühl und selbstlosem Handeln in der Gesellschaft in Verbindung bringen.

In einer Studie konnte Richard Davidson zusammen mit dem Molekularbiologen Jon Kabat-Zinn sogar nachweisen, dass sich nach einem dreimonatigen Meditationstraining die Aktivität des vorderen Stirnlappens von rechts nach links, also hin zu einer positiveren Stimmung und besseren Laune verlagerte.[46] Weitere Studien belegen, dass Meditation auch Auswirkungen auf unser Angstzentrum hat und somit Stress reduziert, wodurch sich zudem unsere Lernfähigkeit und Aufmerksamkeitsspanne verbessern. Besonders Achtsamkeitsmeditation führt zu einem größeren Wohlbefinden und hilft auch gegen Schmerzen und Depressionen. So können Sie sowohl vorbeugen als auch die Gefahr eines Rückfalls mindern.

Achtsamkeitstraining und Meditation sind definitiv eine Möglichkeit, dem stressigen Alltag ein wenig zu entkommen, da wir ihn gar nicht mehr als solchen wahrnehmen.

Entspannung durch Achtsamkeitsmeditation

Wieder einmal hilft mir Monsieur Zufall beim Schreiben dieses Buches weiter. An einem Abend, bei dem acht Redner einen kurzen Vortrag über ihr Spezialwissen hielten, lernte ich Katja Sterzenbach kennen, Coach und Expertin für Achtsamkeit und Meditation. Sie hatte zwei Monate in einem Schweigekloster in Myanmar verbracht, bei dem sie die Tage fast ausschließlich mit Sitz- und Gehmediationen verbrachte, und durch eine begleitende

Aktion Geld für ein Kinderhospiz gesammelt. Die Erlebnisse und Erkenntnisse, von denen sie mir in unserem Gespräch berichtete, klangen faszinierend. Ich überlegte mir, mich auch gleich für zwei Monate dort einzuquartieren. Nein, das wäre wohl doch ein wenig übermütig. Aber für mich war klar, dass ich selbst auch Meditationserfahrung sammeln wollte.

Lange Zeit hätte man mich mit diesem Thema jagen können. Einfach nur dasitzen und nichts tun. Ich erinnere mich, wie wir im Religionsunterricht früher oft eine Übung machen mussten, bei der wir drei Minuten nichts sagen durften. Es wäre einfacher gewesen, eine entlaufende Herde schnatternder Gänse in drei Minuten wieder einzufangen, und dabei wäre der Lärmpegel sogar leiser gewesen als bei uns. Das ist bisher meine einzige Erfahrung mit dem bewussten Schweigen, aber beim Meditieren geht es ja nicht nur ums Stillsein. Es geht darum, innere Ruhe zu finden, eine Verbindung zum Hier und Jetzt herzustellen und die aufkommenden Gedanken wahrzunehmen, um sie dann aber, und das ist das Entscheidende und die Kunst, auch wieder gehen zu lassen. Denn das Ziel ist, nur auf den eigenen Atem zu achten. Gedanken tauchen selbstverständlich automatisch auf, aber man lässt sie auch einfach wieder ziehen, ohne Bewertungen vorzunehmen. Also, gehen Sie ab und zu mal auf Tauchstation.

Selbsttest: Ich fand einen Meditationskurs, der bei mir in der Nähe stattfand und für den ich nicht in ein Retreat oder ein Kloster in Nepal fahren musste (wogegen ich allerdings auch nichts einzuwenden gehabt hätte, aber ich wollte ja auch schnelle Ergebnisse). Zu Beginn war es unglaublich mühsam, und es kam mir etwas langweilig vor, nur auf meinen Atem zu achten. Meine Einstellung dazu änderte sich jedoch schon nach kurzer Zeit. Die *Ujjayi-Atmung* kannte ich schon aus dem Yoga. Sie hört sich ein wenig an wie das Schnaufen von Darth Vader, und ich finde sie total spannend, weil man sich tatsächlich sofort entspannt.[47]

Diese Ujjayi-Atmung funktioniert so: Erzeugen Sie mal ein mittellautes »Haahh« beim Ausatmen, nachdem Sie durch die Nase eingeatmet haben, so als ob Sie gerade etwas Kaltes getrunken hätten. Das wiederholen Sie ein paar Mal. Es klingt wie ein »Haahh«, wie es kleine Kinder oft nach einem riesengroßen Schluck ausseufzen. Sie können sich auch vorstellen, Sie hauchen den Spiegel im Badezimmer an, nachdem Sie lange heiß geduscht haben und dieser ganz beschlagen ist. Dann versuchen Sie, mit geschlossenem Mund durch die Nase auszuatmen und dabei das gleiche Gefühl hinten im Rachen oder am Kehlkopf beizubehalten. Es hört sich ein wenig an wie lautes Schnaufen, wie es auch beim Schlafen ab und an zu hören ist. Jetzt kennen Sie das Grundprinzip, aber man lernt diese Atmung wahrscheinlich am besten unter fachgerechter Anleitung! Beim ersten Versuch in einer Yoga-Stunde habe ich es übrigens auch nicht hinbekommen, seien Sie also geduldig mit sich.

Am dritten Abend des Meditationsseminars bemerkte ich, dass sich etwas getan hatte. Nach dem Meditieren war ich nun sofort entspannt. Und das kann sich jeder mit ein wenig Übung innerhalb weniger Minuten durch eine Meditation mit Sofortlieferung bestellen! In den folgenden Wochen stellte ich immer wieder fest, dass ich ruhiger und insgesamt viel entspannter war, gerade in Situationen, die mich früher sehr gestresst hätten. Natürlich nicht bei allen, aber ich blieb dran. Ich besuchte eine Meditationsstunde, bei der wir dreimal 25 Minuten meditierten. Das sind 75 Minuten einfach nur dasitzen und einfach absolut nichts tun! Das hätte ich vor meinem Kurs wahrscheinlich nie ausgehalten. Es ist wirklich schwer zu beschreiben, was genau passiert, aber eine innere Ruhe, die sich einstellt, trifft es schon ganz gut. Selbst wenn ich mal wieder viel zu spät in einem Taxi auf dem Weg zum Bahnhof sitze, reagiert mein Körper deutlich anders, nämlich viel gelassener.

Wenn wir im akuten Stress sind, rast die Zeit wie im Flug an uns vorbei. Das ist bei mir nun nicht mehr so, denn nach meinen ersten positiven Erfahrungen habe ich mir inzwischen tatsächlich angewöhnt, fast jeden Tag etwa zehn Minuten zu meditieren. Auch dreimal 20 Minuten pro Woche sind ausreichend. Es gibt nun nicht mehr viele »stressige« Situationen, sondern einfach nur Momente, in denen ich schnell viel erledigen muss. Meine Gedanken sind klar und mein Körper bleibt entspannt, kein erhöhter Puls, keine komischen Gefühle, nichts. Alles bleibt normal, meine Aufregung ist so groß, wie abends beim Zähneputzen. Gleich null. Sie merken: Es ist sehr schwer zu beschreiben. Deshalb rate ich Ihnen, diese Erfahrung am eigenen Leib zu machen.

»Bringt es mir etwas? Oder bringt es mir doch nichts? Lass ab von dieser Geisteshaltung und sitz einfach.«[48] Dieser Satz stammt von

Zen-Meister Kodo Sawaki und zeigt genau das, worum es geht. Wenn Sie sofort wissen wollen, was beim Meditieren geschieht, und sich andauernd fragen: »Wann passiert denn nun endlich etwas?« – dann warten Sie wahrscheinlich länger darauf, bis Sie eine Veränderung spüren. Nach meiner Erfahrung ist vier- bis fünfmaliges Meditieren mindestens notwendig, um einen richtigen Eindruck zu gewinnen. So oft sollte man sich schon Zeit nehmen. Ganz nebenbei tun Sie auch noch etwas für Ihr Wohlbefinden, Ihre Empathiefähigkeit, Ihr Immunsystem, und Meditieren soll sogar Demenz vorbeugen – wenn man dranbleibt und regelmäßig übt. Fangen Sie ganz langsam an, aber geben Sie dem Meditieren ein paar Chancen, auch wenn Sie dann vielleicht feststellen, dass es tatsächlich nichts für Sie ist. An dieser Stelle frage ich mich: Hat Einstein eigentlich meditiert? Oder was wäre gewesen, wenn er jeden Tag ein paar Achtsamkeitsübungen gemacht hätte? Einstein spielte zumindest Geige, um sich in eine Art vor-bewussten Zustand zu bringen. So kann man es also auch machen. Aber was man durch Meditation für sich entdecken kann, ist in jedem Fall einen Versuch wert: In stressigen Situationen keinen Stress zu empfinden ist ein Ziel, für das sich die Mühe lohnt.

Das Kapitel auf einen Blick

- Wir haben mindestens zwei Bewusstseinszustände: das *Default Network*, bei dem unsere Gedanken auf Reise gehen, und den *Direkterfahrungsmodus*, der uns ins Hier und Jetzt bringt.
- Achtsamkeitstraining und Meditation haben einen positiven Einfluss auf unser Gehirn und unsere Stresswahrnehmung.
- Durch Achtsamkeit schärfen wir unsere Wahrnehmung für uns und unser Umfeld – und können uns so leichter auf die wirklich wichtigen Aufgaben konzentrieren.
- Meditieren führt zu guter Laune, fördert die Konzentration und das Gedächtnis, verringert Angst und Stress und kann das Immunsystem stärken.

So werden Sie genialer

- Schulen Sie Ihre Selbstwahrnehmung, indem Sie zum Beispiel beim Blick auf die Uhr auch immer kurz darauf achten, wie es Ihnen gerade geht. Wie fühlen sich Ihre Füße oder Ihr Nacken in diesem Moment an?
- Wechseln Sie im Alltag bewusst zwischen den verschiedenen Bewusstseinszuständen hin und her, indem Sie immer wieder bewusst Ihre Sinneseindrücke wahrnehmen.
- Der erste Bissen beim Mittagessen könnte zu einer täglichen Achtsamkeitsübung werden. Beobachten Sie ganz bewusst, wie er schmeckt, und setzen Sie all Ihre Sinne ein.
- Überlegen Sie, bei welchen täglichen Abläufen Sie sonst noch eine kleine Achtsamkeitsübung einbauen können. Zum Beispiel beim Zähneputzen? Darüber freuen sich auch Ihre kleinen Beißerchen.
- Suchen Sie sich ein bestimmtes Thema, auf das Sie ab jetzt ganz genau achten wollen: Essen, Design, Texte, Pflanzen, Farben der Straße ...
- Besuchen Sie einen Meditationskurs oder ein Achtsamkeitstraining.

Kapitel 6

Ich schaff das, ich schaff das! Stress und optimale Leistungsfähigkeit

»Der Mensch ist ein vernunftbegabtes Wesen, das immer dann die Ruhe verliert, wenn von ihm verlangt wird, dass es nach Vernunftgesetzen handeln soll.«
Oscar Wilde

Ich bin irgendwie nicht mehr ich

Neulich hatte ich einen sehr seltsamen Tag. Ich war zu meinen allerersten Probeaufnahmen eingeladen, bei denen eine Moderatorin für eine neue Live-Sendung gesucht wurde. Leider hatte ich nicht viel Zeit mich vorzubereiten, da ich davor mal wieder sehr, sehr beschäftigt war.

Und es kam, wie es kommen musste: Während der Proben lief alles super, aber als es darauf ankam, ging alles schief. Die Begrüßung brachte ich noch irgendwie galant hinter mich. Doch als ich dann zu dem Kandidaten ging, den ich interviewen sollte, stellte ich mich vor lauter Aufregung und in blinder Konzentration ein bisschen zu nah an einen Tisch und nicht auf die abgesprochene Markierung. In dem Moment, in dem ich den Fehler bemerkte, hörte ich dann auch schon über den Knopf im Ohr die Ansage, dass mein Co-Moderator dieses Interview übernehmen solle, und da geriet ich in Stress.

Für den Rest dieser Aufzeichnung, die ohne Pause stattfand, übernahm jemand anders das Steuer in meinem Kopf. Es klappte einfach nichts mehr. Ich sprach ein Wort nach dem anderen falsch aus, lachte mich dabei kaputt und verhaspelte mich auch noch während der Abmoderation. Es war, als hätte sich mein Gehirn einfach kurz verabschiedet. Für mich war es zum Glück nicht so furchtbar schlimm, sodass ich danach darüber lachen konnte. Zumindest als ich im Zug auf der Heimfahrt ein Stück Himbeertorte gegessen und ganz achtsam den Himbeerfleck auf meinem neuen weißen Pullover begutachtet hatte. Aber was um Himmels willen war da nur in meinem Kopf passiert?

Ätsch, ich hab mehr Stress als du! Eustress und Disstress

Wenn wir über Stress reden, meinen wir die Momente, in denen wir uns überfordert fühlen und es zu einer Überaktivierung des Körpers kommt, wie Herzklopfen oder das Gefühl, keine Kontrolle mehr zu haben. Wenn wir uns in einer ganz konkreten Situation gestresst fühlen, wie mir das passiert ist, wird das als *akuter* Stress bezeichnet. Man kann sich aber auch über einen längeren Zeitraum gestresst fühlen, wenn zum Beispiel viele wichtige Projekte gleichzeitig fertig werden müssen. Hierbei handelt es sich dann um *chronischen* Stress. Ich habe irgendwie das Gefühl, dass ich beides ein wenig zu gut kenne, weshalb ich nun umso glücklicher mit meinen positiven Meditationserfahrungen bin.

Zunächst bedeutet Stress, völlig wertfrei, nur ein erhöhtes Maß an Aktivität im gesamten Organismus. Wie wir das empfinden, ist eine ganz andere Sache. Stress entsteht vor allem durch unsere Bewertung. In der Psychologie unterscheidet man zwischen *Eustress* und *Disstress*: zwischen positiv und negativ empfundenem Stress. Beide Phänomene treten bei Aufgaben oder in Situationen auf, die uns besonders herausfordern, je nachdem, wie sie uns subjektiv erscheinen. *Eustress*, den positiven Stress, erleben wir, wenn uns diese Herausforderung Spaß bereitet und wir das Gefühl haben, sie meistern zu können. Sie sind zum Beispiel überzeugt, dass Sie es trotz großen Zeitdrucks schaffen, die Präsentation noch rechtzeitig und perfekt zu gestalten. Dieser Stress führt uns sogar zu einer Leistungssteigerung und zu größerer Flexibilität im Denken, denn unter Eustress entstehen besonders einprägsame Muster und Netzwerke im Gehirn, die wir in einer ähnlichen Situation wieder abrufen können.

Diesen positiven Stress nehmen wir nicht unbedingt als solchen wahr, da er ganz still und heimlich auftritt. Die höchste Form von Eustress ist der bekannte *Flow*, wenn sich Herausforderung und eigene Fähigkeiten in perfektem Einklang befinden, wir also genau im richtigen Maß gefordert werden.

Viel besser kennen wir wahrscheinlich den *Disstress*, den wir spüren, wenn wir uns bei einer Aufgabe unwohl oder völlig überfordert fühlen, sie eher als Bedrohung wahrnehmen und glauben, nicht angemessen reagieren zu können. Wir fühlen uns nicht imstande, die Situation zu bewältigen. Auslöser kann zum Beispiel Zeit- oder Erwartungsdruck sein.

Beim Thema Stress ist ein ganz entscheidender Punkt, dass wir dabei nicht über etwas Objektives reden. Jeder empfindet eine Situation je nach Erfahrungen und Fähigkeiten ganz anders. Für den einen kann eine Aufgabe ein schier unüberwindbares Problem darstellen, während sie für andere eine nette Abwechslung kurz vor Feierabend ist.

Eigentlich ist Stress eine sinnvolle Reaktion des Körpers, unsere Kräfte in einer konkreten Gefahrensituation zu mobilisieren. Solche Situationen waren es, die ursprünglich unser Stresssystem geprägt haben. Beim Aufeinandertreffen mit einem Säbelzahntiger gab es nur zwei aktive Handlungsalternativen: Flucht oder Angriff beziehungsweise, wenn wir uns nicht zwischen Weglaufen und Zuschlagen entscheiden konnten, die dritte Variante im Angebot der Stresspalette: das Erstarren. In der damaligen Zeit nicht die beste Lösung für uns, aber ein Festmahl und Eustress für den großen hungrigen Säbelzahntiger.

Doch die Zeiten haben sich geändert. Heute brauchen wir meist nicht mehr auf Knopfdruck körperliche Energie, sondern wir müssen unter Zeitdruck vor allem die unterschiedlichsten kognitiven Aufgaben ausführen. Das ist unserem Verstand durchaus bewusst, nur ist dieses Wissen noch nicht in allen Bereichen unseres Gehirns angekommen. Es glaubt wahrscheinlich immer noch, wir streifen durch die Weiten der Savanne oder durch den Wald, und hinter jedem Baum könnte sich ein dickes, gefährliches Mammut verstecken. So spannt sich bei Stress auch heute noch unsere Muskulatur an, Blutdruck sowie Atemfrequenz steigen. Durch Bereitstellung von Glucose und freien Fettsäuren wird Energie mobilisiert. Unser Körper ist nun in Alarmbereitschaft und hochkonzentriert, um gegebenenfalls körperlich und sogar kognitiv über sich hinauszuwachsen. Allerdings kann dies bei übermäßigem Stress auch auf Kosten kognitiver Fähigkeiten geschehen, wenn es im präfrontalen Cortex zu einer Übererregung kommt, wodurch der vorausschauende und planende Teil des Gehirns nicht mehr richtig arbeiten kann. Vielleicht kennen Sie das Gefühl eines Blackouts während einer Prüfung oder wenn Sie vor Leuten reden müssen. Gerade, wenn es um das Abrufen von Faktenwissen geht, kann unser Gehirn kurzzeitig streiken.

Je nach Aktivierungsgrad zeigt eine Untererregung oder Übererregung unseres Gehirns, ob wir gerade Langeweile empfinden oder uns in einer Stresssituation befinden. Dazwischen gibt es aber auch ein »optimales Erregungsniveau«, bei dem im Gehirn alles perfekt abläuft. Und alle drei Zustände hatte ich an jenem besagten Tag erlebt: Vor dem Casting war ich zu entspannt und vertraute meiner Erfahrung. Bei den Proben war der Aktivierungszustand optimal, doch als es darauf ankam, wurde ich verunsichert und von Stress beherrscht. Warum hatte ich nicht früher mit Meditieren begonnen?

Die Visualisierung der verschiedenen Erregungszustände: Bei den Fischen in unserem Aquarium würden diese Stresssituationen so ablaufen: Bei *Untererregung,* also wenn sich kaum Zuschauer vor dem Fenster aufhalten, liegen die Fische einfach faul in der Ecke herum. Im *optimalen Erregungszustand,* wenn mehrere Gäste da sind, läuft die Show perfekt ab. Doch bei *Übererregung,* also bei massivem Besucherandrang, fühlen sich die Fische gestresst und sind so überaktiviert, dass sie ihre einstudierte Choreografie vergessen, daher unkontrolliert durcheinander schwimmen und pausenlos aneinanderstoßen.

Bereits 1908 haben die amerikanischen Psychologen Robert Yerkes und John Dodson nachgewiesen, dass ein gesetzmäßiger Zusammenhang zwischen Erregungszustand und kognitiver Leistung

Z
Z
Z
Z
Z
Z
Z
Z
Z

besteht. Ein mäßiges Stressniveau führt zu einer Leistungssteigerung. Wird die Erregung jedoch zu hoch, dass wir ihn als negativen Stress empfinden und enorm angespannt sind, dann verringert sich die Leistung wieder ebenso schnell. Diese Leistungskurve verläuft im Prinzip wie ein umgedrehtes U. Wie schon Aristoteles in seiner »Tugendethik« formulierte: Wir sollten stets die Mitte suchen. Dies gilt auch für die Aktivierung des Gehirns. Die Fähigkeit, gut mit stressigen Situationen umzugehen, lässt sich jedoch verbessern.

Yerkes-Dodson-Gesetz

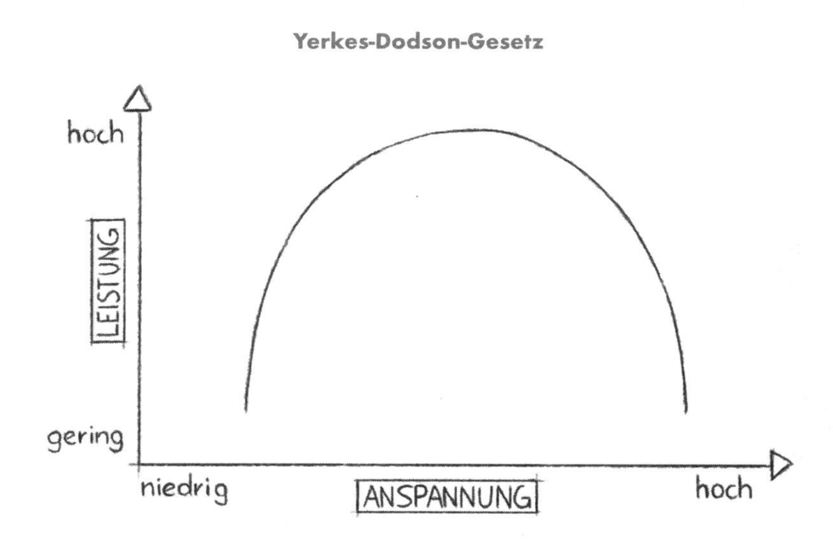

Was hat der präfrontale Cortex mit Stress am Hut?

Der präfrontale Cortex, unsere kognitive Schaltstelle, hat ja im Prinzip das Sagen, wenn wir bewusst Entscheidungen treffen. Doch dies kann sich unter Stress schnell ändern, da gleich mehrere Kettenreaktionen in Gang gesetzt werden, die sowohl unser Gehirn als auch den Körper betreffen. Für den Erregungszustand im präfrontalen Cortex sind vor allem die Neurotransmitter *Dopamin* (Motivation) und *Noradrenalin* (Stressaktivierung) verantwortlich, während unsere Körperreaktionen vor allem durch die Stresshormone *Adrenalin* und *Cortisol* gesteuert werden. Diese Stoffe versetzen uns in erhöhte Aufmerksamkeit. Wird der präfrontale Cortex jedoch mit Dopamin und Noradrenalin überschüttet, dann steht unser Schaltzentrum selbst unter Stress. Wir haben das Gefühl, nicht mehr klar denken zu können – und was dann manchmal passiert, kennen wir leider nur zu gut.

Bei extremem Stress und Angst bleibt meist keine Zeit für klares Denken oder bewusste kreative Lösungsstrategien. Hier wird vor allem die *Amygdala*, auch Mandelkern genannt, aktiviert, die nahe dem vorderen Teil des Hippocampus liegt und zu unserem Emotionszentrum gehört. Unser Gehirn versucht ein möglichst passendes, routiniertes Muster zu finden, um die Situation zu meistern. Wenn der Säbelzahntiger unvermittelt aus dem Gebüsch springt, muss es eben schnell gehen.

Doch zum Glück wird Stress normalerweise auch wieder abgebaut, vor allem durch Bewegung, was in Urzeiten durch Flucht oder Kampf erfolgte. Da wir uns heute aber in stressigen Situationen nur noch selten viel bewegen, werden diese Hormone im Körper nicht mehr so schnell neutralisiert. Daher signalisiert unser Gehirn weiterhin einen erhöhten Energiebedarf, und um Energie zu sparen, sinkt unsere Leistung, wir werden müde, unsere Konzentration wird schlechter oder wir sind gereizt.

Wenn der akute Stress vorbei ist, normalisiert sich der Adrenalinwert innerhalb einer halben Stunde. Das Cortisol braucht dagegen ein bis zwei Stunden, bis die Normalwerte wieder erreicht sind. Eine Studie der Universität zu Lübeck zeigt, dass auch gehaltvolles Essen beruhigend wirken kann: Stressanzeichen bei Testpersonen, die an einem üppigen Buffet zugreifen konnten, verschwanden rasch. Bei der Kontrollgruppe, die ihren Hunger an einem kalorienarmen Buffet stillte, bestand dagegen auch noch nach mehr als anderthalb Stunden ein Energiemangel in Form von Müdigkeit und Erschöpfung.[49] Übrigens kann auch Musik Stresssymptome lindern, weil wir uns beim Zuhören entspannen.

Die Kontrolle zurückgewinnen

Wenn Stress vor allem auch eine subjektive Empfindung ist, wie kann ich dann eine stressige Situation in eine positivere umdeuten? Einen Hinweis darauf gibt ein Experiment mit Ratten, das schon vor vielen Jahren durchgeführt wurde.[50] Dabei saß Ratte 1 in einem Käfig, über dessen Drahtfußboden sie schmerzverursachenden Stromschlägen ausgesetzt werden konnte. Vor Auslösung der Elektroschocks wurde sie jedoch durch ein Lichtsignal gewarnt und hatte so die Möglichkeit, durch das Betätigen eines Hebels die Elektroschocks zu verhindern. Allerdings war das Experiment so angelegt, dass dies der Ratte nicht immer gelingen konnte. Die arme Ratte 2 saß in einem Käfig in einem Nebenraum und erhielt genau die gleiche Anzahl an Stromstößen über den Fußboden. Ratte 2 stand allerdings kein Hebel zur Verfügung und war somit den Stromstößen ausgeliefert.

Was glauben Sie, welche Ratte hatte mehr Stress? Ratte 1, die permanent aktiv war und sich um den Hebel kümmern musste, oder Ratte 2, die keine Möglichkeit hatte, einzugreifen? Es zeigte sich, dass Ratte 1 tatsächlich am längeren Hebel saß. Bei ihr traten keine stressbedingten Erkrankungen auf. Ganz anders erging es der armen Ratte 2. Bei ihr wurden Krankheiten wie Bluthochdruck oder Magengeschwüre diagnostiziert.

Das gilt auch für uns! Akuter und chronischer Stress treten vor allem dann auf, wenn wir das Gefühl haben, nichts unternehmen zu können oder die Kontrolle verloren zu haben. Deshalb geht es beim Umgang mit Stress darum, wieder das Steuer zu übernehmen. Selbst wenn wir nur das Gefühl haben, selbstbestimmt zu arbeiten, fühlen wir uns bereits viel besser.

Der Stress ist da! Und nun?

Ob wir eine Anspannung als Eustress oder Disstress empfinden, hängt auch von unserer jeweiligen Stimmung ab. Wir reagieren auf Ereignisse nicht an allen Tagen in der gleichen Weise. An einem ruhigeren Tag sind wir ganz entspannt und gern bereit, einem Kollegen bei der Lösung seines Problems zu helfen. Wenn wir aber ein wichtiges Projekt fertigstellen müssen, bringt uns vielleicht schon die Frage des Kollegen auf die Palme. Unser Stressempfinden ist, wie gesagt, sehr subjektiv. Doch damit haben wir es auch selbst in der Hand, rechtzeitig eine stressige Situation zu erkennen und in solchen Momenten angemessen zu reagieren.

Wenn Sie tatsächlich unter Druck geraten, ist es wichtig, nicht dem erstbesten Impuls nachzugeben. Er könnte uns nämlich dazu verleiten, hektisch und unüberlegt zu handeln, da unser Körper in solchen Situationen nicht auf kognitive Höchstleistungen ausgerichtet ist. Deshalb ist es wichtig, sich etwas Zeit zu lassen, um diesem kleinen Stressteufelskreis zu entkommen. Wenn wir uns kurz besinnen, in den Jetzt-Modus schalten und ruhig atmen, dann normalisiert sich die Zeitwahrnehmung, sodass die Zeit nicht mehr dahinzurasen scheint, der Hormonspiegel sinkt, und die Gehirnzellen feuern wieder im normalen Tempo. Und schon sind wir viel eher in der Lage, angemessen zu reagieren, wie wir schon im Kapitel über die Achtsamkeit gesehen haben.

Bis zu einem gewissen Punkt können wir eine Situation auch selbst umdeuten und eine als stressig eingestufte Situation nicht mehr so negativ empfinden. Haben Sie morgens den Bus verpasst, ärgern Sie sich nicht, sondern nutzen Sie die Wartezeit, um sich auf das anstehende Meeting vorzubereiten. Wir alle wollen schwerwiegende Fehler vermeiden. Aber das geht nur, wenn unser Aufgabenpensum tatsächlich umsetzbar ist und wir nicht strukturell überfordert sind. Deshalb ist es auch so wichtig, manchmal Nein zu sagen und neue Aufgaben oder auch tolle Angebote abzulehnen, wenn keine Kapazitäten mehr frei sind.

Hierbei hilft uns ein realistischer Blick auf unsere Fähigkeiten. Je besser wir in der Lage sind, unsere eigene Leistung zu beurteilen, desto leichter können wir auch in Stresssituationen wieder die Oberhand gewinnen. In der Psychologie spricht man in diesem Zusammenhang von der *Selbstwirksamkeit*. Bei *Eustress* empfinden wir sie größer als die anstehende Aufgabe. Bei *Disstress* schätzen wir sie kleiner ein. Und erinnern Sie sich an die berühmt-berüchtigte *self-fulfilling prophecy*? Wer meint, etwas nicht zu können, wird wahrscheinlich auch Recht behalten.

Manchmal helfen aber auch schon ganz kleine Tipps. Wenn Sie das nächste Mal aus irgendeinem Grund in Stress geraten, da Ihnen keine spontane Lösung einfällt, um aus einer Sackgasse zu kommen, dann verlieren Sie keine Zeit. Stehen Sie auf. Verlassen Sie kurz Ihren Platz, um auch körperlich Distanz zum Ort des Problems zu gewinnen. Gehen Sie ein paar Schritte oder holen Sie sich einen Kaffee. Das findet Ihr Gehirn in jedem Fall gut! Auch heute noch bauen sich durch Bewegung ein paar Stresshormone in unserem Körper ab, und Sie haben ein bisschen Zeit, sich zu regenerieren.

Ups, ein größerer Fehler – was nun?

Für unseren beruflichen Erfolg ist unsere Leistung, also die Qualität unserer Arbeit, angeblich nur zu etwa zehn Prozent verantwortlich. Als wichtigere Merkmale werden die persönliche Ausstrahlung und der Bekanntheitsgrad im Unternehmen, also bei den Vorgesetzten, eingestuft. Das sagt zumindest eine seit Ende der 1990er Jahre in der Literatur immer wieder erwähnte IBM-Studie. Der Medienwissenschaftler Karl Nessmann von der Universität Klagenfurth hat unter Headhuntern eine Umfrage durchgeführt, und tatsächlich werben diese nur Personen an, »die für bestimmte Qualifikationen bekannt sind und die in der jeweiligen Branche ein gutes Image haben«.[51] Jammern wir also nicht über Fehler, ganz im Gegenteil! Stehen wir zu ihnen! Das strahlt Gelassenheit und Souveränität aus und wird meistens als Stärke wahrgenommen.

Sie reduzieren ebenfalls Ihren Stress, wenn Sie mit Fehlern entspannter umgehen. Wir sind Menschen und machen alle Fehler. Schon der Philosoph Karl Popper sagte, Fehler zu machen sei die allerbeste Art des Lernens.[52] Durch sie bleibt Ihr Gehirn aktiv, da sich viele neue Verknüpfungen bilden, sodass Sie in Zukunft den gleichen Fehler vermeiden werden. So sah das auch Thomas J.

Watson, ehemaliger Chef von IBM, nachdem ein Mitarbeiter durch einen Fehler dem Unternehmen Kosten in Höhe von 600 000 US-Dollar verursacht hatte. Auf die Frage, ob er diese Person feuern sollte, antwortete Watson, warum eine Person feuern, in deren Ausbildung er doch gerade 600 000 US-Dollar investiert hätte.[53] Bleibt zu hoffen, dass es viele solcher Chefs gibt.

Selbst ein Misserfolg kann der Anfang von etwas Großem sein. Schon viele Menschen sind zunächst an etwas gescheitert und dennoch oder gerade deshalb erfolgreich geworden. Der Professor einer renommierten Universität traf zum Beispiel Jahre später einen Studenten wieder, der sich auf einen Masterstudiengang beworben hatte. Da er keine Antwort bekam, hatte er eine IT-Firma gegründet und hatte damit sehr großen Erfolg. Heute ist er glücklich und auch noch reicher als je zuvor.[54] Ein erfolgreicher Sportsegler erzählte mir, dass vor allem diejenigen Sportler erfolgreich werden, die in ihrer Jugendzeit eben nicht zu den Siegern bei Wettbewerben gehört hätten. Wer zu früh vom Erfolg verwöhnt wird, verliere die Motivation, weiter hart an sich zu arbeiten. Das ist ganz sicher nicht nur beim Segeln der Fall.

So kann ein Scheitern sogar der konkrete Auslöser sein, etwas zu ändern und die eigene Situation zu verbessern. Denn erst wenn größere Hürden auftreten, sind wir geneigt, unsere Situation grundsätzlich zu überdenken oder etwas zu ändern. Falls Ihnen also ein Fehler unterläuft, betrachten Sie Ihre Erfahrungen auch als Chance.

Akuter Stress kann gut sein, chronischer Stress nie

Um wiederkehrende Stresssituationen zu vermeiden, ist es wichtig, die Ursachen zu erkennen, die dazu führen, dass man besonders in Hektik gerät. Überprüfen Sie Ihren Tagesablauf, um herauszufinden, wie Sie Ihren Stress minimieren können. Hasten Sie bereits morgens aus dem Haus? Um diesen unnötigen Stress in der Früh zu vermeiden, erledigen Sie so viel wie möglich schon am Abend zuvor, selbst banale Dinge, wie den Frühstückstisch zu decken oder die Unterlagen zusammenzupacken, falls Sie welche aus dem Büro mit nach Hause genommen hatten. Überlegen Sie auch kurz, was Sie am nächsten Morgen anziehen, ob es ein Allerweltstag ist oder ob Sie ein auswärtiges Meeting haben.

Nutzen Sie den Weg zur Arbeit zur Entspannung. Denken Sie über schöne Dinge nach: über Ihren nächsten Ausflug am Wochenende, Ihren Urlaub, den kommenden Theaterbesuch. Oder hören Sie Musik oder einen interessanten Podcast. Sie können auch kleine Achtsamkeitsübungen machen. Versuchen Sie, jeden Tag etwas Neues zu entdecken. Selbst wenn Sie mit dem Auto fahren, werden Sie sicher immer mal an einer Ampel halten: Beobachten Sie kurz die Wolkenformation am Himmel, staunen Sie über eine unbekannte Hunderasse oder die schlecht gelaunten Fußgänger.

Oder können Sie nach einem stressigen Arbeitstag nicht abschalten? Vielleicht hilft es Ihnen, Ihren Arbeitstag bewusst abzuschließen, bevor Sie Feierabend machen: Räumen Sie Ihren Schreibtisch und Ihr E-Mail-Postfach auf. Machen Sie sich bewusst, was Sie alles erledigt haben. Denken Sie aber auch kurz über den nächsten Tag nach, und notieren Sie die wichtigen Aufgaben, die Sie erledigen wollen. Bereiten Sie auch hier so weit wie möglich alles vor. Doch dann lassen Sie Ihre Gedanken und eventuellen Probleme an Ihrem Arbeitsplatz, besonders am Wochenende.

Vielleicht können Sie besser abschalten, wenn Sie zu Hause ein kleines Ritual zelebrieren. Hören Sie zum Beispiel ein bestimmtes Lied. Bestimmt fallen Ihnen auch andere Ideen ein! Nutzen Sie in jedem Fall die Zeit vor und nach der Arbeit für etwas Schönes. Und das bewusst!

Das Kapitel auf einen Blick

- Stress gehört zum Leben dazu, und wir benötigen ihn grundsätzlich, um uns zu aktivieren, in Alarmbereitschaft zu versetzen und so Gefahren zu entgehen.
- Ein gewisses Maß an Stress stärkt unsere Leistungsfähigkeit.
- Wie wir eine herausfordernde Situation wahrnehmen, als Eustress oder Disstress, beruht zu einem hohen Grad auf unserer subjektiven Bewertung.
- Wir empfinden weniger Stress, wenn wir das Gefühl haben, die Kontrolle über eine Situation zu besitzen.
- Fehler sind effektive Möglichkeiten, um zu lernen und besser zu werden.

So werden Sie genialer

- Versuchen Sie, ein Ritual zu finden, das den Job klar von Ihrem Feierabend und vor allem dem Wochenende abgrenzt.
- Wann immer Sie wieder gestresst sind: Geteilter Stress ist halber Stress. Also reden Sie darüber!
- Sagen Sie öfter Nein!
- Nehmen Sie Ihre Erfolge wahr, nicht nur das, was schief gegangen ist.
- Lernen Sie, mit dem, was Sie erreichen, zufrieden zu sein, auch wenn es von außen keine Anerkennung gibt. Loben Sie sich also auch einfach mal selbst, und erkennen Sie Ihre Leistungen an.

Kapitel 7

Wer zu spät kommt, den bestraft das Hirn? Zeitmanagement

»Life is what happens to you while you are busy making other plans.«
John Lennon

Brauche ich Zeitmanagement überhaupt?

Die Zeit rinnt weiter dahin, nein, sie rennt, und ich komme nicht so schnell voran, wie ich es mir erhofft hatte. Ich hatte mir es so gewünscht. Auch zu Weihnachten. Hat aber alles nichts genutzt. In den letzten Wochen habe ich zwar viel, zu viel gearbeitet, doch nicht an meinem Buch. An Weihnachten hatte ich endlich mal eine Pause gemacht. Doch anschließend geriet alles wieder ins Stocken. Und je mehr ich mir vornahm, desto weniger hatte ich das Gefühl, etwas zu schaffen. Dann rief mich in der ersten Woche des neuen Jahres eine Freundin an und fragte mich nach meinen morgigen Plänen. Mir fiel auf, ich hatte keinen konkreten Plan – außer Schreiben.

Aber reicht das als Plan? Ich hatte ehrlich gesagt seit langem keine richtigen Pläne gemacht, wahrscheinlich ist das mein Problem. Ab und zu habe ich schon das Gefühl, nicht effektiv genug zu sein und den Überblick zu verlieren, wenn ich alles, was ich mir vornehme, nur in meinem Kopf habe. Bisher ist es mir zwar immer gelungen, alle Termine rechtzeitig wahrzunehmen und einzuhalten, aber ein wenig knapp wurde es das ein oder andere Mal schon.

Auch To-do-Listen erschienen mir lange ziemlich spießig. Erst als ich bei allen Reisen etwas vergaß, und zwar jedes Mal etwas anderes, fand ich die Idee einer Checkliste, die in meinem Handy gespeichert ist und die ich vor der Abreise durchgehe, gar nicht so schlecht. Piloten checken vor jedem Flug ja auch alles anhand einer Checkliste, obwohl sie theoretisch bestimmt auch alles auswendig wissen. Es mag also schon seinen guten Grund haben mit diesen Listen. Also bringen To-do-Listen, die man abhakt, vielleicht doch mehr, als ich dachte?

Wir sind alle anders!

Schon vor der Recherche zu diesem Buch begegneten mir immer wieder die unterschiedlichsten Techniken zum Thema Zeitmanagement, aber ständig sagte eine innere Stimme, dass es einfach nicht zu mir passen würde, meinen Tag genau vorauszuplanen. Und es stimmt auch irgendwie! Ich will mich nicht verplanen. Ich möchte die Freiheit haben, auch spontan entscheiden zu können.

Die Befürworter des Planens sagen, gerade wenn wir planen und Kontrolle über unsere Aufgaben haben und uns an einen flexiblen Plan halten, gewinnen wir genau die Freiheit, von der wir fürchten, sie durch zu viel Zeitmanagement zu verlieren. Habe ich mit einem flexiblen Plan vielleicht doch mehr Freiheit als ohne? Die gute Nachricht ist, man kann Planung und Freiheit tatsächlich verbinden. Es dauert nur ein wenig, bis sich unser Gehirn an neue Konzepte gewöhnt hat.

Vor allem müssen wir uns klarmachen, dass wir alle ganz unterschiedlich sind und daher auch unterschiedliche Zeitmanagement-Tools benötigen. Es gibt Logiker, Ordnungsliebende, Chaoten und natürlich Aufschieber. Für die einen muss alles ganz genau geordnet und geplant sein, andere benötigen mehr Freiraum. Es scheint auch eine Spezies zu geben, die alles immer perfekt geregelt bekommt und sich trotzdem noch weiter optimieren will: alles immer noch schneller, noch besser, noch effizienter machen, um noch mehr zu schaffen. Diese Menschen brauchen und lieben anscheinend den Stress. Aber auch hier gilt es, achtsam zu sein und mögliche Warnsignale des Körpers nicht zu ignorieren. Dann sind da auch noch die fleißigen Bienchen, die alles immer schnell und zügig erledigen, aber nicht nach noch mehr Effizienz, sondern eher nach Entschleunigung suchen. Und es gibt die scheinbar Fauleren, bei denen das Arbeiten eher etwas chaotisch abläuft und die weniger mit To-do-Listen arbeiten, sondern mit Intuition und frei in ihrer Planung sein wollen. Dazu zähle ich. Bis jetzt: eine Art Faultier. Sie sind bestimmt noch mal ein ganz eigener Typ!

Das Schöne ist, Sie finden heraus, ob Sie auf dem richtigen Weg sind, wenn Sie sich mit Ihrer Planung wohlfühlen, keine Termine vergessen und Ihre Arbeit entspannt und rechtzeitig abliefern. Selbst für Chaoten wie mich könnte es mal eine schöne Abwechslung sein, einen Abgabetermin ohne Stress rechtzeitig einzuhalten. Aber ich benötige einfach auch einen gewissen Druck, um sehr gute Arbeit abzuliefern. Wieso kann ich mir den nicht vorher selbst erzeugen, bevor mich letztendlich nur der Zeitdruck zu Höchstleistungen beflügelt?

Es gibt ein paar grundlegende Tipps, die jedem Gehirn helfen können, die Übersicht über die unterschiedlichsten Aufgabenfelder zu behalten. Wenn bei Ihrer Planung eher die logische linke Gehirnhälfte dominant ist, sollten Sie diese Eigenschaft selbstverständlich auch einsetzen. Vielleicht gibt es Ihnen aber auch ein bisschen größere Freiheit, wenn Sie in Ihrer Planung etwas mehr Luft für Unvorhergesehenes lassen. Bei eher kreativ veranlagten Zeitplanern ist es wichtig, sich immer ausreichend Raum zu lassen, um spontane Einfälle ausarbeiten zu können.

Wenn wir etwas an unserem Selbst- und Zeitmanagement verändern wollen, ist es zunächst wichtig, wieder mal unsere Denkmuster und Gewohnheiten zu erkennen und diese zumindest zu hinterfragen oder zu verbessern. Vor allem müssen wir uns klarmachen, dass es darum geht, die *wichtigen* Aufgaben zu erledigen, anstatt Aufgaben *richtig* zu erledigen, sodass wir in Zukunft die wichtigen Aufgaben richtig erledigen. Ziel eines guten Zeitmanagements ist jedoch nicht, sich vom Chef noch mehr Arbeit aufhalsen zu lassen, sondern seine Aufgabenbereiche entspannt, ohne negativen Stress und somit vielleicht sogar mit noch mehr Begeisterung zu bearbeiten.

Zeit, mein Gehirn und ich

Die physikalisch gemessene Zeit steht in keinem direkten Zusammenhang damit, wie wir Zeit empfinden. Bekanntermaßen vergeht Zeit nicht immer gleichmäßig. Manchmal scheint sie fast stehenzubleiben, dann wieder droht sie davonzulaufen, je nachdem wie uns eine Aufgabe beschäftigt. Wenn ich zum Beispiel während eines Interviews bei einer Fernsehaufzeichnung nach etwas gefragt werde, kommt mir die Zeit, bis ich antworte wie die reinste Ewigkeit vor und ich denke mir: »Oh nein, wie peinlich, Christiane, sag jetzt endlich was, verdammt noch mal.« Sehe ich mir die Aufzeichnung dann im Nachhinein an, plappere ich direkt drauf los, während mir der Augenblick in meinem Kopf schier endlos erschien. Aber wie nimmt unser Gehirn Zeit wahr, und wie entwickelt man ein gutes Zeitgefühl?

Der Physiker und Philosoph Stefan Klein beschreibt das Gefühl, unsere innere Zeit zu erleben, als »eine höchst komplizierte Leistung des Hirns«.[55] Denn so, wie unser Gehirn täglich den individuellen, vor uns ablaufenden Film konstruiert, erschafft es auch mit Beteiligung der Körperfunktionen, vor allem des Herzschlags, unser subjektives Zeitempfinden.[56] Es entsteht allein durch die Wahrnehmung von Ereignissen, also von Bewegung und Veränderung. Je aufmerksamer wir leben, desto schneller vergeht daher für uns die Zeit. Und durch die bewusste Wahrnehmung bleibt das Erlebte auch eindrucksvoller in unserer Erinnerung. Eigentlich ein ganz guter Deal!

Gegenüber früheren Generationen leben wir heute in einem Überfluss an freier Zeit. In den letzten hundert Jahren hat sich die wöchentliche Arbeitszeit enorm verkürzt. Uns stehen heute zeitsparende Haushaltsgeräte zur Verfügung, wir brauchen nicht mehr 80 Tage für eine Weltreise, und trotzdem hat fast jeder täglich das Gefühl, dass er keine Zeit habe. Dieses Phänomen wird auch als »Erlebnisverdichtung« bezeichnet.[57] Im Gegensatz zu früher erleben wir heute an einem einzigen Tag viel mehr. Und nicht nur unsere berufliche Tätigkeit ist meist abwechslungsreicher gegenüber früheren Generationen, sondern auch im Freizeitbereich steht uns eine riesige Palette an Möglichkeiten zur Verfügung. Aufgrund dieser Entwicklung fühlen wir uns jedoch manchmal auch gnadenlos überfordert und haben daher den Eindruck, nicht genug Zeit zu haben.

Planen oder nicht planen, das ist hier die Frage

Dass es sinnvoll ist, seinen Tag zu strukturieren, sich Ziele zu setzen und zu erledigende Aufgaben aufzuschreiben, haben mittlerweile etliche Studien bewiesen.

Was in unserem Kopf passiert, wenn wir zu Erledigendes aufschreiben, veranschaulicht folgendes Bild: Stellen Sie sich eine riesige Kommode vor, bei der mit jeder unerledigten Aufgabe eine weitere kleine Schublade aufgeht. Und jede offene Schublade nervt unser Gehirn, weil es weiß, was es noch alles zu erledigen hat. Bei diesem Anblick herrscht einfach Unruhe! Wenn wir aber für jede Aufgabe einen Termin festlegen und am besten auch schriftlich fixieren, dann gehen die Schubladen eine nach der anderen automatisch zu, und es kehrt wieder Harmonie ein. Das Aufschreiben trickst das Hirn also aus!

Praktischerweise unterscheidet unser Gehirn zwischen erledigten und unerledigten Aufgaben. Dieses Phänomen wird auch als Zeigarnik-Effekt bezeichnet, benannt nach seiner Entdeckerin, der russischen Psychologin Bljuma W. Zeigarnik.[58] Unerledigte Aufgaben tauchen im Geiste immer wieder auf und erzeugen somit ein ungutes Gefühl, weil wir im Hinterkopf immer wissen, dass da noch etwas auf uns wartet. Unser Unterbewusstsein fordert uns quasi dazu auf, die Dinge endlich zu erledigen.

Die Visualisierung unerledigter Aufgaben: Gucken wir uns noch einmal unser Aquarium an. Unerledigte Aufgaben sind wie ein drohender Schatten eines sehr unheimlichen Tiefseetieres, das sich ins Aquarium verirrt hat und im Hintergrund unseres Besucherfensters sichtbar ist. Die Fische haben natürlich Angst vor diesem unbekannten Tier, und es entsteht eine ungute Grundstimmung. So-

bald sich aber die Fische das »Monster« näher angucken, es sich gegenseitig beschreiben und auch ihre noch zu erledigenden Aufgaben notieren und einteilen, verlieren sie die Scheu und trauen sich an das Monster heran. Auch das Tiefseetier ist davon ganz beeindruckt und wird handzahm. Nun ist wieder »Happy-Time« im Aquarium.

Beim Zeitmanagement geht es im Privatleben wie im beruflichen Alltag vor allem darum, die wirklich wichtigen Aufgaben zu erkennen und effektive Strukturen für ihre Realisierung zu schaffen. So erhöht sich die Chance, gegebenenfalls erfolgreich und ohne zu hohen Stress improvisieren zu können, also kreativ auf Unvorhergesehenes zu reagieren.

Unserem präfrontalen Cortex steht für unsere kognitiven Leistungen immer nur ein begrenzter Energievorrat zur Verfügung, wie wir im dritten Kapitel gesehen haben. Unsere Energie sollten wir also bewusst für die wichtigen Aufgaben nutzen. Doch wie setzt man sich am besten Ziele?

Wenn Sie kurzfristig etwas erreichen wollen, sollten Sie Ihre Ziele in viele kleine zerlegen. Auch bei langfristigen Projekten ist es sinnvoll, sich realistische, aber auch herausfordernde Wegmarken zu setzen, die Sie am besten wieder in mehrere Zwischenziele untergliedern. Der Autor und Verhaltensökonom Dan Ariely fand in einem Experiment mit seinen Studenten heraus, dass der Kurs, in dem er die Abgabetermine von drei Hausarbeiten fest vorschrieb, und zwar nach vier, acht und zwölf Wochen, die allerbesten Ergebnisse erzielte. Mit guten Noten schnitt auch die Gruppe ab, die ihre Abgabetermine frei wählen konnte, aber Abzüge erhielt, wenn sie sich nicht an die von ihnen festgesetzten Termine hielten. Am schlechtesten schnitten die Studenten ab, die alle drei Arbeiten am Ende des Semesters abgeben konnten.[59] Was schließen wir daraus? Planen und Ziele setzen bringt etwas. Wir benötigen verbindliche Ziele, die am besten von außen festgesetzt werden. Versuchen Sie daher, im Hinblick auf die Realisierung Ihrer Ziele eine Außenperspektive einzunehmen, und legen Sie realistische Termine für einzelne Ziele fest. Sie können auch Ihre Familie und Freunde einspannen, die Sie beim Erreichen Ihrer Ziele unterstützen, indem sie Ihre erreichten Zwischenetappen kontrollieren. Planen ist super, wenn wir genug Flexibilität einbauen!

Gewusst wie! – Planen Sie vor allem Ihre Woche, nicht nur Ihren Tag

Fast noch wichtiger, als den einzelnen Tag zu planen und sich konkrete Ziele zu setzen, ist es, die gesamte Woche im Blick zu haben und sich dabei vor allem nicht zu viel vorzunehmen, es sei denn, Termindruck zwingt Sie ausnahmsweise dazu. Berge von Aufgaben kann man in einer Woche sowieso nicht abarbeiten, das funktioniert nicht. Und zu viele Ziele demotivieren, weil viele von ihnen einfach unrealistisch sind. Es bringt daher auch wenig, nur langfristige Ziele zu haben, weil ihre Umsetzung und damit die Belohnung in zu großer Ferne liegen.

Überlegen Sie sich schon jeden Freitagnachmittag oder spätestens am Montagmorgen, was Sie in der Woche realisieren wollen, und wählen Sie zunächst aus Ihren übergeordneten Aufgaben die aus, die Sie realistisch erreichen können, auch falls Ihnen spontan noch etwas dazwischen kommen sollte. Nicht mehr! Denn uns kommt immer wieder etwas dazwischen. Nicht nur neue Aufgaben. Wir werden krank, der Geburtstag abends bei Freunden wird doch fröhlicher als angenommen oder das Auto springt nicht an. Unvorhergesehenes kann die tägliche Planung ziemlich durcheinander wirbeln und einen schnell frustrieren. Wenn Sie sich hingegen Ziele für die ganze Woche setzen, sind Sie in Ihrer Planung viel flexibler. Behalten Sie aber immer auch die anstehenden Abgabetermine oder Aufgaben des gesamten Monats im Blick.

Das Entscheidende ist, dass wir unsere Zeiteinteilung selbst bestimmen können und alle Termine auf dem Schirm haben. Das öffnet uns auch den Blick für das Wesentliche. Oft fühlen wir uns wie gelähmt, weil wir uns zu viel vornehmen und deshalb aus Angst vor der Arbeitsmenge erstarren. In solchen Momenten hilft es immer, gedanklich einen Schritt zurückzutreten und alles »von oben« zu betrachten. Was ist wirklich wichtig? Oder Sie gehen die

Aufgabe einmal vom Ziel her an. Sie müssen eine Veranstaltung planen? Stellen Sie sich diesen Tag vor und entwickeln Sie Ihren Zeitplan mal rückwärts. Die Aufgabe wird Ihnen so viel leichter erscheinen.

Schaffen Sie sich vor allem Zeiten, in denen Sie ungestört arbeiten können. Haben Sie einen digitalen Kalender, der für alle Kollegen sichtbar ist, dann blocken Sie bestimmte Zeiträume. Bauen Sie auch bei Deadlines Puffer ein, und verschieben Sie wichtige Termine nicht nur in Gedanken, sondern auch im Kalender einfach zwei oder drei Tage nach vorne und markieren Sie diese als vorzeitige Deadline extra mit einer kräftigen Farbe! Ein sehr effektives Mittel, um wirklich rechtzeitig fertig zu sein! Und auch Ihr Gehirn wird sich mit früheren Terminen wohler und entspannter fühlen. Übrigens eine uralte Methode: Meine Großmutter hatte Weihnachten als ein sehr entspanntes Familienfest in Erinnerung, da sie alles so plante, als wäre Weihnachten am 23. Dezember.

Es ist aber auch wichtig, dass wir unsere Ziele ganz klar und eindeutig formulieren. Wenn wir uns nur sagen: »Karte an Mine und Gökhan schreiben«, um uns bei Freunden für eine tolle Party zu bedanken, wir aber noch gar keine schöne Karte besitzen, dann meldet unser Gehirn erstmal keinen Jubeltanz. Wenn wir aber den nächsten konkreten Schritt gleich mitplanen, hat unser Gehirn wesentlich mehr Motivation, die Aufgabe anzugehen. In diesem Fall sollten wir notieren: »Karte für Mine und Gökhan kaufen«, und wir erledigen die Aufgabe viel leichter.[60]

Entscheidend für einen ergebnisreichen Arbeitstag ist es, seine Prioritäten vor Augen zu haben. Ich zum Beispiel habe einen einfachen Klebezettel »fertiges Buch« auf ein Notizbuch geklebt, das jetzt neben meinem Computer liegt. Mein Blick fällt zwangsläufig immer wieder darauf und erinnert mich beim Lesen eines spannenden, aber gerade nicht relevanten Artikels im Internet daran, mich wieder auf das Wesentliche zu konzentrieren. Wenn Sie merken, dass Sie gerade nicht weiterkommen, schieben Sie zwischendurch auch ruhig kurz eine einfachere Tätigkeit ein. Aufgrund der unterschiedlichen Fragestellungen werden andere Regionen im Gehirn beteiligt, und Sie arbeiten daraufhin wieder mit größerer Aufmerksamkeit an den wichtigen Aufgaben.

Wenden Sie für die Priorisierung der Aufgaben lieber ein bisschen zu viel Zeit auf als zu wenig! Gerade wenn man sehr viel zu tun hat, gibt man sich der Täuschung hin, durch Auslassen dieses Schrittes Zeit zu gewinnen. Anspruchsvolle Tätigkeiten sollten wie schon erwähnt in den Zeiten stattfinden, in denen Sie fit sind. Das ist direkt nach dem Mittagessen mit Schnitzel und Kartoffelsalat und der anschließenden roten Grütze eher nicht der Fall. Nutzen Sie Ihre Mittagspause also wirklich auch zur Entspannung. Genießen Sie einen kurzen Spaziergang, führen Sie ein nettes Gespräch mit Kollegen oder Freunden oder schauen Sie den Wolken zu und atmen mal wieder tief durch. Wenn ich so einen Abschnitt in Büchern lese, denke ich immer: Come on, lieber Autor, was für ein banaler Tipp! Tief durchatmen, was soll das denn! Aber in der Hektik des Alltags achte ich selbst kaum auf solche Kleinigkeiten. Unser Gehirn benötigt ab und an tatsächlich diese kleinen Leerlaufphasen. Kurz aus einer stressigen Situation zu entfliehen kann ganze Problemberge in sich zusammenstürzen lassen, wenn Ihr Gehirn in diesem Moment spontan eine Lösung für Ihr Problem hervorzaubert.

Der richtige Zeitpunkt

Manche Aufgaben erledigen wir nicht sofort, sondern schieben sie ein bisschen auf, weil wir schlicht und ergreifend keine Lust haben oder sie uns in dem Moment sehr anstrengend erscheinen. Probieren Sie doch einmal aus, sich eine dieser Aufgaben kurz vor dem Ende Ihrer Arbeitszeit etwas näher anzuschauen. Das heißt nicht, dass Sie sich noch am Abend bewusst Gedanken über Ihren Job machen sollen. Feierabend ist Feierabend! Das sollte zumindest die Regel und nicht die Ausnahme sein. Aber Ihr Unterbewusstsein hat während des Abends und der Nacht schon mal Zeit, Ihre Gedanken zu sortieren, und am nächsten Morgen fällt Ihnen die Bearbeitung der Aufgaben bestimmt viel leichter.

Manchmal hilft der Trick auch während des Tages. Sie müssen nun nicht im Büro ein Mittagsschläfchen halten, was übrigens gar nicht so verkehrt wäre. Auch tagsüber geht es nur darum, sich schon mal kurz mit einer komplizierten oder unangenehmen Aufgabe auseinanderzusetzen. Beschäftigen Sie sich anschließend wieder mit anderen Tätigkeiten, um sich zu einem späteren Zeitpunkt nochmals dem ungeliebten Problem zu widmen. Vielleicht verspüren Sie zwischendurch auch spontan den Impuls, diese aufgeschobene Aufgabe zu Ende zu bringen, weil Sie eine Lösung im Kopf haben. Der richtige Zeitpunkt für die Bearbeitung einer Aufgabe kann entscheidend sein: Denn richtig gute Arbeit liefern wir vor allem dann ab, wenn sie uns interessiert, wir das Gefühl haben, erfolgreich zu sein, und die Aufgabe nicht als Arbeit empfinden, sondern sie uns Spaß macht.

Zeitmanagementmethoden auf dem Prüfstand

Gehören Sie eher zu denen, die sich nicht entschließen können, welche Aufgaben zuerst zu erledigen sind? Halten Sie wenig von Zeitmanagement und suchen nach einer schnellen Lösung? Antworten darauf sollen uns die verschiedenen Zeitmanagementstrategien liefern. Wie gesagt, ich war selbst von den vielen Techniken erst mal abgeschreckt. Aus den zahlreichen Strategien, Prinzipien und Methoden habe ich fünf nicht sehr aufwändige Methoden ausprobiert und getestet, ob sie mein Gehirn unterstützen können. Entscheiden Sie, was Ihnen hilft, Ihren Arbeitstag effizienter zu strukturieren, indem Sie ein Auge darauf werfen, was bei Ihnen funktioniert und was nicht.

Im Test: Pomodoro-Technik

Das ist meine absolut liebste Zeitmanagementtechnik,[61] um konzentriertes Arbeiten zu trainieren und sich nicht dauernd durch E-Mails, Handy oder Facebook und Co. ablenken zu lassen. Besonders am Nachmittag, wenn die eigene Motivationskurve schon etwas abflacht, kann sie kleine Wunder vollbringen. Man braucht für diese Technik einfach nur eine Eieruhr oder einen Timer, der heute in fast jedem Handy zu finden ist. Sie ist sofort anwendbar und so simpel, wie eine Tomate (italienisch: *pomodoro*) aus dem Kühlschrank zu holen.

Die Technik besteht darin, dass man sich an seinen Schreibtisch setzt, den Timer auf 25 Minuten stellt und anfängt zu arbeiten. In dieser Zeit gibt es nur eine Regel: Man darf sich nicht ablenken lassen. Nach den 25 Minuten legt man eine fünfminütige Pause ein und kann nach vier Pomodoro-Durchgängen sogar etwa 20 Minuten lang alle Viere von sich strecken oder eben pausieren, wie es einem gerade behagt.

Drei Einheiten finde ich in Ordnung, je nach Stimmung. Vier sind mir, ungeübt wie ich noch bin, doch etwas zu lang. Wenn Sie nach jeder Pomodoro-Phase auch noch kurz aufstehen, wird es Ihnen Ihr Rücken danken. Bei der Original Pomodoro-Technik soll man das Ziel für die kommenden 25 Minuten vor dem Start schriftlich festhalten, um eine größere Verbindlichkeit zu schaffen und damit das Ziel bedeutsamer für unser Gehirn wird. Aber es geht auch ohne.

Diese Technik funktioniert erstaunlich gut. Tatsächlich kann man sich, wie ich bemerkt habe, 25 Minuten lang hervorragend konzentrieren, und anschließend darf das Gehirn immer wieder Pause machen. Manchmal muss die Walnuss da oben einfach genau beaufsichtigt werden!

Im Test: To-do-Liste und Kalender – die Klassiker

Die To-do-Liste, dieser Klassiker zur Planung des Tagesablaufs, ist banal und, wie ich nun eingesehen habe, genial zugleich. Das Prinzip ist ganz einfach: Sie schreiben Ihre zu erledigenden Aufgaben untereinander auf, wie Sie Ihnen gerade einfallen. Anschließend überlegen Sie, welche Aufgaben aus welchen Gründen auch immer am wichtigsten sind und nummerieren die Aufgaben entsprechend durch. Machen Sie sich auch kurz Gedanken, wann Sie welche bearbeiten wollen. Falls neue Aufgaben hinzukommen, fügen Sie diese am Ende ein, nehmen einen Stift in einer anderen Farbe und korrigieren notfalls die Reihenfolge.

Stehen am Abend noch Aufgaben auf Ihrer Liste, werden diese am nächsten Tag entsprechend ihrer Rangfolge auf die neue To-do-Liste übertragen, die neuen Aufgaben folgen und das Spiel beginnt von vorn. Ich denke, soweit ist dies natürlich nichts Neues für Sie. Wenn Sie immer wieder mit ähnlichen Aufgaben zu tun haben, speichern Sie die Listen als Tabelle im Computer. So brauchen Sie nur jeweils hinter die aktuellen Aufgaben ein Kreuzchen zu setzen, wenn sie anstehen, und ein zweites Kreuzchen, wenn sie erledigt sind.

Aber ganz egal, ob Sie die Liste lieber per Hand schreiben, in den Computer oder in eine App wie »Wunderlist«, »Remember the Milk« oder »Evernote« tippen – es macht auf jeden Fall Spaß, eine Aufgabe bewusst als erledigt abzuhaken. Wichtig ist außerdem, dass Sie alle Notizen zu Ihren Aufgaben nur an einer Stelle sammeln. Das heißt: Lose oder bunte selbstklebende Zettel landen alle auf einem Stapel, in einer bunten Mappe oder einem Buch. So, wie Sie das eben gerne machen. Ihre To-do-Listen sollten getrennt von einem Zeitplaner existieren.

In einen Kalender gehören nur die wichtigen Termine und Meetings, bei denen Sie anwesend sein müssen. Ansonsten sollten Sie hier vor allem ungestörte Zeiten eintragen, in denen Sie sich vornehmen, ohne Unterbrechung zu arbeiten. Wichtig ist nur, dass Sie sich für einen einzigen Zeitplaner entscheiden, um Ihre Termine einzutragen! Einer in Papierform und ein digitaler Kalender zusätzlich führen nur dazu, dass Sie am Ende einen Termin vergessen. Und das Allerwichtigste: Rechnen Sie damit, dass jeden Tag irgendetwas Unvorhergesehenes passiert. Planen Sie daher immer großzügige Pufferzeiten ein: bis zu 50 Prozent. Ja richtig! Lieber zu viel als zu wenig. Wenn Sie diese zusätzlichen Zeiten nicht benötigen, umso besser. Aber meist braucht man sowieso doppelt so lange, wie man meint. Und scheuen Sie sich auch nicht, eine Stunde für »Trödeln« einzubauen, denn auch das kommt regelmäßig vor. Sie verquatschen sich mit einem Kollegen oder bleiben an einem spannenden Artikel hängen. Und beides hat wahrscheinlich sogar einen Bezug zu Ihrer Arbeit, auch wenn er nicht immer sofort offensichtlich ist.

Aber auch beim Zeitmanagement gilt es, ein Mittelmaß zu finden. Denn enge Zeitvorgaben an den richtigen Stellen können ebenfalls zu einem produktiveren Arbeiten führen. Zumindest sah das der britische Historiker Cyril Northcote Parkinson so, der in seinem ersten Parkinsonschen Gesetz zu der Erkenntnis gelangte: »Arbeit dehnt sich in genau dem Maß aus, wie Zeit für ihre Erledigung zur Verfügung steht – und nicht in dem Maß, wie komplex sie tatsächlich ist.«[62] Das erlebe ich häufiger beim Aufräumen. An einem freien Wochenende kann das einen halben Tag dauern. Wenn sich Freunde für einen spontanen Besuch anmelden, klappt es auf einmal auch in fünf Minuten. Das Wichtigste ist jedoch, Zeit für Unvorhergesehenes einzubeziehen. Denn nichts ist ärgerlicher und demotivierender, als nicht zu schaffen, was man sich vorgenommen hat.

Im Test: A-L-P-E-N-Methode von Lothar Seiwert

Diese Methode habe ich getestet, da ich zwar mit der Pomodoro-Technik super 25 Minuten in Ruhe arbeiten kann, aber noch nicht den Eindruck hatte, mein Zeitgefühl dadurch deutlich zu verbessern. Bei Lothar Seiwerts A-L-P-E-N-Methode[63] legt man wie bei der To-do-Liste am Morgen die Aufgaben (A) und Termine fest und schätzt in einem zweiten Schritt die benötigte Länge (L), also den Zeitaufwand für die anstehenden Tätigkeiten, um sich ein Zeitlimit zu setzen. Und denken Sie daran, großzügige Pufferzeiten (P) einzuplanen!

Das E in A-L-P-E-N steht für Entscheidungen. Zum Priorisieren können Sie zum Beispiel die ABC-Analyse anwenden. Hierbei werden die wichtigsten Aufgaben mit einem A gekennzeichnet und die unwichtigsten mit C. Der Rest, Sie schlauer Fuchs werden es ahnen, fällt unter B. In dieser Phase entscheiden Sie auch, ob Sie Aufgaben delegieren können. Zuletzt folgt selbstverständlich eine Nachkontrolle (N), bei der Sie die Ergebnisse des Tages nochmals betrachten, um so Ihre Erfahrungen in Zukunft nutzen zu können. Haben Sie die Zeiten einhalten können? Waren die Pausen zu kurz? Die Nachkontrolle ist das Besondere dieser Technik.

Wenn man diese Technik regelmäßig anwendet, stärkt man in der Tat sein Zeitgefühl und kann Situationen besser einschätzen. Sie können diese Übung ja einmal eine Woche lang testen. Allein in dieser kurzen Zeit kann man schon alte Muster erkennen und beginnen, diese vielleicht zu verändern.

Im Test: Eisenhower-Prinzip für schnelles Priorisieren

Diese Technik verdankt ihren Namen dem Alliierten-General und US-Präsidenten Dwight D. Eisenhower, der diese Methode lehrte und selbst anwendete. Ursprünglich wurde sie für militärische Zwecke entwickelt. Sie ist vor allem gut geeignet, wenn sich durch unerwartete, kurzfristig zu erledigende Aufgaben ein Stressgefühl ankündigt. Mit dieser Technik gewinnen Sie schnell einen Überblick, und es fällt Ihnen leichter, Prioritäten zu setzen und die wichtigen von den unwichtigen Aufgaben zu unterscheiden.

Das Eisenhower-Prinzip

	dringend	nicht dringend
wichtig	1	2
weniger wichtig	3	4

Alle Aufgaben werden zunächst dem oben dargestellten Schema entsprechend geordnet, wobei *dringend* bedeutet, dass der Vorgang schnellstmöglich oder am selben Tag zu erledigen ist. Als Erstes werden die Aufgaben, die *wichtig* und *dringend* sind, bearbeitet. Die *wichtigen*, aber *nicht dringenden* Aufgaben werden erst dann erledigt, wenn *alle* Aufgaben der Prioritätsstufe 1 bearbeitet sind. Ist dies an dem Tag nicht mehr möglich, erhalten sie einen Termin für ihre Bearbeitung. Das ist so wichtig, da Aufgaben dieser Stufe meist viel Zeit beanspruchen und sie daher gerne aufgeschoben werden. *Weniger Wichtiges und Dringendes* wird zum Schluss eines Tages in Angriff genommen, und was dann noch übrig bleibt, wird erst mal gar nicht erledigt. Denn warum sollte man sich mit nicht dringenden und nicht wichtigen Aufgaben herumschlagen?

Wenn viele Aufgaben gleichzeitig anstehen, schreiben Sie eine Liste und markieren die Aufgaben unterschiedlicher Prioritäten einfach nur farbig, um schnell einen Überblick zu gewinnen. Wenn Sie den Stressfaktor noch reduzieren wollen, greifen Sie bei Kategorie 1 nicht zu Signalfarben wie Rot oder Pink, sondern zu Grün: Die Farbe der Hoffnung stimmt Sie gleich viel positiver.

Im Test: Aufschieben mit Plan nach John Perry

Während meiner Musical-Ausbildung in Hamburg reiste ich zu Dreharbeiten für *Wie werd' ich …?* durch ganz Deutschland, hielt Vorträge und musste mich nebenbei noch um alles Mögliche kümmern. Ich merkte, dass mir mein bisheriges Zeitmanagement, das eigentlich gar keines war, nicht mehr ausreichte. Ich machte mich also auf in eine Buchhandlung, um mich mit dem Thema Zeitmanagement zu befassen. Erschlagen von der Fülle an Büchern, kaufte ich nur ein klitzekleines Buch des Philosophen John Perry. Es hieß *Einfach liegen lassen! Das kleine Buch vom effektiven Arbeiten durch gezieltes Nichtstun.*[64] Leider hatte ich keine Zeit, es zu lesen.

Während ich an diesem Kapitel zum Zeitmanagement arbeitete, fiel mir dieses Büchlein wieder ein, und ich freute mich darauf, es zu lesen, anstatt an diesem Kapitel weiter zu schreiben. Und siehe da, er schildert genau dieses Phänomen des Aufschiebens, dass nämlich die meisten Fauleren dazu neigen, alles Mögliche aufzuschieben, und trotzdem eine ganze Menge geregelt bekommen. Sie beschäftigen sich genau mit den Dingen, die auf einer realen oder nur im Kopf existierenden To-do-Liste nicht ganz oben stehen und die man erledigt, um den ganz wichtigen und anstrengenden Aufgaben möglichst aus dem Weg zu gehen. Also genau das, was ich in gewisser Weise gerade machte: Tatsächlich, seitdem ich an diesem Buch schreibe, sind meine Fensterscheiben so blank geputzt wie noch nie, es hängen endlich die fünf Bilder an der Wand, die ich schon seit einem halben Jahr aufhängen wollte, und manches andere ist auch erledigt. Wir sind eigentlich ziemlich produktiv, wenn wir uns vor einer wichtigen Aufgabe drücken und trotzdem unser schlechtes Gewissen beruhigen wollen.

John Perry schlägt vor, diese Angewohnheit als Strategie zu nutzen, indem wir Aufgaben, die nicht ganz so wichtig sind, aufblähen und uns vielleicht sogar eine künstliche Deadline setzen, um andere Aufgaben dadurch tatsächlich zu erledigen. Allein »Russisch lernen« auf Position eins einer To-do-Liste könnte Sie zu einem fleißigen Bienchen machen.

Ich habe es einmal ausprobiert, und an diesem Tag habe ich tatsächlich einen ziemlich großen Teil dieses Kapitels geschrieben. An erster Stelle stand nun bei mir: »Zwei Stunden Joggen gehen« und schon flutschte es mit diesem Kapitel über Zeitmanagement. Das System funktioniert wirklich!

Jetzt muss ich nur noch daran denken, mich weiterhin zu betuppen und Aufgaben so aufzuplustern, dass sie mir viel wichtiger erscheinen, damit ich dieses Buch endlich fertig stelle.

Versuchen Sie, gewisse Muster zu ändern!

Auch beim Zeitmanagement gibt es nicht den einzig wahren Weg. Dafür sind wir einfach zu unterschiedlich, das müssen wir uns immer wieder klarmachen. Ganz egal, welcher Typ Sie sind, verabschieden Sie sich am besten vom eigenen permanenten Perfektionismus. In der Tat schiebe ich viele Projekte auf, da ich insgeheim glaube, dass ich sie nur perfekt bewältigen kann, wenn ich ausreichend Zeit dafür habe und mich ausführlich und intensiv mit ihnen beschäftige. Aber in die Situation mit dieser »ausreichend freien Zeit« komme ich irgendwie nie. Deshalb habe ich wahrscheinlich auch über Jahre kein neues Buch mehr geschrieben. Doch als ich neulich eine Anfrage erhielt, wie man Gedächtnistechniken am besten in einem standardisierten Medizinertest anwenden könnte, schien meine Beschäftigung mit Zeitmanagement schon kleine Früchte zu zeigen. Ganz ungewohnt setzte ich mich am gleichen Tag hin und beantwortete nach intensiven Überlegungen alle Fragen, ohne jedoch die E-Mail abzusenden. Ich wollte meine Antwort am nächsten Tag noch mal kontrollieren, um ja perfekte Tipps zu geben. Das Ganze ist jetzt drei Wochen her: Gerade habe ich mit schlechtem Gewissen die – natürlich – unveränderte E-Mail endlich verschickt. Wenn wir um unseren Perfektionismus wissen, können wir ihm viel leichter aus dem Weg gehen und uns die ganzen Träumereien von perfekten Ergebnissen sparen. Manchmal ist sehr gute oder gute Arbeit ausreichend, wenn sie dafür vom Tisch ist! Seien Sie mal mutig, wenn es nicht drauf ankommt.

Gerade chaotischer veranlagte Wesen haben die Eigenschaft, öfters zu spät zu Terminen zu erscheinen. Egal, ob es sich dabei um ein Meeting, einen Kundentermin oder ein Treffen mit Freunden handelt: Eine Verspätung macht keinen guten Eindruck. Deshalb planen Sie auch hier immer die erforderliche Zeit plus Puffer ein, oder tragen Sie die Termine jeweils zehn Minuten zu früh in den Kalender ein. So ist man ganz automatisch rechtzeitig da und kann sich sogar ein paar Minuten Zeit lassen. Es wird wahrscheinlich nicht sofort klappen, immer pünktlich zu sein. Nehmen Sie sich also ruhig ein paar Wochen Zeit, Ihre alten Muster zu ändern.

Wenn Sie nun denken, es sei reine Zeitverschwendung, mehrere Minuten vor einem Termin am entsprechenden Ort zu sein, dann widerspreche ich Ihnen inzwischen. Denn so haben Sie noch kurz Zeit für eine kleine Pause, einen Kaffee, oder Sie können Ihre Gedanken im Hinblick auf den bevorstehenden Termin ordnen. Sie haben wahrscheinlich sowieso Ihr Smartphone dabei, um E-Mails und Nachrichten zu checken, oder Sie nutzen einfach diesen kleinen Moment, um sich zu entspannen und durchzuatmen. Dabei kommen eh meistens die besten Ideen! Und Ihr Gehirn wird Sie dafür lieben!

Und wie gelingt die Umsetzung? Und für wen und was wollen Sie Ihre Zeit wirklich nutzen?

Wenn Sie mit Ihrer Situation unzufrieden sind und ein paar kleine Angewohnheiten ändern wollen, versuchen Sie es mit verschiedenen Techniken. Aber Sie müssen Geduld haben. Es dauert mehrere Wochen, bis aus einem Vorsatz eine zuverlässige Gewohnheit wird, die im Unterbewusstsein verankert ist. Wenn Sie sich zu den unverbesserlichen Aufschiebern zählen, dann hilft es Ihnen vielleicht, das Buch *Dinge geregelt kriegen – ohne einen Funken Selbstdisziplin* zu lesen.[65] Dann brauchen Sie sich einfach nur von Ihrem schlechten Gewissen zu verabschieden und dürfen so weitermachen wie bisher.

Wenn Sie jedoch in der Tat etwas ändern möchten, ist es eine gute Starthilfe, sooft wie möglich Ihre Ziele und Gedanken aufzuschreiben, um Verbindlichkeit zu schaffen. Nur wenn wir unsere Vorsätze in Worte fassen und aufschreiben, werden sie konkret.

Die Visualisierung des Aufschreibens von Vorsätzen: Wenn wir unsere Vorsätze nur denken, ist es quasi so, als ob wir das Fenster unseres Aquariums fotografieren und ausdrucken, aber nur eine chaotische Momentaufnahme erfassen, bei dem die schillerndsten Fische garantiert nicht zu sehen sind. Wenn wir etwas aufschreiben, müssen wir unsere Fische, also unsere Gedanken, sortieren. Sie müssen sich wie für ein Familienfoto aufstellen, sich vielleicht sogar nach Status ordnen, um Klarheit zu erzeugen. Ohne bewusste Inszenierung bleibt es ein Schnappschuss ohne konkreten Nutzen und keine Handlungsaufforderung an sich selbst. Schreiben Sie Ihre Gedanken also häufiger auf!

Auch mit der besten Technik werden wir nie den Zustand erreichen, in dem alles erledigt ist. Der Zeitschriftenstapel, den wir lesen wollen, wenn wir »endlich mal Zeit« haben, wird sich wahrscheinlich auch künftig nicht so schnell in Luft auflösen. Besonders wichtig ist, dass uns unsere Arbeit zufrieden macht. Wir werden sicher nicht bei allen Aufgaben Spaß haben, aber wir sollten nicht ständig unter Stress stehen. Und wir sollten das Gefühl von Freiraum und die Kontrolle über unsere Zeit zurückerobern, soweit wir das eine oder andere verloren haben, und unsere freie Zeit für das nutzen, was uns wirklich wichtig ist.

Sie können auch ein Ein-Satz-Tagebuch führen, um Ihre Fortschritte täglich zu dokumentieren oder Sie schreiben drei Highlights des Tages auf. Fragen Sie sich, was am Tag »gut« war und nicht nur: »Wie war der Tag?«, dann sucht unser Gehirn tatsächlich nach den schönen Erlebnissen. Überlegen Sie auch, ob Sie etwas hätten besser machen können.

Das alles geht viel schneller, als Sie denken. Diese Technik ist so simpel, wie sie klingt! Legen Sie einen kleinen Kalender mit etwas Platz für jeden Tag am besten direkt neben Ihr Bett und schreiben Sie einfach jeden Morgen oder Abend Stichpunkte oder einen Satz auf, mit dem Sie skizzieren, was Sie erreicht haben und als Nächstes erreichen wollen.

Die Krux an dieser Sache ist wieder das Durchhalten. Aber wir haben ja gelernt, wenn etwas zur Routine wird, funktioniert es fast von allein. Und das ohne große Anstrengung! Wie schön! Und wenn Sie finden, dass das Tagebuch eine gute Idee ist, dann besorgen Sie sich noch heute ein kleines Buch oder legen zumindest einen Zeitpunkt für den Kauf fest. Wie man die Motivation aufbringt, sich an die ganzen guten Vorsätze zu halten, werden wir gemeinsam im nächsten Kapitel beleuchten.

Das Kapitel auf einen Blick

- Jeder bringt bereits viele Gewohnheiten mit und strukturiert daher seinen Arbeitsalltag individuell.
- Es ist sinnvoll, sich mit Methoden des Zeitmanagements auseinanderzusetzen, um die zur persönlichen Arbeitsweise passenden Techniken zu finden.
- Ziele erreichen wir leichter, wenn wir sie schriftlich festhalten und in kleine Schritte aufteilen.
- Es ist wichtig, Ziele nicht nur pro Tag, sondern mindestens pro Woche zu planen und zu priorisieren.
- Ein gutes Zeitgefühl, das die Länge von Arbeitsvorgängen richtig einschätzt, hilft beim Festlegen einer realisierbaren Grundstruktur des Tages.

So werden Sie genialer

- Experimentieren Sie mit den vorgestellten Zeitmanagementtechniken.
- Nutzen Sie nur einen einzigen Kalender, in dem Sie alle Ihre Termine notieren.
- Tragen Sie Ihre Freizeitaktivitäten, vor allem Ihre Sporttermine, genauso konsequent wie die geschäftlichen Termine in Ihren Zeitplan ein, und handeln Sie auch danach.
- Gewöhnen Sie sich an, zu Beginn und am Ende einer Aufgabe auf die Uhr zu schauen, zum Beispiel bei dem Beantworten von E-Mails. Mit zunehmender Berufserfahrung können Sie den Zeitaufwand einer Aufgabe sowieso immer besser einschätzen.
- Auch wenn Sie zu denen gehören, die immer gerne mit den schwierigsten Aufgaben anfangen: Überlegen Sie, ob das auch an diesem Tag und bei diesen Aufgaben so sinnvoll ist oder ob Sie nicht lieber mit einer anderen Aufgabe beginnen, die Ihnen momentan mehr Spaß machen würde. Mit Begeisterung gelingt alles besser.
- Schreiben Sie Ihre Ziele und Vorsätze auf.

Kapitel 8

Morgen fang ich an! Motivation und Disziplin

»Ich kann allem widerstehen, nur der Versuchung nicht.«
Oscar Wilde

Warum geht manchmal wenig bis gar nichts?

Es war Freitagmittag. Ich saß im völlig überfüllten ICE nach Berlin. Es roch nach fettigem Essen. Ein etwas kurzatmig wirkender Mann, der kurz vor Abfahrt noch auf den Zug gesprungen war, hatte es an einem Vierertisch schräg gegenüber ausgepackt. Er sah sehr glücklich aus mit seinem Burger und den Pommes, also beschloss ich, den sich verbreitenden Geruch als angenehmen Duft zu definieren und war auch glücklich. Wir haben ja die Bewertung einer Situation selbst in der Hand.

Neben mir in meiner Tasche lagen mein Laptop und meine To-do-Liste. Ich wusste, dass die beiden auf mich warteten. Meine heutige Aufgabe war: »Im Zug die Einleitung zum Kapitel Motivation schreiben.« Ich schaute aus dem Fenster. Die Häuser der letzten Stadt waren verschwunden. Die Landschaft schien in sonderbar dumpfen grünen und blauen Farben an mir vorbeizurasen. Vielleicht waren die Farben auch gar nicht dumpf und nur mein Kopf empfand es so, weil ich am Abend zuvor einen Moscow Mule zu viel getrunken hatte. Das war nicht geplant gewesen, aber ich hatte inzwischen ja auch gelernt, flexibel mit meiner Planung umzugehen. Das Planen an sich klappte super, aber mich auch *jeden Tag* daran zu halten, war noch ausbaufähig. Um mein schlechtes Gewissen zu beruhigen, hatte ich mir fest vorgenommen, auf dieser Fahrt wirklich diese Einleitung fertigzustellen. Wie Sie sehen, hat es mit der Einleitung geklappt! Wenn auch nicht auf dieser Zugfahrt.

An jenem Freitag im ICE driftete ich mit meinen Gedanken von meinem Ziel ab. Der mentale Berg war hoch, und ich fühlte mich wie ein kleines Wandermännchen, das noch nicht einmal vom Parkplatz weggekommen ist, weil es zuerst seinen Proviant aufgegessen hat.

Meine Motivation war in den Keller gerutscht. Wo war meine Begeisterung hin? Dieses Gefühl war mir völlig neu. Ich brauchte einen Schuss Motivation! Ich kramte nach meinem Handy, suchte einen ruhigen Platz und rief meine Freundin an, die auf viele Fragen immer eine Antwort weiß und wunderbar organisiert ist. Warum kann ich nicht einfach sein wie sie? Bitte jetzt. Sofort.

Ich schilderte meine Situation, doch dann knackste es in der Leitung, und ich verstand gerade noch so etwas wie: »Mach einfach!« Dann war Sendepause. Von wegen »Mach einfach«! So einfach war das verdammt nochmal nicht. Wie soll das gehen? Woher soll ich die Motivation plötzlich nehmen? Ich kehrte zurück in den Großraumwagen und setzte mich in meinen Sessel. Es stank immer noch nach dem fettigen Essen. Ich war genervt! Und blieb es.

Was versteht man unter Motivation?

Für den amerikanischen Neurowissenschaftler Eric Kandel ist *Motivation* »ein hypothetischer innerer Zustand, der die Variabilität von Verhaltensreaktionen erklären soll«[66]. Aber diese Beschreibung bringt mich nicht wesentlich weiter, wenn ich mich motivieren möchte. Hierbei hilft vielmehr die einfache Umschreibung, dass Motivation die Bereitschaft ist, sich anzustrengen, um etwas zu erreichen, was man sich sehr wünscht! Und um diese Haltung zu entwickeln, brauchen wir nicht nur ein Ziel, sondern auch ein *Motiv.* Eine Belohnung vor Augen zu haben, ist hierbei entscheidend, damit wir die Energie aufbringen, es zu realisieren.

Motivation kann »intrinsischer« und »extrinsischer« Natur sein. Diese Unterscheidung kennen Sie sicherlich von Ihrer Steuererklärung. Hier ist Ihre Motivation, sie zu erledigen, im Prinzip extrinsisch, da es sich um eine Pflichtaufgabe handelt. Intrinsisch hingegen sind Sie motiviert, wenn es Ihnen Spaß macht oder realistischer: wenn Sie mit einer Rückzahlung rechnen. Mit diesem Ziel vor Augen beeilen Sie sich, die Unterlagen möglichst früh vor dem Abgabetermin einzureichen. Sie sehen: Intrinsische Motivation funktioniert besser!

Das führt mich zu meiner Einstiegsfrage zurück: Wie motiviere ich mich nun? Mein Ziel kenne ich. Ich muss mich also mehr mit meinen Motiven beschäftigen. Aber wie kommen wir eigentlich auf unsere Wünsche und Motive? Wie finden wir sie?

Sie tauchen vor allem in unserem visuellen Gedächtnis auf. Auch Schimpansen, die mit einem Stöckchen im Termitenhaufen stochern, um dann die darauf krabbelnden Insekten genüsslich zu verspeisen, haben bei ihrer Suche ein bildliches Ziel vor Augen.[67] Das geht uns nicht anders! Oft werden unsere Wunschbilder noch durch Emotionen verstärkt. Doch gegenüber Affen haben wir einen unschlagbaren Vorteil, wenn es um das Thema Motivation geht, denn Affen können gerade mal etwa zwanzig Minuten vorausplanen. Wenn man Affen zum Beispiel über einen längeren Zeitraum nur einmal am Tag füttert, schlagen sie sich den Bauch voll, bis sie satt sind, kommen aber nicht auf die Idee, Nahrung für später aufzuheben. Der nicht gegessene Rest wird dann sogar zum Spielzeug, und die Äffchen bewerfen sich damit.[68]

Obwohl wir weiter vorausschauen können, ist auch beim Homo sapiens dieses Verhalten oft noch zu entdecken, vor allem wenn es darum geht, unsere kurzfristigen Wünsche zu befriedigen. Lieber noch den Krimi zu Ende anschauen, als die Küche aufzuräumen. Lieber den Abend auf der Couch mit ein paar Cookies verbringen, als sich ins Fitnessstudio aufzumachen. Beim Thema Motivation geht es nicht nur allein um das, was wir tun, sondern auch um das, was wir sein lassen. Unser Belohnungssystem neigt nämlich dazu, lieber sofort eine Belohnung zu bekommen, als etwas abzuwarten. Selbst wenn der Verstand »nein« zum Cookie sagt, gewinnen meistens doch unsere Belohnungsschaltkreise, die uns sofort mit einem guten Gefühl beglücken können.

Warum machen wir so oft nicht genau das, was wir eigentlich wollen?

Der Begriff *Motivation* stammt vom lateinischen Begriff *movere*, der *bewegen* beziehungsweise *antreiben* bedeutet. Das heißt, wenn wir motiviert sind, kommen wir in die Gänge, ein Motiv treibt uns an. Aber wir können uns gar nicht vorstellen, was alles in unserem Gehirn aktiviert wird, wenn wir zum Beispiel nur einen Kugelschreiber in die Hand nehmen. Allein bei diesem Handgriff leisten die sensorischen und motorischen Systeme unseres Gehirns zusammen mit unseren Motivationssystemen eine Herkulesarbeit. Sollte ein zu hoher Energiebedarf der Grund sein, weshalb es uns so schwer fällt, uns zu etwas zu motivieren? Oder haben wir nur zu wenig Willenskraft und Selbstdisziplin in die Wiege gelegt bekommen?

Viele von uns denken, wenn wir nur wollten, könnten wir vom einen auf den anderen Augenblick alles anders machen, stundenlanges Surfen im Internet oder etwa den Konsum von Süßigkeiten, Kaffee oder Alkohol drastisch reduzieren oder ganz darauf verzichten. Aber können wir das wirklich? Halten wir uns an unsere guten Vorsätze, wenn wir wieder mal mit Freunden gemütlich zusammensitzen und alle anderen ein Glas Wein in der Hand, das Tiramisu vor der Nase oder die Zigarette im Mund haben? Dass wir dann doch wieder schwach werden, liegt auch an der menschlichen Unfähigkeit, sich selbst richtig einschätzen zu können. In dem Moment, in dem wir den Entschluss fassen, uns zu ändern, können wir nämlich rational gar nicht ermessen, wie groß die Versuchung tatsächlich ist, bei der nächsten Gelegenheit wieder unseren Gelüsten nachzugeben. Wenn diese auftauchen, ist der kühle Kopf nicht mehr da, und es ist meist auch nicht genügend Selbstdisziplin vorhanden, um der Versuchung zu widerstehen.[69] Wir können also noch so motiviert sein, ohne Selbstdisziplin und einen starken Willen bringt auch die größte Motivation nichts.

Spielen Sie deshalb schon im Vorfeld öfters verschiedene Situationen bildlich im Kopf durch, wie Sie der Versuchung widerstehen können, um dann in der konkreten Situation entsprechend gewappnet zu sein. Und damit meine ich, Sie sollen sich das nicht einfach nur kurz vorstellen. Malen Sie sich die Szene richtig aus wie in einem Film: Sie weisen den angebotenen Geburtstagskuchen im Büro, vielleicht sogar wie Marlene Dietrich oder Leonardo DiCaprio, lächelnd, aber bestimmt mit einer leicht süffisanten Handbewegung ab. Oder Sie stellen sich vor, der Kuchen sei nur ein eingerahmtes Bild und damit nicht real. So können Sie nämlich Ihre Emotionen gegenüber dem Kuchen ändern. Ein wenig zumindest.

Wie groß unsere individuelle Motivation und der Glaube an uns selbst sind, hängt unter anderem davon ab, welche Erfahrungen wir in unserem Leben gemacht haben. In der Psychologie spricht man vom Attributionsstil.[70] Dies bezeichnet die Art, mit der wir Ereignisse und die Welt um uns herum erklären, und wie wir sie bewerten.

Nehmen wir zum Beispiel an, ich hätte in meiner unmotivierten Situation im Zug Folgendes gedacht: »Ich kann überhaupt nicht schreiben, ich sollte lieber etwas anderes machen, ich werde nicht rechtzeitig fertig, und ich kann an der Situation auch nichts ändern.« In diesem Fall hätte ich *internal* und *stabil* über meine Situation nachgedacht. *Internal,* da ich die Gründe für das eigene Handeln oder für Fehler bei mir selbst suche, und *stabil,* weil ich das Gefühl habe, Situationen grundsätzlich nicht ändern zu können. Sie merken, in diesem Zusammenhang hat der Begriff *stabil* mal keine positive Bedeutung. Bei einer ausgeprägten Form einer solchen Einstellung spricht man auch von *erlernter Hilflosigkeit.*

Wenn wir hingegen oft die Erfahrung gemacht haben, dass wir Situationen positiv verändern können, dann spricht man von einer *externalen* und *instabilen* Attribution. Ich suche die Gründe dann nicht nur bei mir, sondern auch in den Umständen – *external* – und bin der Meinung, dass in jeder neuen Situation alles wieder anders ablaufen könnte – deshalb *instabil.* In diesem Fall also: »Gut, jetzt läuft es gerade nicht so gut, vielleicht gucke ich mal eine Viertelstunde aus dem Fenster, und dann nehme ich einen neuen Anlauf und schreibe weiter. Eigentlich kann ich das ja!« Diese Haltung bringt uns natürlich besser voran, nicht nur, wenn wir uns in einem Motivationstief befinden. Achten Sie einmal darauf, wie Sie selbst diverse Situationen wahrnehmen. Vielleicht können Sie so Ihren Attributionsstil noch optimieren.

Motive erkennen und Anreize schaffen

Wenn wir uns Ziele setzen, geht es darum, Aufgaben zu erledigen. Um uns in Bewegung zu setzen, dieses Ziel auch wirklich zu realisieren, brauchen wir ein Motiv, etwas, das uns motiviert, egal ob intrinsisch oder extrinsisch! Es muss uns anspornen, aktiv zu werden.

Die Psychologie teilt die zahllosen möglichen Motive in drei Kategorien ein, die alle irgendwie in uns stecken, nur unterschiedlich stark ausgeprägt sind. Zum einen gibt es das Leistungsmotiv. Wenn Sie schon als Kind oft gerufen haben: »Wer ist zuerst am großen Baum?«, und wie ein wildgewordenes Pony losgerannt sind, haben Sie wahrscheinlich einen Hang zu diesem Motiv. Leistungsmotivierte Personen vergleichen ihre Ergebnisse gerne mit anderen oder freuen sich, wenn sie ihre eigene Leistung oder die der anderen übertrumpfen. Hierzu gehört auch die Neugierde, immer Neues wissen zu wollen. Leistungsmotivierte Menschen kann man auch daran erkennen, dass sie ihre Laufstrecke und -zeit in sozialen Netzwerken posten oder Spaß daran haben, einen selbst gesetzten Standard zu erreichen. Leider bin ich gerade irgendwie nicht sonderlich leistungsmotiviert. Aber schon als Kind habe ich mir Spiele zum Geburtstag gewünscht, bei denen man nur als Team Erfolg hat.

Die zweite Kategorie ist die Machtmotivation. Hier geht es vor allem um Ansehen und Prestige. Wenn man sich zu dieser Kategorie zählt, stellt man zum Beispiel seine Besitztümer gerne zur Schau, ist aber auch genauso bereit, Verantwortung zu übernehmen, und mag es, die Kontrolle zu haben und Pokale jeglicher Art zu gewinnen. Trophäen zu sammeln mag großartig sein, aber eine richtige Antriebsfeder ist das für mich leider auch nicht.

Bei der letzten Kategorie geht es um Anschluss. Jemand, der hierzu eine besonders große Affinität hat, ist gerne mit Menschen zusammen, arbeitet auch gerne mit ihnen und hilft, wo er kann. Es ist ihm aber auch sehr wichtig, gemocht zu werden und dazuzugehören. Mit einer Anschlussmotivation kann ich mich schon eher identifizieren, aber die bringt mich bei meinem Buch jetzt auch nicht gerade weiter.

Natürlich tragen wir alle drei Grundmotive in uns. Aber überlegen Sie mal, welche der Kategorien besonders auf Sie zutreffen.

Nutzen Sie vor allem deren Merkmale, um sich zu motivieren, zum Beispiel Herausforderung und Erfolg, Macht und Ruhm oder Anerkennung und Kollegialität. Leider ist das nicht ganz einfach, da in unserem Kopf eine Menge unterschiedlicher Emotionen, Bedürfnisse, Anforderungen und auch Beweggründe herumgeistern.

Dennoch ist es natürlich sinnvoll, sich ab und an Gedanken über das zu machen, was uns wirklich Freude bereitet. So finden wir auch heraus, was uns motiviert, was unsere ganz eigenen Motive sind. Wenn wir von außen gesagt bekommen, dass wir den Vorgang auf diese und jene Art bearbeiten sollen oder von Freunden hören, dass es uns doch so gut tun würde, jede Woche Sport zu treiben, dann findet unser Gehirn das zwar ganz hübsch, aber mit diesen nett gemeinten Sprüchen werden leider nicht die Motivationszentren aktiviert, die uns letztendlich zum Handeln bringen. Wir wollen unsere Entscheidungen selbst treffen und sie nicht auferlegt bekommen. »Sie könnten vielleicht …« wirkt positiver auf uns als »Sie müssen …«, selbst wenn es um so schöne Themen geht wie zum Beispiel das Benutzen von Zahnseide. Wir haben manchmal geradezu eine regelrechte Abneigung gegen das, was uns aufgetragen wird. Wir gehen gewöhnlich lieber den *eigenen* Beweggründen nach. Deshalb sind wir auch am ehesten motiviert, wenn wir unsere Motive selbst ergründen und uns fragen, *warum* wir an etwas arbeiten oder uns ändern möchten. Eine wissenschaftlich erprobte Technik, um dies zu tun, ist *Instant Influence*.[71] Ich habe diese Methode einmal für Sie getestet.

Selbsttest: Alles in allem geht es bei dieser Technik um sechs Schritte, die einen in einer Situation weiterbringen können, in der die Motivation auf den Nullpunkt gesunken ist.

Der erste Schritt ist, sich oder eine andere Person zu fragen, *warum* man sein jetziges Verhalten überhaupt ändern soll. Also, meine Antwort auf diese Frage ist: Im Moment möchte ich mich selbst motivieren, um endlich dieses Kapitel über Motivation abzuschließen, damit ich dann bald auch das nächste Kapitel schreiben und schließlich das gesamte Manuskript beim Verlag abgeben kann.

Die zweite Frage lautet: »Wie groß ist Ihre Bereitschaft, sich zu ändern – auf einer Skala von 1 bis 10«? Dabei bedeutet 1 »überhaupt nicht bereit« und 10 »vollkommen bereit«. Spontan gebe ich mir eine 7.

Daraufhin soll ich mich drittens fragen, warum ich keine niedrigere Zahl gewählt habe. Meine Antwort: »Weil ich ja eigentlich schon sehr gerne schreibe.« Übrigens, wenn man eine 1 angibt, muss man sich fragen, was nötig wäre, um aus der 1 zumindest eine 2 werden zu lassen.

Bei Frage vier soll ich mir darüber klar werden, was die positiven Resultate wären, wenn ich mich geändert hätte. Die kenne ich: Das Kapitel wäre fertig und ich wieder entspannter. Diese Situation soll ich mir bildlich vorstellen.

Der fünfte Schritt ist, sich zu fragen, warum einem selbst diese Resultate so wichtig sind: Ich möchte ein Buch schreiben, bei dem der Leser mehr über sein Gehirn erfährt, noch besser mit ihm umgehen kann und in einigen Bereichen tatsächlich genialer wird. Damit sind jetzt Sie gemeint, lieber Leser!

Bei der letzten Frage soll ich mir abschließend überlegen, was als nächster Schritt zu tun ist, um mein Ziel in die Tat umzusetzen. Die Antwort kenne ich: Schreiben! Und los geht's!

Alles in allem sind das sechs sehr gute Schritte, die uns in einer Situation, in der die Motivation auf den Nullpunkt gesunken ist, wirklich weiterbringen können. Und nicht nur das. Diese Fragen helfen auch allgemein bei Vorhaben, die wir in die Tat umsetzen möchten. Als ich im Zug saß, kannte ich die Technik leider noch nicht. Aber jetzt, an meinem Schreibtisch und wieder zu Hause, hat sie mich in der Tat motiviert, fleißig wie ein kleines Bienchen weiterzuarbeiten.

Es gibt noch eine weitere Eigenschaft unserer Psyche, die wir uns zunutze machen können, wenn es um Motivation geht. Es existiert nämlich eine sogenannte *kognitive Dissonanz* in unserem Kopf, wenn wir verschiedene Wahrnehmungen, Gedanken, Einstellungen oder Absichten haben, die nicht miteinander in Einklang zu bringen sind. Diese Theorie stellte bereits 1957 der Sozialpsychologe Leon Festinger auf.[72]

Angenommen, es würde Momente geben, in denen ich keine Lust hätte, an diesem Kapitel zu arbeiten, dann würde ich mir einfach sagen: »Ich möchte dieses Buch gerne fertig schreiben.« Wenn ich einen solchen Satz laut sage, merkt mein Harmonie anstrebendes Gehirn, dass irgendetwas nicht zusammenpasst, und versucht, diesen Konflikt zu lösen, indem es mich zum Beispiel tatsächlich anfangen lässt, an dem Kapitel zu arbeiten. Genauso würde es mir etwas bringen, einer Freundin zu erklären, warum sie jetzt weiter an ihrem aktuellen Projekt arbeiten solle. Denn wenn ich jemandem etwas erkläre, geht auch mir dabei ein Lichtlein auf.

Sie müssen also das, was Sie sich wünschen, mehrmals laut als Wunsch aussprechen oder aufschreiben, dann wird Ihr Gehirn oft von ganz alleine aktiv, da es immer bestrebt ist, dass unsere Aussagen und Handlungen übereinstimmen.[73]

Doch manchmal ist man einfach nicht in der Lage, sich kurzfristig zu motivieren. Versuchen Sie in einem solchen Moment, Ihre Vorstellungskraft zu nutzen, und visualisieren Sie ein Motiv, ein Ziel oder eine konkrete Situation, mit der Sie positive Gefühle verbinden. Packen Sie viele Emotionen in das Bild und malen Sie es in den buntesten Farben aus. Egal, ob Ihre Motivation auf Erfolg, Ruhm oder Anerkennung beruht. Stellen Sie sich zum Beispiel vor, wie sehr Ihre Kollegen Sie beim nächsten Meeting loben, weil Sie eine Aufgabe besonders kreativ gelöst haben. Mit diesen Bildern vor Augen werden Sie wieder mit mehr Begeisterung oder Neugier an Ihre Arbeit gehen. Denn diese Gefühle führen zur Ausschüttung des Neurotransmitters Dopamin, und in der Erwartung eines wahren Glücksrausches ist selbst eine langweilige Aufgabe bald erledigt! Gut, manchmal benötigt man sehr viel Fantasie. Vielleicht liegt es Ihnen aber auch mehr, den Teufel an die Wand zu malen, und Sie sehen sich in der misslichen Lage, dass ein Auftrag platzt, weil Sie eine wichtige Aufgabe nicht rechtzeitig erledigt haben. Übertreiben Sie auch hier! So geraten Sie ein wenig in Stress, und Ihr Adrenalinpegel steigt, was Sie in Bewegung setzen kann. Nutzen Sie diese Technik, wenn Sie einen Motivationsschub brauchen; sie ist ganz einfach, hat aber eine ziemlich große Wirkung.

Auch John Perry hat eine Technik gefunden, um aus einem Motivationstief herauszukommen.[74] Schreiben Sie schon am Abend eine To-do-Liste wie die folgende für den nächsten Tag.

1. Nicht auf die »Schlummer-Taste« drücken!
2. Sich nicht nochmal umdrehen!

3. Sofort aufstehen!
4. Topf mit Wasser für Frühstücksei auf den Herd stellen!
5. Kaffee machen!

So können Sie am nächsten Morgen, noch bevor Sie den ersten Schluck Kaffee zu sich genommen haben, schon fünf Punkte auf Ihrer Liste mit dem Gefühl abstreichen: »Was für eine supergeile erfolgreiche produktive Sau bist du denn eigentlich!« Hört sich total dämlich an, funktioniert aber und ist besonders für den Start in die Woche gut geeignet!

Das klingt doch alles ganz einfach! Jetzt brauchen wir nur noch am Ball zu bleiben, oder?

Was machen unsere Willenskraft und Selbstdisziplin den ganzen Tag?

Im Wünschen sind wir alle Weltmeister, vor allem wenn es um Dinge und Bedürfnisse geht, die die Gegenwart betreffen. Doch wie steht es um die Willenskraft und Selbstdisziplin?

Forschungen haben gezeigt, das unsere Selbstdisziplin und besonders der Wille, nicht nur in Extremsituationen ins Spiel kommen, sondern täglich im Dauereinsatz sind. So wurden Testpersonen mit einem Beeper ausgestattet, der sieben Mal am Tag zu willkürlichen Zeiten piepte. Die Personen mussten jeweils angeben, ob sie in diesem Beep-Moment gerade den Wunsch nach irgendetwas verspürt hatten. Was denken Sie? Bei der Hälfte der Beeper-Besitzer war das tatsächlich der Fall, und ein weiteres Viertel hatte unmittelbar in den vorausgegangenen Minuten einen Wunsch verspürt. Trotzdem gaben die meisten der Befragten an, ihren Wünschen nicht nachgegangen zu sein.[75]

Der Test hat mich neugierig gemacht, deshalb habe ich ihn an einem Tag, den ich in meinem Büro verbrachte, auch ausprobiert. Das Ergebnis fiel fatal aus. Ich erwischte mich an diesem Tag leider nicht dabei, irgendeinem Bedürfnis zu widerstehen, im Gegenteil. Jedes Mal, wenn mein Beeper, der Handywecker, klingelte, holte ich mir gerade einen Kaffee, las einen Zeitungsartikel oder telefonierte mit einer Freundin. Offenbar verbringen wir durchschnittlich allein vier Stunden am Tag damit, Bedürfnissen und Versuchungen zu widerstehen. Gut, ich gehöre anscheinend nicht zum Durchschnitt, aber Einsicht soll ja bekanntlich der erste Schritt zur Besserung sein. Was glauben Sie, wie es bei Ihnen ist? Probieren Sie es doch auch mal aus! Einfach einen Wecker auf eine beliebige Uhrzeit stellen, und das mehrmals am Tag.

Was unsere Selbstdisziplin betrifft, scheint es eine Mischung aus genetischen und erziehungsbedingten Faktoren zu geben, denn tatsächlich verhalten sich schon kleine Kinder ganz unterschiedlich, wenn es um diese Fähigkeit geht. Die gute Nachricht vorweg: Man kann auch seine Selbstdisziplin trainieren! Aber dazu hatten die vier- bis sechsjährigen Teilnehmer am berühmten Marshmallow-Experiment des amerikanischen Psychologen Walter Mischel keine Zeit. Sie wurden direkt ins kalte Wasser geworfen beziehungsweise mit einem Marshmallow konfrontiert. Vielleicht haben Sie schon von dieser Studie gehört. Um herauszufinden, inwieweit schon kleine Kinder in der Lage sind, Selbstdisziplin zu üben und die Befriedigung ihrer Bedürfnisse aufzuschieben, blieben sie allein in einem Raum, zusammen mit einem Marshmallow, das auf einem Tellerchen vor ihnen auf dem Tisch lag. Bevor der Test begann, wurde ihnen gesagt, sie könnten klingeln und das Marshmallow gleich essen oder aber warten, bis jemand wieder in den Raum zurückkommt und ihnen als Belohnung dann sogar ein zweites Marshmallow mitbringt.[76] Einige Kinder waren noch nicht mal allein im Raum, da war die Süßigkeit schon verputzt, andere warteten einen kurzen Moment, bis sie zugriffen. Die Kinder, die geduldig auf das zweite Marshmallow warteten, dachten sich die verschiedensten Ablenkungen aus, um die Zeit zu überbrücken. Sie hielten sich die Augen zu, betrachteten den Raum ganz genau oder inspizierten das Marshmallow aufwändig von allen Seiten und hielten bis zu 15 Minuten durch.

Damit sollte das Experiment eigentlich schon abgeschlossen sein. Doch Walter Mischel erinnerte sich wieder an diesen Versuch, als seine Töchter, die zufällig auf die Schule gingen, an der er das Experiment 1970 durchgeführt hatte, von ihren Mitschülern erzählten. So kam er auf die Idee, die aktuellen Schulleistungen der am Experiment beteiligten Kinder mit den damaligen Ergebnissen zu vergleichen, und es zeigte sich ein frappierender Zusammenhang: Die Kinder, die damals große Selbstdisziplin aufgebracht hatten, um auch das zweite Marshmallow zu erhalten, zeigten viel bessere schulische Leistungen und waren beliebter bei ihren Klassenkameraden. Weitere Untersuchungen belegen den Zusammenhang von Willenskraft und Werdegang eindeutig. Kinder, die über Selbstdisziplin verfügen, leben später gesünder und verdienen tendenziell mehr. Die Ungeduldigen brachen zum Beispiel häufiger ihr Studium ab oder kamen eher mit dem Gesetz in Konflikt. Früh übt sich also, wer später selbstdiszipliniert sein will.

Überlegen Sie es sich also gut, ob Sie bei Ihrem nächsten Einkauf beschwingt die Tüte Marshmallows in Ihren Einkaufswagen werfen, um die Kleinen daheim zu testen. Aber keine Sorge. Walter Mischel selbst sagte in einem Interview: »Zum Leben gehört nicht nur Selbstkontrolle, sondern auch das Wissen, wann es Zeit ist, der Versuchung nachzugeben. Ein Zuviel an Selbstkontrolle bedeutet, ewig auf den zweiten Marshmallow zu warten. Ein Zuviel an Selbstkontrolle ist ein ungelebtes Leben.«[77]

Der erschöpfte Wille

Im Rahmen eines Experiments, das nicht nur einen schönen Namen trägt, sondern auch eindrucksvolle Erkenntnisse zutage brachte, wurde die Willenskraft von Erwachsenen unter die Lupe genommen, nämlich beim sogenannten Radieschen-Test des amerikanischen Sozialpsychologen Roy Baumeister.[78] Alle Testpersonen wurden gebeten, hungrig zum Test zu erscheinen. Empfangen wurden sie in einem nach Plätzchen duftenden Raum, in dem sie drei Schalen vorfanden. Eine war mit Plätzchen gefüllt, die zweite mit Schokolade und die dritte mit Radieschen. In zwei verschiedene Gruppen aufgeteilt, durfte sich die eine Gruppe aus allen Schalen bedienen, während der zweiten nur erlaubt war, bei den Radieschen zuzugreifen. Wie bei dem Marshmallow-Test kostete es die Probanden der

Radieschen-Gruppe sehr viel Mühe und Kraft, den duftenden Plätzchen zu widerstehen. Aber niemand aß aus den verbotenen Schalen. Anschließend mussten die Probanden unlösbare Logikrätsel lösen. Natürlich wussten sie das mit der Unlösbarkeit nicht, sondern nahmen an, einen Intelligenztest zu absolvieren. Nun raten Sie mal, was passierte! Die erste Gruppe versuchte etwa 20 Minuten lang, die Aufgaben zu lösen. Und wie lief es bei den Versuchspersonen, die enorme Disziplin aufgewandt hatten, um den Plätzchen zu widerstehen? Sie gaben bereits nach etwa acht Minuten auf!

Die Erkenntnis aus dem Radieschen-Experiment ist, dass unsere Willenskraft definitiv geschwächt wird, wenn wir Wünsche oder Gelüste unterdrücken. Auch dieses Verhalten wurde durch weitere Versuche bestätigt. Im Grunde genommen kennen wir dies auch aus eigener Erfahrung. Im Büro haben wir den ganzen Tag widerstanden, uns einen Snack aus dem Automaten zu ziehen, doch abends, wenn wir müde nach Hause kommen, überwältigt uns der Heißhunger, wenn wir nur an die Schokolade im Schrank denken. Dann können wir einfach nicht mehr an uns halten. Mit einem Happs ist sie im Mund.

Außerdem nimmt die Willenskraft, wie weitere Experimente belegen, auch durch das Unterdrücken von Emotionen ab. Bei einem Versuch mit dem Gedanken an den uns schon bekannten weißen Bären aus dem zweiten Kapitel, den die Teilnehmer über längere Zeit unterdrücken mussten, zeigte sich ein weiterer Effekt. Nachdem die Probanden für eine bestimmte Zeit nicht an den weißen Bären denken durften, wurde ihnen eine Folge der Comedy-Show *Saturday Night Live* gezeigt. Dabei waren sie kaum noch in der Lage, ihre Gefühle zu kontrollieren.[79] Sie alberten herum, kicherten oder grinsten zumindest.

Dieses Phänomen des schwächer werdenden Willens nannte Roy Baumeister – in Anlehnung an Freuds Ich – »Selbsterschöpfung« beziehungsweise »Ego-Depletion«. Mittlerweile ist dieses Konzept bei Sozialpsychologen ein anerkanntes Tool, um die verschiedensten Verhaltensweisen zu erklären. In diesem Zustand geben wir aber nicht nur schneller auf, sondern unsere Leistung wird auch schwächer, da der präfrontale Cortex ebenfalls erschöpft ist und Fehler nicht mehr so leicht bemerkt.

Leider gibt es kaum eindeutige Anzeichen, die signalisieren, dass sich unsere Selbstbeherrschung nicht gerade in Hochform befindet und es daher kein guter Zeitpunkt wäre, mit dem Kollegen, zu dem sich das Verhältnis momentan eher angespannt gestaltet, über die Details eines Projektes zu diskutieren. Der einzige Hinweis auf diesen Zustand ist, dass wir auf alles emotionaler reagieren: Wenn uns etwas nervt, nervt es uns sehr. Wenn wir uns freuen, flippen wir fast aus. Kaltes Wasser fühlt sich kälter an, und wenn wir ein Stück Schokolade oder Käsekuchen essen, haben wir ein größeres Bedürfnis, noch ein weiteres Stück zu futtern. Unsere Begierden werden größer, und gleichzeitig sinkt unsere Willenskraft. Keine gute Kombination!

Unsere Willenskraft schwächelt, aber kann man sie auch trainieren?

Wir wissen nun, dass unsere Energie und damit auch unsere tatsächlich messbare Willenskraft uns nicht unbegrenzt zur Verfügung stehen. Da sie selbst bei allen trivialen Aufgaben des Tages gefordert ist, lässt sie durch Gebrauch nach: egal, ob es darum geht, auf ein Stück Schokolade zu verzichten, dem Kollegen nicht den neuesten Tratsch zu erzählen oder sich nicht vom Internet ablenken zu lassen, um weiter an der aktuellen Aufgabe zu arbeiten, obwohl man überhaupt keine Lust dazu hat. Durch den Verzicht auf selbst solch banale Aktionen schwindet leider nicht nur unsere Willenskraft, sondern nachweisbar auch unsere Fähigkeit, Gefühle, Gedanken und unser Handeln zu kontrollieren.

Hilfreich ist zum Glück, dass wir diese Selbsterschöpfung mit einer hohen extrinsischen Motivation wie einer Deadline oder anderen triftigen Gründen spielend leicht verdrängen und wieder Höchstleistungen erbringen können. Und genauso funktioniert es, wenn Ihnen etwas Spaß macht, wenn Sie intrinsisch motiviert sind. Dann benötigen wir auch keine große Willenskraft, um uns sogar stundenlang mit hoher Konzentration mit etwas zu beschäftigen. Das sagt auch die erfolgreiche Geigerin Julia Fischer in einem Interview: »Als ich elf Jahre alt war, habe ich am Menuhin-Wettbewerb teilgenommen, während der Vorbereitung habe ich fünf, sechs Stunden täglich geübt. Aber das kam mir nie absurd viel vor. Niemand musste mich daran erinnern, die Geige in die Hand zu nehmen.«[80]

Und immerhin: Das wirklich Gute ist, Willenskraft lässt sich bis zu einem gewissen Grad trainieren! Probieren Sie es aus!

Selbsttest: Zwei Wochen lang habe ich versucht, immer wieder mal etwas anders zu machen, als ich es sonst zu tun pflege. Zunächst stand auf meinem Plan, bei Tisch gerade zu sitzen, nicht wie üblich wie ein Fragezeichen. Gar nicht einfach, immer daran zu denken, und auch ziemlich anstrengend, aber nach ein paar Tagen fiel es mir schon viel leichter.

Auch sich jeweils daran zu erinnern, mit der ungeübten Hand nach einer Tasse, einem Glas oder Stift zu greifen, war anfangs überhaupt nicht so leicht. Man muss immer wieder achtsam sein und es sich erneut vornehmen.

Ich kann nur sagen: Aller Anfang ist schwer, wenn nicht gar frustrierend. Aber es ist wirklich eine gute Möglichkeit, seine Disziplin und Willensstärke ein wenig zu trainieren. Probieren Sie es selbst einmal aus, überlegen Sie, was Sie für zwei Wochen anders machen möchten. Es zeigt uns, dass wir alte Muster tatsächlich ändern können. Warum man allein mit einer kleinen disziplinierten Verhaltensweise seine Selbstdisziplin steigern kann, erfahren Sie jetzt.

Sind Sie an einer grundlegenderen Stärkung Ihrer Willenskraft und Selbstdisziplin interessiert und wollen weiter üben? Dann sollten Sie sich auf ein einziges Themenfeld konzentrieren, in dem Sie Ihr Verhalten ändern wollen, etwa im Bereich Pünktlichkeit, Ernährung oder Fortbildung. Die beiden australischen Psychologen Megan Oaten und Ken Cheng sind bei ihren Studien, wie sich gezieltes Training der Willenskraft auswirkt, auf erstaunliche Ergebnisse gestoßen.[81] Bei diesen Untersuchungen, die einige Monate dauerten, konnten die Probanden wählen, in welchem der drei Bereiche Fitness, Lernen oder Finanzen sie sich ändern wollten. In einzelnen Gruppen arbeiteten sie mit den Wissenschaftlern langfristige Ziele und Pläne aus, die sie in kleine Schritte unterteilten. Zudem führten alle Studienteilnehmer ein Tagebuch, in dem sie ihre Erfahrungen und Ergebnisse täglich festhielten. Bei allen Teilnehmern spielte natürlich die Beobachtung und Kontrolle durch die Wissenschaftler keine unwesentliche Rolle. Ihre Willenskraft verbesserte sich vor allem bei den Experimenten, bei denen die Ausdauer der Willenskraft getestet wurde.

Aber das Erstaunliche war, dass sich die Teilnehmer nicht nur in ihrem ausgewählten Themenfeld verbesserten. Sie waren automatisch auch in der Lage, sich in anderen Bereichen disziplinierter zu verhalten: Sie gingen sparsamer mit ihrem Geld um, ernährten sich gesünder, waren insgesamt ordentlicher und achteten allgemein mehr auf ihre Selbstdisziplin.

Und das ist die wirklich gute Nachricht: Um seine Willenskraft zu stärken und zu trainieren, braucht man sich nur auf *einen* Bereich zu konzentrieren. Wenn man das schafft, hat man schon gewonnen, denn das neue disziplinierte Verhalten wirkt sich auf alle anderen Lebensbereiche aus. Unsere Willenskraft wird zwar durch die täglichen Bedürfnisse, denen wir widerstehen müssen, geschwächt, aber wir können sie auch in allen Bereichen stärken, wenn wir sie bewusst und aufmerksam trainieren.[82] Das heißt, wenn unser Verhalten zur Routine wird und immer mehr Prozesse automatisiert ablaufen, dann spart das Gehirn viel Energie: Wir können unsere Arbeit effektiv und mit weniger Stress erledigen und haben noch Reserven, um auch den Abend zu genießen.

Eliminieren Sie die Motivationskiller aus Ihrem Leben!

Es gab einen weiteren Grund, der mich auf meiner Zugfahrt nach Berlin in ein Motivationsloch fallen und kurzfristig an meiner Begeisterung für dieses Projekt zweifeln ließ: Es war mein schlechtes technisches Equipment. Der Zahn der Zeit hatte an meinem Laptop genagt und er stürzte permanent ab. Als ich es endlich geschafft hatte, mir ein neues Notebook zuzulegen, stieg meine Motivation deutlich an, zumindest kurzfristig. Denn es hatte nicht mein gewohntes Textverarbeitungsprogramm! So werkelte ich zwei Wochen mit einem alternativen Schreibprogramm herum und wunderte mich, dass ich nicht weiter kam. Richtig los ging es erst, nachdem ich das mir vertraute Programm installiert hatte. Man sollte, wenn möglich, keine Provisorien dulden! Doch jedes Projekt hat seine eigenen Motivationskiller, seien es fehlende Informationen oder einfach unbequeme Laufschuhe.

Trainieren Sie Ihre Disziplin, indem Sie etwas tun. Das ist zunächst viel einfacher, als etwas sein zu lassen.

Durch die Arbeit an diesem Buch hat sich inzwischen nicht nur mein Zeitmanagement, sondern auch meine Selbstdisziplin verbessert. Aber dafür habe ich ein anderes Problem erkannt: Mir geht immer noch viel Zeit verloren, weil ich mich oft einfach nicht entscheiden kann. Das bringt mich zu der Frage: Wie trifft unser Gehirn eigentlich Entscheidungen?

Das Kapitel auf einen Blick

- Niemand kann rund um die Uhr motiviert sein.
- Die vielen unterschiedlichen Motive lassen sich drei Kategorien zuordnen: Leistungs-, Macht- und Anschlussmotivation.
- Unsere Willenskraft lässt nach, wenn wir Bedürfnisse unterdrücken. Und das ist den ganzen Tag lang der Fall.
- Willenskraft und Selbstdisziplin sind trainierbar.
- Unser visuelles Gedächtnis spielt eine große Rolle, wenn wir uns motivieren wollen.
- Es ist wichtig, zwischendurch auch an sich zu denken und so dem Gehirn wichtige Entspannungspausen zu gönnen.

So werden Sie genialer

Diesmal ein »Fahrplan« zum Aufbau von Motivation:

1. Konkretisieren Sie Ihr Ziel.
2. Teilen Sie es in Etappen und Phasen auf, und denken Sie über Ihre Motive nach.
3. Überlegen Sie sich für jede Etappe eine Belohnung, die Sie glücklich macht.
4. Fassen Sie Ihr Ziel in einem passenden Wort oder Bild zusammen und notieren Sie es auf Post-its.
5. Platzieren Sie diese Bilder oder Post-its an vielen Stellen in Ihrer Wohnung, und ändern Sie wöchentlich die Orte Ihrer Motivationshelfer.
6. Legen Sie fest, wann Sie etwas trainieren.
7. Suchen Sie sich angenehme Mitstreiter.
8. Beteiligen und informieren Sie Ihr Umfeld zur Kontrolle.
9. Führen Sie Tagebuch oder eine tägliche Strichliste.
10. Belohnen Sie sich für jedes Etappenziel.

Kapitel 9

Soll ich oder soll ich nicht? Entscheidungen treffen

»Eine Fehlentscheidung auf Anhieb spart immerhin Zeit.«
Helmar Nahr, Mathematiker

Soll ich's wirklich machen oder lass ich's lieber sein?

An einem lauen Abend im Sommer 2010 saß ich auf dem Balkon meiner besten Freundin in Berlin. Wir hatten einen wundervoll gedeckten Tisch mit allerlei Antipasti, Käse und Wein vor uns, und nicht mal das kleine Salzfässchen passte noch dazwischen. Aber es fühlte sich auch auf der Fensterbank neben dem Brotkorb ganz wohl. Neben uns rauschten leise die Blätter der Stadtbäume, die so viele Straßen in Berlin säumen. In einem Ladengeschäft gegenüber werkelten ein paar Handwerker. Von oben konnte man nur die alte weiße Leiter sehen, die gegen die Hauswand lehnte.

Und in diesem Moment traf ich eine Entscheidung. Plötzlich. Einfach so. Ich kann mich noch gut erinnern, wie ich meiner Freundin Minuten später erzählte, dass in zwei Wochen ein Vorsprechen an einer Musical-Schule stattfinden sollte und ich mich gerade entschlossen hatte, dort hinzugehen. Meine Freundin konnte ihre Überraschung nicht verbergen, denn selbst ich hätte mir noch vor ein paar Monaten nicht vorstellen können, je dort vorzusprechen. Sie, die mich bisher, wenn überhaupt, nur im Auto singend erlebt hatte, scheinbar auch nicht. Eigentlich wollte ich so nur herausfinden, ob ich mich am Ende lieber an einer Tanz- oder einer Schauspielschule bewerben wollte. An diesem Abend fasste ich jedoch den Entschluss, tatsächlich nach Hamburg zu gehen. Falls es klappen sollte. Es klappte. Singen kann ich immer noch nicht, aber die Ausbildung hat mir unglaublich viel Spaß gemacht, und nach einem Jahr war der ganze Spuk auch schon wieder vorbei, da mir zu viele Projekte dazwischen kamen. Meine Fähigkeiten hätten wahrscheinlich sowieso noch nicht mal für ein hinteres Bein einer Giraffe in dem Musical »König der Löwen« gereicht. Meine Entscheidung war an dem Abend einfach gefallen, während mein Blick an der weißen Leiter hängen geblieben war. Gibt es eigentlich ein Musical, in dem Leitern vorkommen?

Sonst kann ich mich wirklich nur mühsam entscheiden. Bei Konzertkarten, die man im Internet anhand des Saalplans buchen kann, benötige ich mindestens 20 Minuten, um zwei Plätze auszuwählen. Warum zögere ich bei manchen Entscheidungen, die teilweise so unwichtig sind, wie die Wahl zwischen einem Mittagsgericht mit oder ohne Koriander, so unglaublich lange? Und bei anderen, viel gravierenderen Entscheidungen weiß ich sofort, was ich will, weil mein Bauchgefühl es mir sagt. Hat mein Bauch immer Recht? Und wo ist dieses Gefühl verdammt nochmal, wenn ich nur schnell eine Konzertkarte kaufen möchte?

Unsere prinzipiellen Möglichkeiten

Für Aristoteles ist der Mensch ein vernunftbegabtes Wesen, was sich besonders in seinem Denken und seiner Sprache manifestiert. Ich habe also eine Begabung, vernünftig zu denken. Demnach müsste ich doch auch meine Entscheidungen vernünftig treffen können. Aber irgendwie kommt mir das gar nicht so vor. Verstand und Gefühl haben oft eine andere Meinung. Meine Entscheidung, eine Musical-Ausbildung anzufangen, war alles andere als vernünftig und fühlte sich doch richtig an.

Oft kommt es einem vor, als ob man keine Wahl hätte, da unser Leben durch Beruf, Familie oder äußere Umstände in bestimmten Bahnen verläuft und sich somit ein gewisser Trott einschleicht.

Der Philosoph Reinhard Sprenger bringt es in seinem Buch *Die Entscheidung liegt bei dir!* gleich am Anfang ziemlich gut auf den Punkt, indem er daran erinnert, dass wir theoretisch jederzeit aus unserem Leben ausbrechen könnten. Auch Sie könnten dieses Buch genau jetzt über Ihre Schulter hinter sich werfen, sich sofort ein Ticket für die Transsibirische Eisenbahn besorgen, einen Flug nach Mexiko buchen oder beschließen, nun zwei Jahre in einer Pinguin-Aufzuchtstation in Südafrika zu arbeiten.

Selbstverständlich wäre es nicht einfach, da Sie Familie, kein Geld oder, ach ja, einen Job haben. Aber wenn es wirklich Ihr Herzenswunsch wäre, wenn Sie es wirklich wollten, könnten Sie das irgendwie möglich machen. Im Umkehrschluss heißt das aber, dass Sie im Moment ein Leben führen, das Sie sich weitgehend selbst ausgewählt haben. Theoretisch sind wir frei und können uns für ein Leben entscheiden, das wir möchten. Jederzeit.

Wir haben im Grunde eine atemberaubende Wahlfreiheit. Oft nutzen wir sie aber gar nicht. Wir haben jeden Tag die freie Wahl, lassen uns aber von unseren Routinen leiten. Wogegen nichts einzuwenden ist, da sie uns das Leben ja auch erleichtern. Wir essen jeden Morgen das gleiche Müsli oder ärgern uns immer wieder über dieselben Kollegen. Wir entscheiden uns für den gleichen Weg zur Arbeit, für einen Kaffee um die gleiche Zeit oder für den gleichen Salat oder die gleiche Fertigpizza. Wir sollten uns aber immer wieder bewusst machen, dass wir unser Leben jederzeit durch unsere eigenen Entscheidungen verändern können. Doch wie treffen wir denn nun diese ganzen Entscheidungen?

Man kann sich nur entscheiden, wenn man eine Wahl hat

Alle Entscheidungen, die wir treffen, basieren auf unseren Erfahrungen und orientieren sich an unseren Werten und Zielen. Je mehr Erfahrungen wir haben und je klarer, deutlicher und bewusster unsere Ziele formuliert sind, desto besser kann unser Gehirn agieren, um Entscheidungen entsprechend diesen Werten und Zielen zu treffen. Deshalb ist es in jedem Fall sinnvoll, sich einmal ganz bewusst mit ihnen auseinanderzusetzen. Dann fällt das Navigieren im Zweifel leichter.

Damit man überhaupt Entscheidungen treffen kann, müssen mindestens zwei Möglichkeiten oder Kategorien existieren, zwischen denen man wählen kann. Selbst ein Einzeller kennt das. Um Kategorien zu bilden, führt er eine kleine Bewegung aus und fragt sich dann: Ist es jetzt besser oder schlechter? Um das beurteilen zu können, benötigt er Informationen von außen und von innen – aus der Umwelt und über sich selbst – genau wie wir.

Unser Gehirn trifft mindestens 20 000 Entscheidungen pro Tag, und laut einer Studie der Duke University in Durham, USA, beruhen 40 Prozent dieser Entscheidungen auf Gewohnheit und nicht auf bewussten Auswahlprozessen.[83] Wie kommt es zu dieser riesigen Zahl an Entscheidungen, die uns zum Glück nicht alle bewusst werden?

Ganz einfach: Unser Gehirn möchte etwa alle drei Sekunden wissen: »Was gibt es Neues in der Welt?«[84] Es drückt also spätestens nach etwa drei Sekunden den »Aktualisieren«-Button und überprüft ständig, ob es neue Informationen gibt, die so relevant sind, dass es sich lohnt, die Aufmerksamkeit dorthin zu lenken. Dieses kleine Zeitfenster, das uns automatisch zur Verfügung steht, ist der Spielraum für unsere Wahrnehmung, die Verarbeitung der Informationen sowie auch für unsere Entscheidungen. Ernst Pöppel bezeichnet es auch als unser *Zeitfenster* oder unsere *Gegenwartsbühne*, was seine Funktion gut veranschaulicht.[85] Innerhalb kürzester Zeit können wir unsere Sinneseindrücke zu einer Einheit zusammenfügen oder einen Gedanken in Worte fassen. Auch emotionale Reaktionen wie das Händeschütteln werden nur in diesem kurzen Zeitrahmen als angenehm wahrgenommen. Man empfindet es ja schon beim Zuschauen irritierend, wenn jemand eine Hand bei der Begrüßung nicht mehr los lässt.

Dieses Zeitfenster zeigt uns kontinuierlich das Hier und Jetzt und spielt besonders bei unseren Tausenden kleinen Entscheidungen am Tag eine wichtige Rolle. Wir brauchen keine drei Sekunden, um einzuschätzen, ob wir eine Person sympathisch finden oder ob wir ein Fernsehprogramm als sehenswert bewerten oder weiterzappen.[86] Dieses Zeitfenster ist essenziell für uns. Aber wie läuft so ein Entscheidungsprozess überhaupt ab?

Exkurs: Wer hätte das gedacht – unser Bereitschaftspotenzial!

Der Neurophysiologe Benjamin Libet veröffentlichte bereits Anfang der 1980er Jahre seine bekannten Experimente, bei denen die Probanden zum Beispiel selbst entscheiden konnten, wann sie innerhalb einer bestimmten Zeit von ein paar Minuten mit dem Finger einen Knopf drücken wollten.[87] Mithilfe eines rotierenden Zeigers auf einer Art Uhr an der Wand sollten sie sich genau den Punkt merken, an dem sie bewusst ihre Entscheidung zum Drücken getroffen hatten. Da dieser Entschluss erst mal an die entsprechende Muskulatur weitergeleitet werden muss, würde der Entschluss definitiv fallen, bevor der Knopf gedrückt wird.

Mit seinen Experimenten wollte Libet belegen, dass wir zuerst eine Entscheidung treffen und sich erst dann oder zumindest gleichzeitig ein sogenanntes *Bereitschaftspotenzial* im Gehirn aufbaut, das zur Handlung »Knopf drücken« führt.

Seine Versuche zeigten, dass das Bereitschaftspotenzial fast eine halbe Sekunde im Gehirn auftritt, *bevor* wir selbst den bewussten Entschluss fassen, eine Handlung auszuführen. Libet interpretierte diese Erkenntnis so, dass diese Aktivität nicht zwangsläufig zu einer Handlung führen muss, sondern wir immer noch ein bewusstes Veto bei Entscheidungen einlegen können. Heute wissen wir, dass das *Bereitschaftspotenzial* im Gehirn alle Prozesse einer Handlung vorbereitet – dass es folglich nicht für die Entscheidung relevant ist, ob wir handeln oder nicht. Aber schauen wir uns lieber einmal das Entscheiden selbst genauer an.

Was passiert im Gehirn, wenn wir entscheiden?

Um die Prozesse der Entscheidungsfindung zu erschließen, stellt Ernst Pöppel ein *5-Ebenen-Modell* vor, zwischen dessen Ebenen Wechselwirkungen bestehen.[88] Das heißt, es finden sowohl Bottom-up- als auch Top-down-Prozesse statt. Grundsätzlich muss als Basis für eine Entscheidung erst einmal eine neuronale Aktivierung stattfinden, die relevante Informationen bereitstellt. Das ist die allerunterste Ebene in diesem Modell: das eben erläuterte *Bereitschaftspotenzial.* Wie wir schon gesehen haben, werden viele Entscheidungen unbewusst getroffen, zum Beispiel bei vielen automatisierten Prozessen wie dem reaktionsschnellen Bremsen beim Auto- oder Fahrradfahren in einer Gefahrensituation. Diese Entscheidungen fallen auf der nächsthöheren Ebene, der *Zeitfenster-Ebene,* auf der unsere subjektive Gegenwart abgefragt wird. Eine Ebene höher liegt die dritte, die *operative Ebene.* Sie kontrolliert unsere erlernten Fähigkeiten, zum Beispiel beim Fahrradfahren. Ich muss mir nicht mehr bewusst Gedanken darüber machen, in die Pedale zu treten oder an einer roten Ampel stehen zu bleiben. Das kann mein Hirn im Prinzip ganz allein. Meistens jedenfalls. Mit dieser operativen Ebene ist wiederum die nächsthöhere verbunden, die sogenannte *taktische Ebene.* Nachdem eine Entscheidung getroffen wurde, benötigen wir Flexibilität und Offenheit, um einer Entscheidung auch Taten folgen zu lassen. Wenn ich weiß, dass ich heute auf dem Weg zum Yoga noch am Supermarkt vorbei möchte, entscheide ich mich selbstverständlich dazu, ein wenig früher loszufahren. Meistens jedenfalls. Und damit sind wir auch wieder bei unserem Bewusstsein angelangt, bei der *strategischen Ebene.* Heute mit dem Fahrrad zum Yoga zu fahren, ist eine ganz bewusst getroffene Entscheidung: Ich habe ein strategisches Ziel definiert. Damit auf dieser Ebene möglichst alles klappt, benötigen wir eine gut funktionierende operative Ebene, denn wenn es schon am Fahrradfahren hapert, wird es auch mit der Yoga-Stunde nichts, weil ich dann nämlich zu spät komme.

Unsere vielen Entscheidungen, die wir oft von Augenblick zu Augenblick treffen, richten sich auch nach Werturteilen, also entweder umweltfreundlich mit dem Rad oder lieber schnell mit dem Auto zum Yoga zu fahren. Wie Sie sehen, sind viele Ebenen bei der ganzen Entscheiderei beteiligt. Und diese verschiedenen Ebenen bedingen sich gegenseitig, sowohl von oben nach unten als auch von unten nach oben. Und wahrscheinlich auch ein bisschen von rechts nach links.

Die Visualisierung des 5-Ebenen-Modells: Begeben wir uns wieder einmal in das Aquarium. Ich hoffe, ich fordere Ihre Fantasie jetzt nicht zu sehr, aber ich möchte, dass Sie mich in ein Fischrestaurant in unserem Aquarium begleiten. Nicht, dass wir uns falsch verstehen: Es wird von Fischen gemanagt, serviert wird mehr so etwas wie Plankton und Algen. Damit sie ihre Kunden immer zufriedenstellen, haben unsere Fische ein kollegiales System erdacht. Ein kleiner kräftiger Fisch steht immer *bereit*, damit alle Zutaten rechtzeitig aus dem Lager in die Küche gelangen, und er kümmert sich auch darum, dass der Computer an ist. Er steht für die unterste Ebene: *das Bereitschaftspotenzial*. Da das Lokal auch einen Lieferservice anbietet, sitzt ein erfahrener Fisch am Computer im Büro und checkt ungefähr *alle drei Sekunden*, ob neue Bestellungen eingetroffen sind, und gibt den Köchen auf den Bestellscheinen auch Tipps mit, wie sie die Arbeitsabläufe am besten bündeln, damit sie effektiv arbeiten. Dieser Fisch symbolisiert die *Zeitfenster-Ebene*. In der Küche des Lokals befindet sich natürlich die *operative Ebene:* Hier wird gekocht. Das sind eher *automatisierte* Vorgänge, da die Kochfische inzwischen alle Profis sind. Die Kellner des Restaurants sind für die *taktische Ebene* zuständig, sie müssen entscheiden, *wie und wann* eine Bestellung der Gäste im Restaurant aufgenommen wird und wann – möglichst gleichzeitig – serviert wird. Und dann haben wir natürlich noch die Gäste, die bewusst ihre *strategische* Dinner-Entscheidung treffen, nämlich *was* sie essen. Alle Fische arbeiten Hand in Hand, besser gesagt Flosse in Flosse.

Unser Gehirn agiert also wie ein riesiger, ständig aktiver Entscheidungsapparat, der uns vieles abnimmt, indem einfache Entscheidungen aufgrund unserer Erfahrungen fallen, ohne dass wir uns

noch einmal bewusst mit längst beantworteten Fragen oder Problemchen befassen müssen. Somit ersparen wir uns viele überflüssige Überlegungen. Bei wichtigen Fragen möchte unser Gehirn aber doch lieber eine zweite Meinung hören und schaltet das Bewusstsein hinzu – wie im echten Leben: Wenn es kompliziert wird, holen wir uns Rat. Bei diesen bewussten Entscheidungen sind also die relevanten Systeme zugeschaltet. Betrachten wir nun, wer bei unseren Entscheidungen alles mitspielt.

Unser Wissen und unsere Erfahrungen mischen sich ein

In der Hirnforschung wird allgemein zwischen *explizitem* und *implizitem* Wissen unterschieden. Das explizite Wissen steht für unser Faktenwissen, für alles, was sich in Worten oder Zeichen darstellen lässt. Dieses explizite Wissen wird eher der linken Gehirnhälfte zugeordnet und zeigt sich, wenn wir zum Beispiel alle 16 Bundesländer aufzählen können.

Beim impliziten Wissen wird es schon etwas schwieriger. Es ist das Wissen, das uns nicht unmittelbar bewusst ist. Wir können einen Tischtennisball retournieren, ohne eine Ahnung zu haben, was wir im Einzelnen tun müssen. Dazu zählt auch die Intuition, wenn wir spontan handeln und etwas richtig machen, aber eigentlich gar nicht so genau erklären können, wie und warum wir es genau so ausführen. Unsere Intuition hat sich über viele Jahre durch unsere Erfahrungen und deren Aufarbeitung entwickelt. Unsere innere Stimme greift dabei »auf unseren gesamten Erfahrungsschatz zurück, auf alle Reaktionsmuster, Einschätzungen und Kenntnisse, die sofort abrufbar sind – ohne dass wir darüber nachdenken«[89], erklärt die Psychologin Cornelia Betsch von der Universität Heidelberg. Auf unsere Intuition können wir uns besonders dann verlassen, wenn wir bereits in einem bestimmten Bereich viele Erfahrungen gesammelt haben, zum Beispiel beim Schachspielen.

In der modernen Hirnforschung wird auch noch von einer dritten Wissensform gesprochen: dem *bildlichen* Wissen,[90] das eher mit der rechten Gehirnhälfte in Verbindung gebracht wird. Da ich mir vor allem bei den Gedächtnismeisterschaften eigentlich alles über Bilder gemerkt habe, sind diese drei Ebenen meiner Erfahrung nach auch sinnvoll, da sie alle beim Aufrufen unserer Erinnerungen beteiligt sind. Mit diesem bildlichen Wissen können wir uns zum Beispiel das Bild von Barack Obama am Brandenburger Tor in Erinnerung rufen, wie er bei heißem Wetter sein Jackett auszog. Wie man ein Jackett auszieht, weiß unser implizites Wissen, und das explizite Wissen weiß, dass dies am 19. Juni 2013 in Berlin geschah und dass Obama es möglicherweise nur tat, um eine Panne des Monitors, der ihm den Text seiner Rede nicht anzeigte, zu überbrücken.

Alle drei Wissensebenen sollten wir uns beim Treffen von Entscheidungen bewusst zunutze machen, wobei natürlich besonders unsere Lebenserfahrung von großer Bedeutung ist. Dies zeigt sich zum Beispiel deutlich bei standardisierten Tests von Piloten: Hier sind im Durchschnitt ältere Piloten in ihrer Leistungsfähigkeit und im Umgang mit kritischen Situationen bei etwa gleicher Flugstundenzahl den Jüngeren überlegen.

Rationale Problemlösungsstrategien

Wenn ich vor einer Wahl stehe, ist mein erster Schritt oft, logisch abzuwägen, welche Alternative aufgrund der vorliegenden Informationen die beste für mich wäre. Doch gehe ich dabei tatsächlich rein rational vor? Entscheidungen zu treffen ist ein jahrtausendealtes Problem, und so bin ich zum Glück nicht die Erste, die sich damit beschäftigt. Schauen wir doch einmal, was ein so großer Denker wie René Descartes (1568–1650), Begründer des Rationalismus und wichtigster Wegbereiter der Aufklärung, bereits gedacht und uns zu diesem Thema vermacht hat. Im zweiten Teil seines *Discours de la méthode* hat er uns vier Regeln hinterlassen, die ich hier etwas frei zusammenfasse:[91] Zum einen liebt unser Gehirn Klarheit, also sollten wir ein Problem möglichst klar und eindeutig formulieren – und soweit es geht, mit möglichst wenigen Vorurteilen, was gar nicht so einfach ist, da wir durch unsere Denkmuster bereits stark geprägt sind. Halten Sie also nichts für wahr, was Sie nicht selbst geprüft haben. Außerdem rät uns Descartes, ein Problem zunächst im Detail zu betrachten, ohne den Gesamtzusammenhang aus den Augen zu verlieren. Drittens soll vom Einfachen hin zum Komplizierten vorgegangen werden, wobei uns unser implizites Wissen oft weiterhilft. Und zuletzt sollten Probleme wieder in ihrer Gesamtheit, also vollständig betrachtet werden. Aber hat Descartes vielleicht etwas Entscheidendes vergessen?

Und immer wieder diese Emotionen und Gefühle!

Die Einschätzung, welchen Einfluss unsere Emotionen auf unseren Verstand und damit auch auf unsere Entscheidungen haben, ist seit der Antike ein großes philosophisches Thema. Während René Descartes im 17. Jahrhundert der Meinung war, dass unsere Gefühle den Verstand und somit die wahren Erkenntnismöglichkeiten eher beeinträchtigen würden, vertrat der schottische Philosoph und Ökonom David Hume (1711–1776) die Auffassung: »Die Vernunft ist die Sklavin der Leidenschaften und soll es sein.«[92] In den letzten Jahrhunderten sollte die Vernunft wieder über den Gefühlen rangieren und sie in Schach halten. Doch wie wir in Kapitel 2 gesehen haben, wissen wir heute, dass es kein Denken ohne Gefühle gibt. Emotionen entscheiden beispielsweise auch mit, auf welche Seite ein Argument auf einer Pro- und Kontra-Liste gehört. Sind die Gefühlszentren im Gehirn geschädigt, fällt es Menschen schwer, überhaupt noch Entscheidungen zu treffen und sich zum Beispiel zwischen zwei Terminen für einen Arztbesuch zu entscheiden.[93]

Gibt es eigentlich einen Unterschied zwischen Emotionen und Gefühlen, zumal wir die beiden Begriffe im Alltag oft synonym verwenden? Der portugiesische Neurowissenschaftler Antonio Damasio beschreibt sie als zwei Prozesse eines eng miteinander verwobenen Kreislaufs, die man aber gut auseinanderhalten kann.[94] Bei Emotionen handelt es sich um komplexe, weitgehend automatisierte Handlungsprogramme, die sich im Lauf der Evolution entwickelt haben und sich vor allem im Körper abspielen. Auf unsere Emotionen wie Angst oder Wut reagieren wir, indem sich unser Puls, unsere Körperhaltung oder auch unser Gesichtsausdruck verändern.

Unsere Gefühle sind dagegen das, was wir in unserem individuellen Film erleben: Gefühle sind also die subjektive Wahrnehmung unserer Emotionen. Inzwischen kann man sogar die Zeit messen, die zwischen dem Eintritt der Emotion und deren Wahrnehmung liegt: fast 500 Millisekunden oder etwa eine halbe Sekunde. Das ist für unser Gehirn eine halbe Ewigkeit, wenn man bedenkt, dass ein Neuron innerhalb von Millisekunden »feuern« kann. In unserer Wahrnehmung hingegen ist eine halbe Sekunde überhaupt nicht lang, deshalb nehmen wir selbst auch keinen Unterschied zwischen Emotion und Gefühl wahr und können die Begriffe somit durchaus auch synonym verwenden.

Wenn wir rational über ein Problem nachdenken, ist der präfrontale Cortex beteiligt, der mit dem Sitz unserer Gefühle, dem limbischen System, vernetzt ist. In bestimmten Situationen kann er Impulse oder Emotionen kontrollieren. Am Ende werden Entscheidungen aber immer emotional getroffen. »Dies liegt daran, dass das limbische System, aber nicht das rationale System der Großhirnrinde einen direkten Zugriff auf diejenigen Systeme in unserem Gehirn hat, welche letztendlich unser Handeln bestimmen. Verstand und Vernunft allein bewirken gar nichts«,[95] führt der Neurobiologe Gerhard Roth aus. Betrachten wir die beiden, Gefühl und Verstand, also als ziemlich beste Freunde ohne irgendwelche Herrschaftsallüren, denn sie funktionieren vor allem im Zusammenspiel ziemlich gut.

Wie entstehen emotionale Entscheidungen?

Unsere Emotionen und Gefühle helfen uns zu entscheiden, ob wir uns etwas zu- oder von etwas abwenden. Sie entstehen durch Interaktion mehrerer Gehirnareale, vor allem im limbischen System, das von der Großhirnrinde umgeben ist. Zu ihm gehören die Amygdala und der Hippocampus, der orbifrontale Cortex, die Insula und auch der Gyrus cinguli.

Selbst wenn es uns so vorkommt, als würden wir nur rational handeln, lassen uns Gefühle manchmal unbewusst in die eine oder andere Richtung tendieren. Wenn sich in unserem Belohnungssystem der Wunsch bemerkbar macht, dass wir diesen riesigen neuen »Smart-LED-Flatscreen-3D-Full-HD-Super-Plus«-Fernseher unbedingt haben wollen, schaltet sich natürlich unsere Vernunft ein, und wir werfen erst einmal einen Blick auf das Preisschild. Das löst nun wahrscheinlich in der Insula, einem Schmerzareal, genau einen solchen aus, weshalb wir nun diesen Schmerz mit der zu erwartenden Belohnung, die uns der neue Fernseher bringen würde, abgleichen und uns daraufhin entscheiden. Tatsächlich kann es für eine bewusste Entscheidung hilfreich sein, eine gewisse Distanz zum Sachverhalt einzunehmen, damit wir auch rational abwägen, bewerten und auswählen können, also »mal eine Nacht darüber schlafen«. Unsere Gefühle lassen sich sowieso nicht abschütteln, aber wir können sie auch bewusst nutzen, indem wir sie uns klarmachen.

Denn wir bekommen nicht nur Angst, wir merken auch, dass uns Angst beschleicht. Wir werden nicht nur wütend, sondern können die Wut gleichzeitig auch wahrnehmen. Wir sind in der Lage, uns selbst zu beobachten und unsere Stimmung zu registrieren, sie eventuell sogar kurz zu benennen und somit eine Situation neu zu bewerten und dadurch wieder weniger ängstlich oder wütend zu werden. Sich das kurz bewusst zu machen kann helfen, negative Gefühle beiseitezuschieben, auch bei Entscheidungen. Solche negativen Gefühle bewahren uns allerdings auch manchmal vor Dummheiten, indem sie uns signalisieren, die Sache besser nochmal genau zu überdenken.

Es scheint, dass wir Entscheidungen erst dann als gut einstufen, wenn unser rationales Denken mit unserem Gefühl im Einklang ist. Genau das bestätigen Scans des Gehirns: Wenn wir Entscheidungen treffen, die wir als intuitive Entscheidungen empfinden, sind vor allem Regionen im Gehirn aktiv, die unsere emotionale Bewertung repräsentieren. Bei diesen positiv wahrgenommenen Entscheidungen sind auch solche Areale im Gehirn aktiviert, die eine Ich-Nähe, also eine Identifizierung des Ichs mit der Entscheidung zeigen.[96] Man glaubt daher seinen intuitiven Entscheidungen mehr als denen, die man allein über »rationales Nachdenken« getroffen hat.

Aber wie entsteht Intuition, dieses feine Destillat einer riesigen Menge an unbewussten Erfahrungen und Wahrnehmungen? Sie stützt sich auf unser implizites Wissen, auf unsere Erfahrungen und Erwartungen, bei denen unser Belohnungssystem maßgeblich beteiligt ist.

Das Belohnungssystem, Intuition und unsere Erwartungen

Unser Gehirn arbeitet nach dem Prinzip, Gefahren zu minimieren und Belohnungen zu maximieren. Unser Belohnungssystem, das verantwortlich ist, dass wir angenehme Gefühle empfinden, wenn wir einen leckeren Schweinsbraten essen oder unsere Lieblingsmannschaft gewinnt, wurde von den Neurowissenschaftlern James Olds und Peter Milner 1954 zufällig entdeckt. Die Forscher setzten Ratten Elektroden ins Gehirn und trafen dabei ganz zufällig auf den Bereich des Gehirns, den wir heute Belohnungssystem nennen.

Die kleinen Nager verloren jegliches Interesse an ihrer Umwelt, als ihr Gehirn kontinuierlich über Elektroden stimuliert wurde. Weder das andere Geschlecht noch Nahrung noch Wasser interessierte sie mehr. Teilnahmslos verweilten sie allein in einer Ecke ihres Käfigs und gaben sich nur noch ihren Glücksgefühlen hin, die sie über einen Hebel selbst auslösen konnten. Hätte man das Experiment nicht abgebrochen, wären sie nach wenigen Tagen verhungert. Wie man später herausfand, wurde dieses Verhalten durch einen Überschuss an Dopamin ausgelöst.

Dopamin ist, wie wir ja schon wissen, einer der wichtigsten Botenstoffe im Gehirn, ein Neurotransmitter, der an der Weitergabe von Impulsen zwischen den Nervenzellen beteiligt ist und entscheidend zur Regulierung unserer Gefühle beiträgt. Es ist also viel mehr als nur das allseits bekannte »Glückshormon«. Und es spornt uns auch an, ganz neue Lösungen zu finden, wenn wir aufgrund unserer Erfahrungen oder Gefühle zu keiner Entscheidung kommen.

Unser Gehirn berechnet ständig, welche Reaktion am wahrscheinlichsten folgen wird. Meistens ist es gelangweilt, wenn fast alles so eintrifft wie erwartet. Wenn ich mir einen Kaffee in einem Café bestelle und ihn auch bekomme, bleibt mein Belohnungssystem ziemlich cool und entspannt. Denn es muss nichts gespeichert und verarbeitet werden, weil alles schon bekannt ist und routiniert abläuft. Ab und zu passiert dann aber doch etwas, was anders abläuft als vorausgesagt. Wird ein gespeichertes Muster sogar übertroffen, bekomme ich etwa zu einem bestellten Kaffee noch einen Muffin zum Probieren serviert, dann führt eine kurze Dopaminausschüttung dazu, dass ich eine Belohnung und somit ein Glücksgefühl noch stärker wahrnehme. Im Gehirn entsteht folgendes Signal: Achtung, diese Information ist neu, gut und sogar besser als erwartet![97] Und jedes Mal, wenn dieses Signal gesendet wird, machen wir neue Erfahrungen und lernen etwas Neues.

Wenn so einfache Muster wie Kaffee bestellen, Kaffee bekommen, Kaffee bezahlen einmal abgespeichert sind, reagieren die entsprechenden Nervenzellen hoch sensibel auf kleinste Veränderungen. Geschieht etwas Unerwartetes, gibt es zum Beispiel keinen Kaffee, weil der Kaffee alle ist, dann reduzieren die zuständigen Neuronen ihre Aktivität, also die Frequenz ihres Aktionspotenzials, schlagartig. Das Gehirn meldet nun einen Vorhersagefehler, der Dopaminausstoß bleibt aus, und man erlebt eine Enttäuschung. Unsere Gefühle werden also auch in großem Maße durch unsere Erwartungen beeinflusst. Und unser Gehirn kann natürlich nicht nur bei einem nicht erhaltenen Kaffee Alarm schlagen. Es kann selbst minimale Veränderungen oder Auffälligkeiten wahrnehmen. Es bemerkte selbst den kleinsten Himbeerfleck.

Durch das Aufspüren solcher Vorhersagefehler werden uns Unstimmigkeiten bewusst, aus denen wir lernen können und so unsere Reaktionsmuster im Gehirn auf dem neuesten Stand halten. An diesem Vorgang ist ein Areal des limbischen Systems beteiligt, das Gyrus cinguli genannt wird.

Die Visualisierung des Gyrus cinguli: Auch bei unserem nächsten Besuch beim Griechen, wenn wir leckeres **Gyros** essen, können wir sicher etwas Neues wahrnehmen. Vielleicht entdecken wir auf dem Weg dorthin einen kleinen **Zinn**(-soldaten), der in einem **Gully** feststeckt.

Den Prozess des »Aktualisierens« – also der Aneignung *impliziten* Wissens aus Fehlern –, der die Basis intuitiven Entscheidens bildet, können wir positiv beeinflussen. Das Geheimnis des »Besser-Werdens« liegt vor allem in der bewussten Aufarbeitung und Selbstkritik, denn das Vertrauen auf die eigenen Erfahrungen und Gefühle verlangt Achtsamkeit und bewusste Auseinandersetzung mit Ereignissen. Das heißt aber nicht automatisch, dass jede Intuition immer richtig sein muss. Auch Entscheidungen, die man aus dem Bauch heraus trifft, sollten noch einmal rational betrachtet werden. Unser Gehirn verschätzt sich nämlich auch gerne bei spontanen Voraussagen, welche positiven oder negativen Auswirkungen künftige Ereignisse haben können. »Die hedonistischen Folgen der meisten Ereignisse sind weniger intensiv und kürzer, als sich die meisten Menschen vorstellen«,[98] wie der Psychologe Daniel Gilbert von der Harvard University herausfand. Zum Glück sind wir aber auch genauso gut darin, uns an neue Umstände anzupassen, wenn sich unsere Vorhersage als falsch erweist.

Bei wichtigen Entscheidungen sollten wir allerdings alle erforderlichen Informationen einholen, auch um keine vorschnellen Entschlüsse zu fassen. Doch in Situationen, in denen ein komplexes Problem schnell zu lösen ist, fühlen wir uns oft durch zu viele Informationen überfordert, da die Kapazität unseres Arbeitsgedächtnisses zu gering ist, um alle Informationen zu berücksichtigen. In solchen Fällen können wir uns daher eher auf unsere Intuition verlassen als auf unsere rationale Entscheidung. Wenn wir Geduld aufbringen und unserem Gehirn etwas Zeit geben, in der wir »nicht bewusst über das anstehende Problem nachdenken«,[99] wie der niederländische Psychologe Ap Dijksterhuis von der Radboud-Universität rät, dann treffen wir komplexe Entscheidungen tatsächlich am besten.

Wenn Verstand und Gefühl zu unterschiedlichen Ergebnissen kommen, dann kann vermutlich nur die Zeit mit neuen Erfahrungen helfen, damit sie wieder in Einklang kommen. Und wenn man kein Gefühl wahrnehmen kann? Dann werfen Sie eine Münze und achten Sie auf Ihre Reaktion dabei. Fühlen Sie sich wohl mit dem

Ergebnis? Malen Sie sich – quasi als Testlauf – Ihre Zukunft mit dieser zufällig getroffenen Entscheidung aus. Vielleicht kommen Sie aufgrund Ihrer spontanen Reaktion doch zu einer ganz anderen Entscheidung.

Die Visualisierung des Sammelns neuer Erfahrungen: Auf unser Aquarium bezogen heißt dies, dass die Fische, die an einer Show im Aquarium beteiligt sind, nicht einfach ganz allein ihre Aufführung durchziehen. Im dunklen Hintergrund, für den Zuschauer nicht sichtbar und damit unbewusst, tummelt sich immer eine kleine Truppe von Fischen, die aufpasst, dass während einer Aufführung nichts schiefläuft. Diese Fische, Souffleusen und Regieassistenten in Personalunion, kennen die Show, haben also eine Erwartung, wann was passiert, und gleichen das Geschehen ständig mit diesen Erwartungen ab. Wenn etwas schiefläuft, notieren sie es sich, um es bei den nächsten Proben zu verbessern. Zudem haben sie immer alles im Blick, um auf mögliche Gefahren reagieren zu können. In einem solchen Fall würden sie die Show unterbrechen und alle Scheinwerfer und damit die Aufmerksamkeit auf das Unerwartete lenken. Nicht, dass ein riesiger Wal eine Vorstellung unterbricht, weil er die auftretenden Fische so gerne ärgert!

Die Macht der täglichen Entscheidungen

Vielleicht ist Ihnen auch schon mal aufgefallen, dass Sie nach einem anstrengenden Arbeitstag oft keinen kühlen Kopf mehr haben? Oder dass es Ihnen mit jeder Entscheidung schwerer fällt, die nächste zu treffen? Das passiert unter anderem, weil unser Gehirn durch das Treffen von Entscheidungen ermüdet, wie es auch beim Umgang mit vielen Informationen der Fall ist, wenn wir entscheiden müssen, welche E-Mails und Nachrichten wichtig und welche irrelevant sind. Diese Erfahrung kennen wir auch vom Einkaufen, wenn wir uns irgendwann einfach nicht mehr entscheiden können.

Mit Traubenzucker lässt sich zwar kurzfristig unser Energiespeicher auffüllen, doch hält die Wirkung nicht allzu lange an. Der Blutzuckerspiegel schnellt nur kurz für einige Minuten in die Höhe und sinkt genauso schnell wieder ab. Ein gesundes Mittagessen liefert natürlich länger anhaltende Energie. Vielleicht sollte man erst nach dem Mittagessen shoppen gehen?

Ein solcher Energieschwund kann gravierendere Folgen haben als ein aus Müdigkeit erworbener unnützer Gegenstand. Die Psychologen Jonathan Levav von der New Yorker Columbia University und Shai Danziger von der Ben-Gurion-Universität stellten mit ihren Teams sogar fest, dass die Entscheidung über eine vorzeitige Entlassung von Straftätern von den mentalen Ressourcen der Richter abhing. Bei den am Morgen geführten Verhandlungen gewährten die Richter 70 Prozent der Häftlinge eine Haftverkürzung, am späten Nachmittag kamen dann nur noch 10 Prozent in den Genuss, obwohl es sich bei allen Fällen um vergleichbare Delikte handelte. Nach den vielen während eines langen Arbeitstages getroffenen Entscheidungen waren die Richter mental erschöpft und wollten weitere Entscheidungen eher vermeiden oder aufschieben.[100]

An diesem Beispiel wird sehr deutlich, dass wir uns über unsere begrenzte Energie wirklich im Klaren sein und Überlegungen zu wichtigen Entscheidungen auch mal bewusst auf den Vormittag legen sollten. Übrigens geht auch der amerikanische Präsident Barack Obama sparsam mit seinen Energiereserven um. So trägt er zum Beispiel nur graue oder blaue Anzüge und erklärt: »Ich will mich nicht entscheiden, was ich anziehe oder esse, weil ich zu viele andere Entscheidungen treffen muss.«[101]

Schnelle und langsame Entscheider – die goldene Mitte finden

Was Entscheidungen betrifft, gibt es die genügsamen Charaktere: Sie treffen eine Entscheidung schnell und haken sie dann ab. Die Maximierer sind völlig anders: Sie wollen zum Beispiel den allerbesten aller Flachbildfernseher finden, dafür recherchieren sie Stunden im Internet, fällen unter Mühen eine Entscheidung und sind dann aber doch nicht glücklich, da am Ende immer die Frage bleibt, ob sie nun wirklich das allerbeste Modell gewählt haben.[102] Studien zeigen, dass wir bei einfachen Entscheidungen langfristig zufriedener sind, wenn wir sie schnell getroffen und uns nicht groß Gedanken gemacht haben.

Unsere Erkenntnis aus diesen beiden Extremen: Versuchen Sie, unwichtige Entscheidungen auch mal sehr schnell und intuitiv zu treffen! Durch Ausprobieren können Sie tatsächlich lernen, schneller einen Entschluss zu fassen. Und Ihre Entscheidungen werden im Laufe der Zeit dadurch auch besser, da Sie nun aus mehr Erfahrung und einem größeren Fehlerpool schöpfen können, der Ihnen nun durch die vielen schnellen, unwichtigen Fehlentscheidungen zur Verfügung steht!

Entscheiden ist also gar nicht so einfach, wie es auf den ersten Blick scheint. Grundsätzlich gilt aber: Achten Sie vor allem bei komplexen Entscheidungen auf Ihre Intuition und Ihre Gefühle, bevor Sie die Vor- und Nachteile rational abwägen und analysieren. Sammeln Sie wichtige, aber nicht zu viele Informationen, lassen Sie bis zur endgültigen Entscheidung etwas Zeit vergehen und hören Sie abschließend nochmal auf Ihr Gefühl und darauf, ob es diese Entscheidung auch mitträgt. Die goldene Mitte liegt wie immer irgendwo dazwischen.

Oft vergessen wir auch, dass wir nicht alle Entscheidungen alleine treffen müssen. Zumindest nicht die wichtigen. Deshalb holen Sie auch Meinungen von Freunden und Bekannten ein, ein Drei-Minuten-Gespräch kann schon ganz neue Impulse geben. Und ab und an erledigen sich Entscheidungen durch Abwarten ganz von selbst.

Manchmal möchte man sich auch nicht für die erstbeste Idee entscheiden, sondern zwischen mehreren Lösungsansätzen wählen. Dafür braucht man Kreativität, also her damit!

Das Kapitel auf einen Blick

- An unseren Entscheidungen sind nicht nur unsere Vernunft, sondern auch unser Wissen, unsere Erfahrungen und Gefühle sowie das Belohnungssystem beteiligt.
- Je mehr Erfahrung wir mitbringen, desto eher können wir uns auf unsere Intuition verlassen. Aber wir sollen auch immer unseren Verstand miteinbeziehen, um Entscheidungen zu überprüfen.
- Unser Gehirn versucht andauernd, Geschehnisse durch Erwartungen vorauszusagen.
- Wenn Ihre Gefühle und Ihr Verstand bei einer Entscheidung zu unterschiedlichen Ergebnissen kommen, brauchen Sie vielleicht noch etwas mehr Zeit.
- Manchmal erübrigen sich Entscheidungen von ganz alleine.

So werden Sie genialer

- Betrachten Sie eine Entscheidung von einem rationalen und einem emotionalen Standpunkt aus.
- Achten Sie bei Entscheidungen auch bewusst darauf, was Ihr Bauchgefühl, Ihre Intuition, dazu sagt.
- Müssen Sie eine schwierige Entscheidung treffen, werfen Sie einfach mal eine Münze und beobachten Sie, wie Sie auf diese Entscheidung reagieren.
- Analysieren Sie Ihre Fehler, wenn Sie aus ihnen lernen wollen. Das stärkt nicht nur Ihre Intuition.
- Versuchen Sie, Probleme aus unterschiedlichen Perspektiven und Blickwinkeln zu betrachten.

Kapitel 10

Ich hab ein Haus, ein Äffchen und ein Pferd, nur keine ... Kreativität und Produktivität

»Man kann die Welt oder sich selbst ändern. Das Zweite ist schwieriger.«
Mark Twain

Guten Tag, ich würde gerne eine Idee bestellen!

Oft staune ich über Menschen, die wundervolle Bücher, Gedichte, Interviews, Reportagen, Filme, Musik, Theaterstücke, Choreografien oder Songtexte kreieren oder einfach sehr schlaue oder lustige Sätze sagen. In solchen Momenten zweifle ich dann manchmal an meiner eigenen Kreativität und glaube, ich sei überhaupt nicht oder nur ein ganz klein wenig kreativ.

Meine Vorträge zum Thema Gedächtnistraining beginne ich immer mit einer kleinen Show, bei der ich mir zugerufene Begriffe merke. Gerade verrückte, lustige Visualisierungen und Verknüpfungen sind dabei meine Basis, mir Informationen außergewöhnlich gut zu merken. Nach der Veranstaltung, nachdem ich erklärt habe, wie dieser »Trick« funktioniert, höre ich dann immer wieder: »Wow, solche verrückten und kreativen Bilder wie Ihnen würden mir ja nie einfallen.« Doch meine Merkbilder haben für mich selbst gar nicht mehr viel mit Kreativität zu tun, sondern vielmehr mit meiner jahrelangen Übung, mir verrückte Bilder auszudenken. Inzwischen ist bei mir die Visualisierung seltsamer Verknüpfungen ein automatisierter Prozess. Sie ist zur Routine geworden. Aber wenn es um Ideen für einen guten und kreativen Buchtitel geht, der mir immer noch fehlt, herrscht Flaute in meinem Kopf.

Wie kommt man bloß aus so einer Einbahnstraße wieder heraus, wenn Ideenstille herrscht? Wie findet man Antworten, wenn Kreativität gefragt ist? Muss man geduldig auf eine Einsicht hoffen, auf ein »Aha«-Erlebnis nach dem Motto: »Jetzt geht mir ein Licht auf«? Oder gibt es auch hierfür Techniken, die man lernen kann? Schauen wir uns in diesem Kapitel einmal genauer an, was es mit der Kreativität auf sich hat und wie wir sie trainieren können.

Sind wir nicht alle ein bisschen kreativ?

Ich möchte Sie nun bitten, Lösungen für ein klitzekleines Szenario zu finden. Es ist viertel vor acht und Sie stellen fest, dass Sie keine Eier mehr im Haus haben, obwohl doch gleich Ihre Gäste kommen, für die Sie unbedingt Pfannkuchen zubereiten wollen. Sie haben schon groß angekündigt, dass sich hier Ihr wahres Talent versteckt. Sie sind Eierkuchenkönig oder -königin! Wie ließe sich die Situation retten? Schreiben Sie einfach kurz Ihre Ideen auf, wie Sie das Problem lösen könnten:

1. ____
2. ____
3. ____
4. ____

Natürlich gibt es hier kein Richtig oder Falsch, und ich bin mir ziemlich sicher, dass Sie auf mindestens eine Lösung gekommen sind: Sie gehen noch schnell einkaufen, rufen eine Freundin an, die in der Nähe wohnt, ob sie Ihnen die Eier vorbeibringen kann, Sie fragen im Restaurant um die Ecke nach Eiern oder Sie suchen im Internet nach einem veganen Rezept für Pfannkuchen.

Um kreativ zu sein, benötigen wir unsere Vorstellungskraft, unsere Neugier und unseren Mut. Vermutlich haben Sie sich die Situation auch bildlich vorgestellt? Neugierig sollte man sein, um sich nicht gleich mit der erstbesten Idee zufriedenzugeben. Und Mut brauchen wir, um neue Ideen umzusetzen oder um im Restaurant nach Eiern zu fragen.

Da Ihnen ganz sicher eine Lösung eingefallen ist, können Sie nun nicht mehr behaupten, nicht kreativ zu sein. Nicht nur Künstler sind kreativ, wir alle sind es. Wie wir von Natur aus denken und Probleme lösen können, so sind wir auch *von Natur aus kreativ*, eine Aussage, die der Gehirnforscher Ernst Pöppel sogar als Titel für eines seiner Bücher wählte.[103]

Auch wenn die Gehirnforschung zum Thema Kreativität noch in den Kinderschuhen steckt, ist es wissenschaftlich belegt, dass wir für kreative Ideen beide Gehirnhälften brauchen. Die rechte Seite, die ja als die etwas kreativere von beiden gilt, weist tatsächlich eine größere Aktivität bei schöpferischen Aufgabenstellungen auf. An kreativer Arbeit sind aber ganz verschiedene Regionen und nicht immer die gleichen beteiligt. Kreativität entsteht aus dem Zusammenspiel ganz verschiedener neuronaler Netzwerke. Da ich davon ausgehe, dass Sie im Besitz einer rechten und einer linken Gehirnhälfte sind, haben Sie alles, was Sie brauchen, um kreativ zu sein. Und Sie sind es sicher schon längst, nur ist es Ihnen vielleicht nicht bewusst oder Ihre Kreativität ist einfach noch blockiert.

Nun gibt es aber Menschen, die kreativer als andere zu sein scheinen und in kreativen Berufen arbeiten. Der große Unterschied zu den »Nicht-Kreativen« ist der, dass Kreative an einem Punkt ihres Lebens einfach beschlossen haben, kreativ zu sein, wie Robert Sternberg, ehemaliger Präsident der American Psychological Association, in seinen langjährigen Studien über Kreativität, Intelligenz und Lebenserfahrung herausfand.[104] Wer also bei seiner Meinung bleibt, nicht kreativ zu sein, wird sein Potenzial an Kreativität bestimmt nicht entfalten.

Wie sehr Glaubenssätze nicht nur unsere Sichtweise, sondern auch unsere Ziele und Handlungen bestimmen, konnte der kanadische Psychologe Albert Bandura von der Stanford University zeigen. Wenn zum Beispiel Tommi in der dritten Klasse gelästert hat, dass der damals von Ihnen gemalte Schmetterling hässlich ist, dann kann dieser eine Satz schon in Ihnen die Vorstellung hervorgerufen haben, Sie seien halt einfach nicht kreativ. Eine einzige Bemerkung kann vieles verändern, zum Negativen wie auch zum Positiven! Am besten, man vertraut nicht allen Meinungen. So wurde zum Beispiel bei Paul McCartney und George Harrison vonseiten ihres Musiklehrers kein außergewöhnliches Talent festgestellt, sodass er die beiden ziemlich durchschnittlich benotete. Hätten sie ihm geglaubt, hätte es die Beatles womöglich nie gegeben.

Ich hoffe, Sie haben keine solchen Vorurteile über Ihr eigenes Können aufgebaut! Denn bei kreativen Prozessen geht es auch darum, den eigenen Fähigkeiten zu vertrauen, die Angst vor dem eigenen Versagen abzulegen und sich nicht mit anderen zu vergleichen. Wichtig ist Ihr Selbstvertrauen, ein von Ihnen gesetztes Ziel erreichen zu können. Das geht am besten mit einer Vielzahl kleiner Erfolgserlebnisse. Vielleicht bekommen Sie Lust, direkt anzufangen.

Selbstverständlich führt die Entscheidung, kreativ zu sein, nicht dazu, dass Ihr Gehirn nun sofort beginnt, Ideen am laufenden Band zu produzieren, aber es ist der erste Schritt. Kreativ zu sein kann sehr viel Spaß machen, und das probieren wir gleich einmal aus. Sehen Sie die Abbildung unten mit ihren drei Reihen aus je sechs Kreisen? Jetzt haben Sie drei Minuten Zeit, möglichst viele Kreise mit Ihren Ideen zu füllen. Das ist eine ganz klassische Kreativitätsübung. Was könnte so ein Kreis darstellen? Einen Tennisball? Ein Katzengesicht? Versuchen Sie es einfach einmal. Sie dürfen die Kreise auch miteinander verbinden.[105]

Kreative Kreise

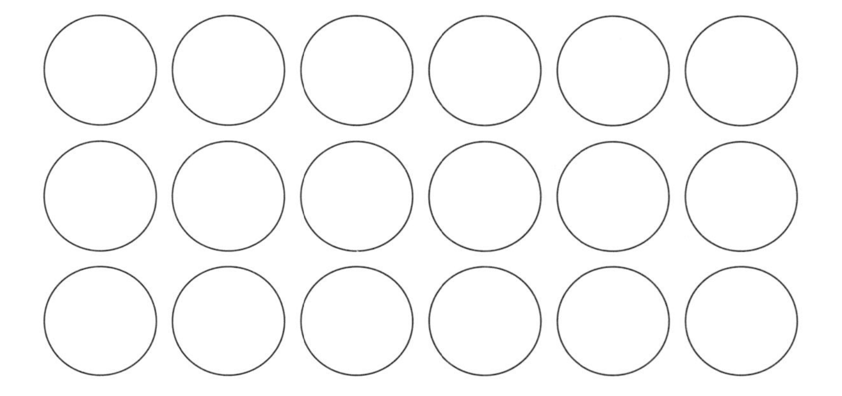

Wenn Ihnen nichts mehr einfällt, dann schauen Sie sich in Ihrer Umgebung um. Was ist alles rund? Ich bin mir sicher, dann geht es wieder flink weiter. Sie können auch gerne Farben benutzen!

Was macht Kreativität aus?

Kreativität bedeutet, eine originelle, innovative Idee zu entwickeln, indem durch neuartiges Verknüpfen von Informationen, Theorien, Techniken oder durch ungewöhnliches Zusammensetzen von Produkten jeglicher Art etwas Neues entsteht. Das Wort selbst stammt vom lateinischen Wort *creare*, das *schaffen*, *erschaffen* und *hervorbringen* bedeutet. Innovationen entstehen oft aus dem Verbinden und Zusammenführen unterschiedlicher Elemente. Das hört sich alles erstmal ziemlich anstrengend an.

Wie wir schon gesehen haben, ist der erste Schritt zu tollen Ideen der Glaube an sich selbst. Die beiden Brüder David und Tom Kelley, Gründer und Partner einer weltbekannten Design- und Ideenschmiede, drücken es so aus: »Im Kern geht es bei Kreativbewusstsein um den Glauben daran, die Welt verändern zu können – die Überzeugung, dass man das, was man sich vorgenommen hat, auch erreichen kann.«[106] Wumms! Das hat schon mehr Energie als eine schlichte Definition. Die Welt zu verändern, das geht aber nicht so einfach, oder? Es gibt aber unendlich viele große und kleine Beispiele, dass man tatsächlich etwas bewegen kann! Jeder von uns! Sie auch! Steve Jobs, der Mitbegründer von Apple, hat die Welt nicht nur verändert, sondern revolutioniert, und das war seine Absicht. Er glaubte, dass man eine »Delle ins Universum« schlagen kann,[107] und tat es.

Man muss ja nicht gleich das Universum demolieren, auch im Alltag kann man viel tun. Es gibt ein afrikanisches Sprichwort, das besagt: »Viele kleine Leute an vielen kleinen Orten, die viele kleine Dinge tun, können das Gesicht der Welt verändern.« Und das Schöne ist: Auch Kreativität lässt sich trainieren.

Kreative Ideen können natürlich im Laufe einer gezielten Suche entstehen, sie können aber auch ganz ungefragt und plötzlich auftauchen, und dann gilt es, sie sich zu schnappen. So erging es zum Beispiel dem britischen Physiker Peter Higgs, als ihm 1964 beim Sortieren von Zeitschriften in der Unibibliothek von Edinburgh plötzlich ein mathematischer Trick einfiel, mit dessen Hilfe man erklären konnte, weshalb alle Bausteine der Materie mit Masse behaftet sind.[108] Higgs meinte, dieser Einfall sei damals einfach nur Glück gewesen. Knapp 50 Jahre später erhielt er für diese Entdeckung, die Vorhersage des Higgs-Teilchens, den Physiknobelpreis.

Auch viele Schriftsteller erzählen, dass so manches Werk einfach aus ihrer Feder floss ohne ein bewusstes Zutun. Johann Wolfgang von Goethe berichtete zum Beispiel, dass er die *Leiden des jungen Werther* ohne viel zu überlegen niederschrieb: Er musste quasi nur den Stift halten.[109]

Was macht nun kreative Ideen aus? Im Rückblick erscheinen sie uns oft als ganz logisch und stimmig, egal ob es eigene oder fremde Ideen sind. Sudoku? Klar, rein theoretisch hätte ich das auch erfinden können.

Doch selbst wenn etwas einfach erscheint, steckt dahinter oftmals sehr viel Arbeit und eine schöpferische Höchstleistung, die meist aus viel Ausprobieren und zahlreichen Fehlversuchen erwächst. »Rückblickend ist jede schöpferische Idee vernünftig«,[110] also nachvollziehbar, resümiert der Kognitionswissenschaftler und Kreativitätsforscher Edward de Bono. Trügerisch sei dabei jedoch die Annahme, dass wir durch logisches Nachdenken auf kreative Ideen kommen könnten. Gerade erst durch das Verlassen logischer Pfade und vorgegebener Grenzen und Denkbahnen eröffnen sich Wege für alternative Einfälle. Das kann durch einen bewussten Perspektivenwechsel oder durch Kreativitätstechniken geschehen.

Kreativität entsteht nämlich keineswegs aus dem Nichts, sondern baut auf existierendem Wissen sowie eigenen Wahrnehmungen, Erfahrungen und Überlegungen auf. Mit bestimmten Techniken kann man sein *divergentes Denken* fördern. Dabei geht es nicht darum, die einzige Lösung zu finden, sondern kreativ in verschiedene Richtungen zu überlegen, neue Verknüpfungen zu schaffen, also auch quer und um die Ecke zu denken, und so neuartige, originelle Ideen zu entwickeln. Es steht also im Gegensatz zum analytischen Vorgehen, dem *konvergenten Denken*. Um kreativ zu sein, benötigt man beides. Es ist hilfreich, sich nicht auf die erste Idee zu verlassen, wenn sie schnell und rational ersonnen wurde, sondern auch von seinen gewohnten logischen Denkmustern abzuweichen. Kreativität bedeutet also nicht, dass man das Rad neu erfinden muss, aber man sollte kontinuierlich versuchen, es zu verbessern. So kann selbst ein neuer, einzigartiger Ausdruck für ein bekanntes Phänomen am Ende zum Staunen führen und das Prädikat »kreativ« und vielleicht sogar »genial« einheimsen.

Die Visualisierung des Perspektivenwechsels: Kehren wir noch einmal in unser Aquarium zurück. Es ist ja riesengroß, und da die Fische keine Lust haben, immer selbst irgendwo hinzuschwimmen, gibt es auch ein riesiges Achterbahnsystem mit vielen Stationen und Bahnen, die kreuz und quer durch das Aquarium sausen. Wenn die Fische, unsere Gedanken, aber immer nur an den gleichen Stationen ein- und aussteigen und die gleichen Strecken nutzen, werden sie während der Fahrt nicht sehr viel Neues entdecken, keine neuen Fische kennen lernen und auch keine neuen Gedanken entwickeln. Deshalb werden durch kreative Ideen, also durch kreative Fische, die Schienen der Achterbahn immer wieder mal um- oder ausgebaut. So können all unsere Gedanken, alle Fische, von der einen Strecke auf neue Linien umsteigen oder neue Richtungen einschlagen. Dadurch entstehen neue kreative Bekanntschaften und weitere neue Ideen unter den Fischen und somit auch in unserem Kopf.

Oft liegen Ideen oder Informationen auch ungenutzt in der Luft, bis jemand sie kombiniert und so etwas Neues kreiert oder einfach ihren Marktwert erkennt. Neue Zusammenhänge auf den Punkt zu bringen und klar zu formulieren, kann ebenfalls ein Ausdruck von Kreativität sein. So gilt zum Beispiel Thomas Edison als der Erfinder der Glühbirne, obwohl seine Versuche »nur« die bereits bekannten Lampentypen englischer Naturwissenschaftler verbesserten. Das wissen allerdings nur die wenigsten. Die Glühbirne wird noch heute vor allem mit seinem Namen in Verbindung gebracht, da Edison die Bedeutung dieser Erfindung erkannte und in

der Lage war, die Vorzüge von Elektrizität der breiten Masse zu vermitteln. Kreativität kann also auch bedeuten, am Puls der Zeit zu sein, Veränderungen und Tendenzen frühzeitig zu erfassen oder gar zu kreieren und dies auch zu kommunizieren, sodass sie auch für andere erkennbar werden. Auf diese Weise entsteht eine neue Wirklichkeit und Selbstverständlichkeit.

Wie der Kreativitätsforscher Mihaly Csikszentmihalyi es beschreibt, braucht man für die *große Kreativität*, also für bahnbrechende Erkenntnisse oder Errungenschaften, auch Glück und eben die richtige Kommunikation. Für ihn gehört natürlich Albert Einstein zu den stolzen Besitzern dieser großen Kreativität. Dieser brachte die Relativitätstheorie mit seiner Gleichung $E = mc^2$ ohne Hilfe eines großen Teams und allein mit seiner eigenen Geisteskraft auf den Punkt. Aber auch er baute natürlich auf bereits vorhandenem Wissen und kreativen Ideen auf.[111] Für Mihaly Csikszentmihalyi ist daher die große Kreativität nicht nur an eine Person und ihre neue Idee oder Theorie gebunden, sondern auch an Kultur, Umfeld und die vorherrschenden Bedingungen. Ebenso darf die Expertentruppe, die eine Innovation anerkennt und bestätigt, nicht fehlen. Letztendlich entscheidet die Gesellschaft, welche Kreativität als eine der *großen* anerkannt wird. Somit braucht es auch hier Glück!

Ein Quäntchen Glück schadet auch nicht bei der alltäglichen Kreativität, die uns hilft, große und kleine Probleme im Job oder im Privaten zu lösen. Zum Glück kann man diesem Glück auf die Sprünge zu helfen.

Kreativität, Produktivität und Schaffen

Als ich begann, mich mit dem Thema Kreativität zu beschäftigen, begriff ich sehr schnell, dass kreative Menschen nicht nur kreativ, sondern vor allem produktiv sind, ganz nach dem Motto: Wer sich intensiv mit einem Thema oder Problem auseinandersetzt und seinen Gedanken auch mal freien Lauf lässt, der hat auch viele Ideen. Mich fasziniert der Gedanke, dass es bei Kreativität nicht um einzelne innovative Ideen geht, sondern vielmehr um einen ständigen Fluss vieler Ideen, um ganze Ideenflechtwerke, die ineinander greifen. Ankit Gupta, der mit seinem Kollegen Akshay Kothari in nur wenigen Tagen durch sehr produktive Arbeit die Grundidee und Umsetzung der App *Pulse News*, einem News Reader für Smartphones und Tablets, entwickelte, beschreibt es so: »Es geht nicht darum, eine geniale Idee zu haben, die das Problem löst. Es handelt sich vielmehr um einen Prozess, bei dem man zuerst hundert andere Lösungen ausprobiert und mit ihnen scheitert, bevor man schließlich bei der besten anlangt.«[112] Inzwischen haben die beiden die App für 90 Millionen US-Dollar verkauft.

Kreativität drückt sich also nicht nur in schöpferischen Prozessen aus, sondern vor allem auch in der konkreten Umsetzung von Ideen, in der eigenen Produktivität, im »Schaffen«. Wenn wir auf der Suche nach solch kreativen Lösungsansätzen sind, hilft es, aktiv und produktiv zu sein und unsere Umwelt genau zu beobachten, sie aber auch aus der Sicht anderer wahrzunehmen sowie Prozesse zu erkennen, die nicht optimal laufen. Was ist besonders zeitaufwändig? Wo treten Probleme bei der Bedienung eines Gerätes auf? Welches Teil muss besonders oft repariert werden? All das kann zum Ausgangspunkt neuer Ideen werden.

Doug Dietz, der an Entwicklung und Design des Magnetresonanztomografen beteiligt war, besuchte eines Tages ein Krankenhaus, um sein Werk in Aktion zu sehen. Er rechnete damit, ein positives Feedback zu erhalten, da das Gerät gerade für einen Design Award vorgeschlagen worden war. Doch an diesem Tag erfuhr er, dass etwa 80 Prozent aller Kinder von einem Anästhesisten ruhig gestellt werden mussten, da ihnen die Maschine und die Geräusche so große Angst einflößten. Der Stolz auf seine Arbeit verwandelte sich in das Gefühl, versagt zu haben. Denn er hatte sich bis dahin nicht in das Denken vor allem der kleinen Patienten hineinversetzt. Heute gibt es in Krankenhäusern MRT-Räume, die als unterschiedlichste Abenteuerwelten gestaltet sind. So wird eine Untersuchung auf einmal zu einem Weltraumausflug mit einem Space-Shuttle, bei dem die Kinder ganz genau drauf achten sollen, wann der »Turbo« eingeschaltet wird. Somit werden die bedrohlichen lauten Klopfgeräusche Teil einer Geschichte, und viele Kinder empfinden die Untersuchung nun als aufregend und spannend. Die Idee hierzu kam Doug Dietz in einem Kreativitätsworkshop, der ihn lehrte, sich in andere hineinzuversetzen und Menschen in ihrem Alltag zu beobachten.

Schon Immanuel Kant sprach in der *Kritik der reinen Vernunft* im Zusammenhang mit der Verknüpfung von Verstand und Sinnlichkeit von *produktiver Einbildungskraft*. Geht es bei Kreativität tatsächlich im Grunde vor allem um Produktivität? Trifft hier mal wieder Edisons Formel »Ein Prozent Inspiration, 99 Prozent Transpiration« zu?

Wolfgang Erharter, ein österreichischen Managementberater und Musiker, weist darauf hin, dass *Kreative* und allgemein schöpferisch tätige Personen wie Produktdesigner, Grafiker, Ingenieure, Musiker oder Wissenschaftler eigentlich keine Kreativitätstechniken anwenden, sondern vielmehr Arbeitsmethoden, die zu einer möglichst hohen Produktivität führen. Für einen kreativen Menschen sei das Originelle nämlich nicht unbedingt das Einzigartige, sondern eher das »Naheliegende«, dem er sich durch sein produktives Schaffen nähert.

Wahrscheinlich ist es eine Mischung sowohl selbstentwickelter Kreativitäts- als auch Produktivitätstechniken, die wir benötigen, um kreativ zu sein. Denn auch in künstlerischen Berufen entwickelt man seine eigenen Routinen. Von der Architektin und Designerin Nina Hürlimann lernte ich, dass sie zu Beginn eines Projektes nicht immer sofort eine Idee oder gar ein Bild im Kopf hat. Über die Sammlung von bildlichen und wörtlichen Umschreibungen versucht sie, sich zunächst an die Aufgabenstellung heranzutasten und sich so einen Eindruck vom Thema zu verschaffen. Dadurch entstehen oft neue, teilweise auch überraschende Sichtweisen und Wege, die sich dann zu einer Idee konkretisieren lassen.

Auch die Münchner Grafikerin und Buchautorin Julia Romeiß erzählte mir, dass sie bei jedem Entwurf ein Moodboard, also ein Stimmungsbild, entwerfe, um nicht vor dem berühmten weißen Blatt zu sitzen. Selbst wenn sie vorher schon eine spontane Idee hatte, arbeitet sie jedes Mal in unterschiedlichem Umfang eine Art Collage aus, in der sie Ideen in Form von Bildern und Farben sammelt. Moodboards benutzen auch Innenarchitekten oder Modedesigner, um eine Grundstimmung zur Umsetzung ihrer Arbeit einzufangen. So entstehen die prinzipiellen Ideen. Die Gestaltung im Detail passiert dann während der konkreten Ausarbeitung eines Entwurfs. Auch hier erwachsen kreative Ideen aus routinierter Arbeit.

Ein wichtiger Gedanke bleibt festzuhalten: Kreative warten nicht, bis der kreative Geistesblitz sie trifft oder bis sie spontan beim Kuchenbacken oder während sie aus dem Fenster blicken von der Muse geküsst werden. Kreativität hat, wie gesagt, auch etwas mit Schaffen zu tun. Um kreativ zu sein, brauchen wir keine hippe Brille oder ein buntes Einstecktuch. Stattdessen hilft eher der schwäbische Liedtext »Schaffe, schaffe, Häusle baue, und net nach de Mädle schaue«, um in die richtige Gemütsverfassung zu kommen.

Raus aus der Denkblockade

Die Lösung eines Problems durch ein plötzliches Aha-Erlebnis wird in der Wahrnehmungspsychologie als *Einsicht* bezeichnet. Was geht in unserem Kopf bei so einem Geistesblitz vor? Da die Einsicht unbewusst auftritt, können wir leider nicht sagen: »So, liebes Unterbewusstsein, jetzt mach mal hinne!«, wenn wir sie dringend bräuchten.

Um aus einer gedanklichen Sackgasse herauszukommen, bringt es nichts, sich weiterhin intensiv auf das Problem zu fokussieren. Auf diese Weise entstehen sehr wahrscheinlich nur Lösungen, die unseren bisherigen Gedanken ähneln, da wir immer auf den gleichen mentalen Karten, unseren neuronalen Trampelpfaden, unterwegs sind. Mark Beeman, Psychologe an der Northwestern University in Illinois, konnte mit seinen Experimenten nachweisen, dass sich ein noch stärkeres Fokussieren auf die Lösungsfindung sogar negativ auf das Finden von Einsichten auswirkt.[113]

David Goleman spricht daher in diesem Zusammenhang auch vom Wert schweifender Gedanken. Das sind die Gedanken und Ideen, die wir haben, wenn unser *Default Network* hoch aktiv ist. Hier verlassen wir die geebneten Bahnen, in denen wir gerade gedacht haben. Und das ist dann der Fall, wenn wir nicht hochkonzentriert sind, sondern eine Pause machen. Oft hilft es schon, sich eine Weile mit etwas ganz anderem zu beschäftigen, wie im Internet surfen, die eigene Post sortieren oder Kaffee für den Kollegen besorgen, um sich abzulenken und das Problem kurzfristig zu vergessen. So hat das Gehirn die Möglichkeit, andere, neue Pfade zu finden, denn die alten Muster haben uns ja bisher nicht weitergebracht. Haben Sie etwas Geduld: Ihr Unterbewusstsein wird von ganz alleine wieder an die Tür klopfen, wenn es seine Arbeit erledigt hat. Manchmal brauchen Sie nur ein paar Augenblicke zu warten. Oder Sie fragen einfach jemand anderen, ob er eine spontane Idee zu Ihrem Problem hat. Der hat nämlich ganz andere mentale Karten im Kopf als Sie. Auch der Titel dieses Buches fand sich am Ende über ein plötzliches Aha-Erlebnis, ihm war jedoch ein intensives Nachdenken vorausgegangen.

Um die oft in Pausen auftauchenden guten Ideen zu erkennen, ist es hilfreich, ein Bewusstsein dafür zu entwickeln, dass Einfälle besonders in diesen entspannten Momenten auftauchen können. Seien Sie darauf vorbereitet, damit Sie sie nicht ungenutzt vorbeiziehen lassen. »Der Zufall begünstigt den vorbereiteten Geist«, so drückte es Louis Pasteur aus.[114] Viele Kreative haben daher immer etwas zu schreiben dabei – bis hin zu einem Stift, mit dem man sogar beim Duschen Ideen auf das Duschglas notieren kann. Nehmen Sie also auch in entspannten Phasen die guten Ideen an und halten sie am besten kurz schriftlich fest, um danach direkt weiter zu entspannen.

Mark Beeman stellte übrigens bei seinen Untersuchungen auch fest, dass glücklicher gestimmte Personen leichter zu Einsichten kommen. Auch Edward Hirt, ein amerikanischer Psychologe von der Indiana University Bloomington, kam zu vergleichbaren Ergebnissen, als er Probanden mit diversen Kurzfilmen in unterschiedliche Stimmungen versetzte, bevor er ihre Kreativität testete: Hatten sie schlechte Laune, fiel ihnen das kreative Denken schwer. Und je besser sie sich fühlten, umso flexibler und »kreativer« waren sie in ihrem Denken.

Bei einer Denkblockade hilft es auch, die Ausgangsfragen zu überdenken oder neu zu formulieren. Fragen Sie sich deshalb bei einem Problem schon zu Beginn, ob Sie den richtigen Fragen nachgehen.

Um eine richtig gute Idee zu haben, sollte man nicht nur nach ihr suchen, sondern sich ebenfalls inspirieren lassen, und das nicht nur am Schreibtisch. Auch die großen Philosophen dachten nicht im Sitzen am Tisch. Die Stoiker gingen in eine Wandelhalle, um zu philosophieren, Descartes philosophierte im Liegen, Mozart hatte seine besten Einfälle wohl im Bett, und Nietzsche wanderte am liebsten in den Alpen. Warum glauben wir also, im Sitzen auf einen kreativen Einfall zu kommen? Warum warten wir so oft im gewohnten Umfeld auf ungewöhnliche Gedanken – an Orten, an denen sie uns bisher nicht besuchten?

Wie entfaltet man seine Kreativität?

Es lohnt sich, sich einmal Gedanken über den Ort zu machen, an dem wir kreativ und produktiv sein können. So hat Joanne K. Rowling ihren *Harry Potter* in einem Café geschrieben und diesen Ort als sehr inspirierend empfunden, um ungewöhnliche Ideen hervorzuzaubern.

Testen Sie Orte, Geräuschkulissen oder auch Ohrstöpsel und finden Sie heraus, wo und wie Sie besonders gut kreativ arbeiten können. Angeblich hilft auch die Farbe Blau bei der Suche nach Ideen und kreativen Lösungen, da sie entspannend auf uns wirkt, genau wie der Himmel, das Meer, ein See oder Fluss. Doch es gibt nicht nur viele Kreativität anregende Orte, Sie können sich mittlerweile sogar Cafégeräusche und viele andere akustische Atmosphären einfach per Kopfhörer ins Büro oder an jeden anderen Ort herbeizaubern. Ein zu hoher Lärmpegel hilft jedoch in den seltensten Fällen.

Es hängt aber nicht allein vom Ort und der richtigen Stimmung ab. Nach Auffassung von Mihaly Csikszentmihalyi gehören zur Kreativität ebenso Disziplin und die Fähigkeit, neugierig zu bleiben und zu staunen. Er rät zum Beispiel, jeden Tag einen kleinen Absatz oder eine einzige Schlagzeile einer Zeitung umzuformulieren, sodass sie origineller, einprägsamer oder auch merkwürdiger ist. Er geht sogar noch weiter, denn für ihn ist der Perspektivenwechsel ein Schlüssel zur Kreativität. So empfiehlt er, auch die eigene Persönlichkeit unter die Lupe zu nehmen, indem man andere Haltungen ausprobiert oder sich in andere Charaktere hineinversetzt und herausfindet, wie man sich als Person verhält, wenn man zum Beispiel das genaue Gegenteil von sich selbst wäre, um sich so zu einem noch positiveren und kreativeren Menschen zu entwickeln.

Zu einem Perspektivenwechsel zählt für ihn auch die Erkenntnis, wann man sich auf die Details einer Frage oder eines Problems fokussiert und wann es sinnvoller ist, die Gesamtsituation im Blick zu haben und mögliche Neuigkeiten oder »freischweifende Gedanken« wahrzunehmen, die einem bei der Problemlösung weiterhelfen. Doch sein letzter und vielleicht wichtigster Satz lautet: »Und was letztendlich wirklich zählt, ist nicht, ob Ihr Name an einer anerkannten Entdeckung klebt, sondern ob Sie ein erfülltes und kreatives Leben geführt haben.«[115] Womit er zweifellos Recht hat.

Perspektivenwechsel erzeugen

Auf der Idee des Perspektivenwechsels beruht eine der bekanntesten Kreativitätstechniken, die »Sechs-Hüte-Methode« von Edward de Bono.[116] Dieses Vorgehen findet heutzutage in vielen internationalen Konzernen zur Ideenfindung bei Besprechungen oder Diskussionen Anwendung. Gerade weil sich in solchen Meetings schnell Positionen und Meinungen verfestigen, kann man mit diesem Prinzip strukturiert und in einzelnen Schritten ein Problem durchdenken: Es gibt sechs Denkhüte in verschiedenen Farben, die für unterschiedliche Blickwinkel stehen. Der weiße Hut steht für die Fakten. Das kann man sich gut mit einem weißen Blatt Papier merken, auf dem die Fakten notiert sind. Der sonnengelbe Hut steht für Positives, der kritische schwarze Hut versucht alle Bedenken oder Hürden aufzuspüren. Die Farbe Rot steht für Emotionen, der grüne Hut erinnert an das Grün von Pflanzen und steht somit für Wachstum und für die Hoffnung auf Neues. Bei jeder dieser Farben sollen weitere Aspekte, Ideen und Alternativen zu einem konkreten Problem kreiert werden. Alle neuen Ideen bleiben zunächst unbewertet, da es erst mal darum geht, möglichst viele unterschiedliche Einfälle zu haben. Der blaue Hut, in der Farbe des Himmels, wird immer zuletzt »aufgesetzt«, am besten nach einer kleinen Pause. Mit dem blauen Hut werden die Lösungen oder Entscheidungen noch mal von oben im Gesamtzusammenhang, quasi aus der Vogelperspektive betrachtet. Entweder können alle Gruppenteilnehmer sich eine gemeinsame Hutfarbe »aufsetzen«, oder die Teilnehmer tragen unterschiedliche Hüte und geben ihren Hut, und damit die Perspektive, nach ein paar Minuten nach links weiter und erhalten einen neuen. Diese Methode funktioniert nicht nur in der Gruppe, sondern auch alleine. Spätestens nach der Ideenfindungsphase ist es jedoch immer hilfreich, seine Gedanken mit jemandem zu teilen, weil sich gerade durch Kommunikation neue Ideen kreieren lassen. Sie können sich auch in andere Personen hineinversetzen und sich fragen: Wie würde Einstein das Problem angehen oder mein Chef, mein Kunde oder ein risikofreudiger Unternehmer?

Eine weitere Möglichkeit, um seinen Blickwinkel zu ändern, ist die Flip-Flop-Technik. Hierfür versuchen Sie, Ideen zu sammeln, die *nicht* zur Erreichung des Ziels oder zur Lösung des Problems beitragen. Unserem Gehirn fallen nämlich negative Aspekte nicht nur schneller auf, weil sie zu Unstimmigkeiten führen, sondern auch schneller ein. Denken Sie also ebenso an negative Aspekte und kommen im Umkehrschluss vielleicht auf neue Ideen. Was können wir noch tun, außer einen Perspektivenwechsel vorzunehmen?

Das Staunen ausbauen

Was uns heute begeistert, finden wir zum Beispiel leicht heraus, wenn wir uns daran erinnern, über was wir als Kind gestaunt haben, und das war eine ganze Menge. Erst neulich im Bus ist ein kleiner Junge hinter mir ausgeflippt, weil er einen Kran gesehen hat. Ganze drei Minuten war er hin und weg von dem Kran. Irre. Warum staunen wir eigentlich nicht mehr so viel? Klar: Unser Gehirn hat mittlerweile viele Kräne gesehen und schenkt ihnen somit kaum noch Aufmerksamkeit. Wir staunen eigentlich nur, wenn wir etwas sehen, das in kein Muster unseres Gehirns zu passen scheint.

Goethe sagte schon: »Das Gleiche lässt uns in Ruhe, aber der Widerspruch ist es, der uns produktiv macht.« Dazu benötigen wir vor allem Wahrnehmungs- und Begeisterungsfähigkeit. Nur wie treiben wir die jetzt so schnell auf?

Selbsttest: Mihaly Csikszentmihalyi rät, Buch zu führen, worüber wir staunen. Das mache ich seit einer Weile. Ich möchte Sie nun nicht mit all den Dingen langweilen, über die ich gestaunt habe. Aber es ist schon faszinierend, was einem plötzlich alles so auffällt, wenn man nach etwas sucht, das man bisher nicht wahrgenommen hat oder das ungewöhnlich ist. Ich habe diesen Rat befolgt, und seitdem bleibt mir tatsächlich noch mehr bewusst in Erinnerung. Denn es gibt sie doch noch, die Dinge, über die wir uns freuen wie Fünfjährige: Bei mir sind es zum Beispiel Regenbögen und Seifenblasen.

Entdecken auch Sie täglich Neues, das Sie zum Staunen bringt, und stellen Sie sich selbst immer wieder neue Fragen. Denn wenn wir etwas Neues oder Unerwartetes entdecken, dann steigt unser Dopaminwert. Wir haben eigentlich immer ein Glücksgefühl, wenn wir etwas interessant oder spannend finden, und das motiviert uns, uns intensiver damit auseinanderzusetzen.

Simone C. Nicklas, die sich im Rahmen ihrer Doktorarbeit mit den Themen Erinnerung und Identität beschäftigt hat, erläutert mir, dass das Aufschreiben unserer Gedanken, Gefühle oder Erinnerungen an vergangene Ereignisse häufig den Versuch darstellt, Vergangenes wie auch Gegenwärtiges zu verstehen, in das eigene Leben zu integrieren und den Bezug zu sich selbst herzustellen. Wir setzen uns dann aktiv mit unserem Selbst, mit unserer Identität, auseinander. Durch das Aufschreiben kann man eine größere Distanz zu sich selbst bekommen und sich somit aus einer Metaebene beobachten. Ebenso ist es möglich – wenn man etwa fiktive Geschichten notiert – alternative Handlungsmöglichkeiten auszuprobieren und sich neu und anders zu verstehen.

Nach neuen Ideen angeln

Wenn wir an Problemen arbeiten, sind verschiedene Regionen im Gehirn aktiv. Damit sich beim Überlegen die richtigen Schaltkreise kreuzen, um eine neue Idee zu erzeugen, ist es hilfreich, nicht nur einfach ins Blaue zu denken. Obwohl, die Farbe Blau soll ja helfen, Ideen zu finden, aber das meine ich damit natürlich nicht, sondern: Wir können auch bewusst nach Ideen angeln, indem wir uns an bestimmten Buchstaben orientieren, zum Beispiel wie beim Stadt-Land-Fluss-Spiel. Wenn ich Sie nach verschiedenen Städten fragen würde, könnten Sie mir bestimmt viele aus dem Stehgreif aufzählen. Aber Sie würden mir noch mehr Städte nennen können, wenn Sie das ganze Alphabet durchgehen und versuchen, zu jedem Buchstaben möglichst viele Länder und Städte zu finden. Mithilfe von Buchstaben können wir zum Beispiel leichter nach neuen Ideen fischen.

Die Visualisierung des Neue-Ideen-Angelns: Stellen Sie sich vor, Sie sitzen in unserem Aquarium in einem kleinen Boot und wollen einen Fisch fangen, eine Idee, haben aber weder Angel noch Köder dabei. Das heißt, Sie können nur versuchen, die Fische mit den Händen zu erwischen, die sich in der Nähe des Bootes befinden. Das werden aber wahrscheinlich nur kleine Fische sein. Diese naheliegenden Fische, also Gedanken, wollen wir aber nicht. Um große, außergewöhnliche Fische zu angeln, müssten Sie zumindest einen großen Köder an der Angel haben. Wie könnte ein Köder für eine Idee aussehen? Da ein Fisch gerade große Luftblasen aus seinem Maul aufsteigen lässt, fangen Sie Ihre nächste Ideensuche ausnahmsweise mit einem »L« an, wie Luftblase. Oder?

In dem Buch *ABC-Kreativ* von Vera Birkenbihl finden Sie viele solcher Techniken, die nicht nur mit Buchstaben, sondern auch mit Wörtern arbeiten und dazu die entsprechenden Beispiele liefern. Sie können auch wahlweise ein Buch aufschlagen, sich irgendein Hauptwort herauspicken und versuchen, dieses Wort mit Ihrem Problem in Verbindung zu bringen.

Selbsttest: Diese Technik will ich nun auf mein Pfannkuchenproblem anwenden. Ich nehme also ein Buch, schlage eine beliebige Seite auf, tippe mit geschlossenen Augen auf eine Stelle und habe mir zufällig das Wort »Briefkasten« geangelt. Es ist das erste Substantiv, das mir ins Auge fällt. Jetzt muss ich versuchen, eine Verbindung aufzubauen. Also: Leider kann ich mir Eier nicht mehr im Internet bestellen, die würden für das heutige Abendessen viel zu spät in meinem Briefkasten landen. Aber ich könnte einen Zettel an den Briefkasten oder an die Tür kleben, wer von meinen Nachbarn noch Eier hat, der soll sich bitte bei mir melden. Gegen acht Uhr gehen bestimmt noch viele ein und aus. Ich könnte jetzt auch direkt bei meinem neuen Nachbarn klingeln, er leiht mir sicher ein paar Eier. Später könnte ich ihm einfach eine nette Dankeskarte in seinen Briefkasten werfen. Schon wäre ich beim Nachbarn gelandet, um ihn um Eier zu bitten. Ich weiß, das klingt komisch, aber es wäre eine Lösung gewesen. So kann man selbst mit den verrücktesten Verbindungen auf neue Ideen kommen. Probieren Sie es mal aus! Es kann sein, dass Sie auf diese Weise ganz originelle Einfälle angeln.

Grafiker fischen zum Beispiel nie ohne Köder. Selbst sie suchen Wörter und Bilder für abstrakte Begriffe, die zum Beispiel die Unternehmenskultur des Auftraggebers widerspiegeln, und schaffen sich zunächst sozusagen eine Wörterwelt. Dann geht es auf die Suche nach Inspiration im Internet, in Büchern und im Alltag. Also versuchen Sie nicht, ohne Köder fischen zu gehen, wenn Sie sich eine kreative Idee angeln möchten.

Am Ende bleibt die Erkenntnis, dass es geniale Einfälle nicht auf Knopfdruck gibt. Aber wenn wir uns einer Frage, einem Ziel oder Problem auf möglichst viele unterschiedliche Weisen nähern, wenn wir achtsamer sind und wissen, wann wir offen in die Welt hinausschauen müssen und wann es sich lohnt, uns zu fokussieren und zu konzentrieren, oder wenn wir unsere Wände blau anmalen, dann haben wir eine größere Chance auf kreative Ideen. Um achtsam zu sein, benötigen wir vor allem Konzentration. Und nicht nur dafür. Sich konzentrieren zu können hilft eigentlich bei allen kognitiven Aufgaben weiter. Deshalb schauen wir uns nun die Konzentration einmal genauer an.

Das Kapitel auf einen Blick

- Unter Kreativität versteht man, eine originelle, innovative Idee zu entwickeln und umzusetzen.
- Kreativität entsteht nicht aus dem Nichts, und erfordert auch Produktivität.
- Sie entfaltet sich am besten in einer kreativen Umgebung, die uns inspiriert.
- Neugier und die Fähigkeit zu staunen bilden die Basis jeglicher Kreativität.
- Es gibt keine genialen Einfälle auf Bestellung. Aber wenn wir achtsam und allem Neuen gegenüber offen sind und uns einer Frage, einem Ziel oder Problem aus verschiedenen Blickwinkeln nähern, haben wir Chancen, kreative Ideen zu entwickeln.
- Wenn wir nach einer Lösung suchen, bringt es uns oft nicht weiter, uns noch intensiver darauf zu fokussieren. Wichtig ist dann, sich kurz mit etwas anderem zu beschäftigen.

So werden Sie genialer

- Eröffnen Sie sich jeden Tag Möglichkeiten zu staunen. Schreiben Sie Ihre Entdeckungen auf, und bringen Sie auch andere zum Staunen.
- Brechen Sie alte Muster auf! Versuchen Sie, neu an eine Sache heranzugehen.
- Geben Sie sich nicht mit der erstbesten Idee zufrieden.

- Betrachten Sie Ihre Fragestellung bereits zu Beginn bewusst aus verschiedenen Perspektiven; nutzen Sie auch Kreativitätstechniken, um Ihren Blickwinkel zu ändern.
- Entdecken Sie etwas, mit dem Sie sich schon immer beschäftigen wollten. Sie wissen eigentlich schon, was das ist!
- Wenn Sie eine Denkblockade haben oder sich in einer gedanklichen Sackgasse befinden, lenken Sie sich ab! Schauen Sie sich etwas Lustiges an!
- Oder gehen Sie ein paar Schritte: Gewinnen Sie Abstand und damit wieder neue Sichtweisen.
- Formulieren Sie wenn nötig Ihr Problem neu.
- Seien Sie glücklich. Besonders, wenn Sie nach Ideen suchen.

Kapitel 11

Ruhe bitte! Konzentration und Aufmerksamkeit

»Aufmerksamkeit stellt die Verbindung zwischen uns und der Welt her, prägt und definiert unsere Erfahrungen.«
Daniel Goleman

Der Baum und die Schubkarre

Das Schaf tanzt auf dem Grill, eine Bierflasche rollt vom Dach, eine Rumflasche riecht an einer Blume, Meerwasser sprudelt aus einem Beet, ein Baum wächst aus einer Schubkarre und an die hundert weitere verrückte Bilder gehen mir durch den Kopf. Mein Blick fällt auf meine Stoppuhr. Okay, noch eine Minute, schnell wiederholen. Schaf, Bier, Rum, Meer, Baum. So in etwa sehen die Bilder in meinem Kopf aus, wenn ich versuche, mir in fünf Minuten rund 200 Ziffern zu merken. Ich bin in einem ganz besonderen Zustand. Ich bin höchst konzentriert. Früher war ich viel schneller, aber das Prinzip in meinem Kopf ist das Gleiche geblieben. Zahlen sehe ich als Bilder: 68 ist immer das Schaf, Bier ist 94, Rum steht für die 43, das Meer hat die 34 und so weiter. Wieso ich das mache? Bilder merkt sich unser Gehirn viel leichter als abstrakte Zahlen. In meiner Jugend habe ich Stunden damit verbracht, mir auf Gedächtnismeisterschaften Zahlen, Gesichter oder Spielkarten einzuprägen, und in allen Disziplinen Bilder genutzt.

In diesem Zustand befindet man sich in einer Art Meditation. Das wurde mir bewusst, als mir eine Freundin ein altes Video eines Interviews mit mir schickte, in dem ich im Alter von 14 Jahren erkläre, mit welchen Techniken ich mir Zahlen einpräge. Das Video war während einer Weltmeisterschaft in London kurz nach Beendigung einer Disziplin aufgenommen worden, bei der pro Sekunde eine neue Ziffer gesagt wird, die man sich natürlich in der richtigen Reihenfolge merken soll. In dem Interview spreche ich ganz ruhig, total untypisch für mich in einer Situation, in der eine Kamera mich anguckt. Ich scheine irgendwie in einem anderen Zustand als »normal« zu sein. Kein Wunder, nach einer Phase der vollkommenen Konzentration. Denn in diesem Teil des Wettbewerbs darf man sich keinen einzigen Aussetzer erlauben, da nur die Ziffern bis zum ersten Fehler in der Wertung zählen.

Was hat diese hohe Konzentration nur mit mir gemacht? Die Gedächtnistechniken und das stundenlange Training haben mir in der Tat einen Schalter mitgegeben, den ich nun betätigen kann, wenn ich mich in einer Situation hundertprozentig konzentrieren möchte. Egal, ob eine mündliche Diplomprüfung oder ein einstündiger Vortrag ansteht. Leider lasse ich mich im Alltag leicht und viel zu gerne ablenken. Und wenn ich dazu noch müde bin oder mir zu viele Gedanken über etwas mache, finde auch ich den Schalter zur Konzentration nicht mehr und tappe im Dunkeln.

Was bedeutet Konzentration?

Unter Konzentration versteht man die Fähigkeit, sich bewusst nur auf ein einziges Ziel oder eine Aufgabe zu fokussieren und währenddessen alle Gedanken und äußeren Reize auszublenden, die potenziell unsere Aufmerksamkeit beeinträchtigen könnten. Je stärker diese *selektive Aufmerksamkeit* ausgeprägt ist, desto leichter fällt es, sich voll in eine Aufgabe zu vertiefen.[117] Bei dieser Fähigkeit ist unter anderem der präfrontale Cortex besonders stark involviert. Ankommende Signale werden hier von spezialisierten Schaltkreisen entweder verstärkt, wenn wir unseren Fokus auf sie legen möchten, oder gehemmt, um uns besser auf die wichtigen Informationen konzentrieren zu können, auf die wir nun unsere Aufmerksamkeit richten wollen. Sich zu konzentrieren hat also viel mit der Fähigkeit des Gehirns zu tun, Reize und auftauchende Gefühle ausblenden oder ignorieren zu können.

Aber das ist gar nicht so einfach, denn es gibt vor allem zwei wichtige Ablenkungsformen, die sensorischen und die emotionalen Ablenkungen, die unsere selektive Aufmerksamkeit mindern. Die sensorische Ablenkung spüren wir, wenn auf einmal ein Knöchel juckt oder wir die Baustelle nebenan hören. Wir können beim Lesen die restlichen Buchstaben auf einer Seite ausblenden, um uns jeweils auf den aktuellen Satz zu konzentrieren. Da sieht man mal wieder, was für ein Fokussierungstalent unser Gehirn ist: Wir können uns genau auf die richtige Stelle beim Lesen fokussieren.

Emotionale Ablenkungen sind schwieriger in den Griff zu bekommen: Gefühle, Sorgen oder alle möglichen Gedanken, die unser Gehirn genau dann präsentiert, wenn wir uns mit etwas ganz anderem beschäftigen wollen. Selbst wenn wir alle möglichen externen Ablenkungen eliminiert haben und beispielsweise ohne Telefon und Internetanschluss in einem stillen Raum sitzen, ist immer noch diese viel größere Aufgabe zu bewältigen: die innere Stimme und den Gedankenfluss in unserem Kopf auf »Stand-by« zu schalten, um uns tatsächlich der vor uns liegenden Aufgabe vollständig zu widmen. Selbst beim Lesen schweifen wir durchschnittlich etwa 20 bis 40 Prozent dieser Zeit ab,[118] und je öfter uns das passiert, desto schlechter ist unser Lernerfolg, den wir beim Lesen erzielen.

Die beiden Gehirnforscher Trey Hedden und John Gabrieli vom Massachusetts Institute of Technology haben festgestellt, dass sich unsere Leistung bereits mindert, wenn unsere Aufmerksamkeit auch nur kurz durch eigene Gedanken abgelenkt wird.[119] Unser Arbeitsgedächtnis, das natürlich immer aktiv ist, wenn wir uns konzentrieren, muss sich in solchen Momenten trotz seiner begrenzten Aufnahmekapazität auch noch um andere Angelegenheiten kümmern und hat deshalb keine ausreichende Kapazität für die eigentliche Aufgabe. Somit sind unsere Arbeitsergebnisse tatsächlich von unserer Konzentration und dem Ausblenden der Ablenkungen abhängig.

Wenn sich unsere Aufmerksamkeit durch Ablenkung verringert, kommt der *mediale präfrontale Cortex* ins Spiel. Er liegt etwa in der Mitte unserer Stirn und ist Teil des *Default Network*, das ja besonders aktiv ist, wenn wir gerade nicht viel tun oder uns ausruhen. Wir beginnen dann, stärker als sonst unsere inneren Signale, positive wie negative, wahrzunehmen. Da unser Gehirn aber deutlich mehr auf das achtet, was uns stört oder belastet, werden wir besonders leicht abgelenkt, wenn wir schlecht gelaunt oder bedrückt sind. Keine gute Kombination.

Warum das mit der Konzentration so schwierig ist

Jonathan Haidt, amerikanischer Psychologe und Philosoph, ist der Auffassung, dass es sich bei unserer leichten Ablenkbarkeit unter anderem um ein evolutionsgeschichtliches Erbe handelt. Zum Überleben in freier Wildbahn war es damals von großem Vorteil, wenn man besonders aufmerksam war und auf jedes Rascheln und Knistern im Gebüsch reagierte, beziehungsweise seinen Fokus schnell auf etwas Neues, Unerwartetes richten konnte.[120] So bemerkt unser Gehirn durch das stetige Abgleichen aller eintreffenden Informationen die Informationen, die in kein bekanntes Muster passen.

Wenn wir uns heute auf eine Aufgabe konzentrieren wollen, ist aber das Gegenteil nötig. Konzentration hat demnach nicht nur mit der Fähigkeit zu tun, sich fokussieren zu können, sondern vor allem auch nicht relevante Gedanken und äußere Ablenkungen zu hemmen und genügend Energie, sprich Willen, zum Hemmen ablenkender Faktoren aufzubringen.

Zu diesem Thema gibt es einen ganz bekannten Test, den sogenannten Stroop-Test. Lesen Sie bitte einmal laut und schnell die *Farbe* vor, in der die folgenden Wörter geschrieben sind!

Grau
Schwarz
Schwarz
Grau
Schwarz

Wahrscheinlich haben Sie langsamer gelesen oder beim dritten Wort auch laut »schwarz« und beim vierten »grau« gesagt, da unser Gehirn das Wort schwarz so gut kennt, dass wir das bekannte Muster erst einmal hemmen müssen, um tatsächlich die Farbe der Schrift in den Vordergrund treten zu lassen.

Hier sieht man die Auseinandersetzung zwischen unserem Bottom-up- und dem Top-down-System. Der automatische Impuls, das Wort vorzulesen, steht im Konflikt mit dem bewussten Vorgang, auf die Farbe zu achten. Deshalb kommt es zu einer Verzögerung, und wir müssen höchst konzentriert sein, um keinen Fehler zu machen. Zur Zeit des Kalten Krieges wurden mit dieser Methode auch Spione entlarvt. Wenn sie angaben, kein Russisch zu können, die Worte in kyrillischer Schrift also nicht entziffern zu können, dann hätten beim lauten Benennen der Farbe weder Fehler noch Verzögerungen auftreten dürfen. Analog haben Sie jetzt kein Problem, die Farbe der Wörter laut auszusprechen, oder?

се́рый
Чёрный
Чёрный
се́рый
Чёрный

Bei fMRT-Untersuchungen während der Bearbeitung dieses Tests hat man eine Region im Gehirn ausfindig gemacht, die besonders aktiv ist, wenn Probanden die automatische Antwort hemmen, um sich auf die Farbe zu konzentrieren, und zwar den *ventrolateralen präfrontalen Cortex*, der direkt hinter den Schläfen sitzt. Er scheint hauptverantwortlich dafür zu sein, dass wir Gedanken beiseiteschieben können. Also, wie funktioniert dieses Hemmen?

Ablenkende Gedanken wegschieben

Wir widerstehen Gedanken, die unsere Aufmerksamkeit auf sich ziehen wollen, leichter, wenn wir uns die Ablenkung bewusst machen und sie beim Namen nennen. Wir können quasi eine geöffnete Schublade im Kopf wieder zumachen, indem wir eine vorläufige Lösung finden oder zu einer Einsicht kommen, die uns das Problem klarer erscheinen lässt. Um uns zu konzentrieren, müssen wir also lernen, ein Veto einzulegen, *bevor* ein Impuls sich in eine Handlung verwandelt und wir zum Beispiel ganz automatisch über ein Problem nachdenken oder unsere Aufmerksamkeit im Internet verschwindet. Das ist natürlich nicht ganz einfach, aber wie wir gesehen haben, lässt sich auch Disziplin, und damit unser Wille sowie unsere Impulskontrolle, trainieren.

Wenn unsere Aufmerksamkeit allerdings nachlässt, hilft nur eine Pause, in der wir entweder unsere Gedanken kurz schweifen lassen oder einen kleinen Spaziergang in einem Park oder noch besser in einem Wald machen. Nicht ganz einfach während der Arbeitszeit. Aber vielleicht eine Idee für den Feierabend: Ein Spaziergang in der Natur kann wahre Wunder bewirken, denn unser gesamter Organismus entspannt sich gleich mit.[121] Man kann aber ebenso schöne Naturbilder betrachten, auf denen am besten auch Wasser zu sehen ist, da dies besonders beruhigend auf uns wirkt. Die echte Natur bleibt jedoch einer der besten Orte, um sich zu regenerieren und die eigenen Energievorräte wieder aufzufüllen.

Eine fokussierte Wahrnehmung und damit die Fähigkeit, unsere Aufmerksamkeit für einen längeren Zeitraum auf eine bestimmte Aufgabe oder Tätigkeit zu richten, benötigen wir für viele grundlegende Aktionen unseres Gehirns: für das Lernen, das Erinnern, für unsere Auffassungsaufgabe, für das bewusste Wahrnehmen oder das Deuten unserer Gefühle.

Diese Erfahrung habe ich selbst nicht nur bei den Gedächtnisweltmeisterschaften gemacht, sondern auch beim Schreiben dieses Buches. Eigentlich hatte ich mir nach meiner Diplomarbeit geschworen, in den nächsten Jahren so schnell keinen Text mehr zu verfassen, der länger als zwei Seiten ist. In den ersten Monaten musste ich mich erst wieder daran herantasten, mehrere Stunden – natürlich mit kleinen Pausen – konzentriert an einem Text zu arbeiten. Mein Gehirn war es einfach nicht mehr gewohnt, lange aufmerksam zu lesen oder einen umfangreichen Text zu strukturieren. Auch mein Arbeitsgedächtnis war wohl nicht mehr in Topform, denn es ließ sich sehr leicht ablenken. Aber in kleinen Schritten kam ich wieder in einen Arbeitsrhythmus. Ausgerechnet der Internetzugang in meinem Büro hat zu meinem ersten effektiven Arbeitstag an diesem Buch beigetragen, als er einen Nachmittag lang komplett ausfiel.

Um Ablenkungen zu vermeiden, schalten Sie also alle modernen Kommunikationsmöglichkeiten soweit wie möglich ab. Bereiten Sie außerdem alles gut vor, denn unser Gehirn arbeitet gern, wenn alles bestens organisiert ist und wir gleich mit unserer konkreten Aufgabe beginnen können.

Die Visualisierung von abschweifenden Gedanken: Stellen wir uns noch einmal unser Aquariumsfenster vor, während eine große Show läuft. Wir sehen natürlich die Hauptakteure, unsere aktuelle Arbeit, engagierte große Fische, die ihre Show perfekt durchziehen wollen, aber im Hintergrund schwimmen immer wieder ein paar kleine Fische vorbei. Meistens übersehen wir sie, wenn wir uns auf die große Show konzentrieren, doch ab und zu fallen uns die Hintergrundtänzer auf. Und irgendwann ist unsere Aufmerksamkeit ganz bei ihnen gelandet. Manchmal können uns diese kleinen Fische ja auf gute Ideen bringen, aber manchmal stören sie einfach nur, indem sie den eigentlichen Stars die Show stehlen und mit vielen schnellen Pirouetten die Aufmerksamkeit auf sich ziehen. Als Zuschauer erfordert es große Anstrengung, sich noch auf die Choreografie zu konzentrieren. Daher ermahnen die Stars die kleinen netten, aber manchmal frechen Fische, nicht die ablaufende Show aufzumischen.

Wir lassen uns sehr leicht ablenken, wenn sich zu vieles gleichzeitig vor unserem riesigen Aquariumsfenster tummelt. Gibt es vielleicht die Möglichkeit, das Fenster besser auszuleuchten und somit unsere Aufmerksamkeit zu erhöhen?

Ein sehr guter Weg, seine Konzentration zu stärken, ist regelmäßig zu meditieren, Aufmerksamkeitstraining oder auch eine Sportart auszuüben. Es gibt natürlich auch zahlreiche Konzentrationsübungen. So können Sie zum Beispiel von 999 immer die 9 subtrahieren – suchen Sie sich einfach etwas, das Ihnen Spaß macht. Wichtig ist nur, ein paar Übungen regelmäßig durchzufüh-

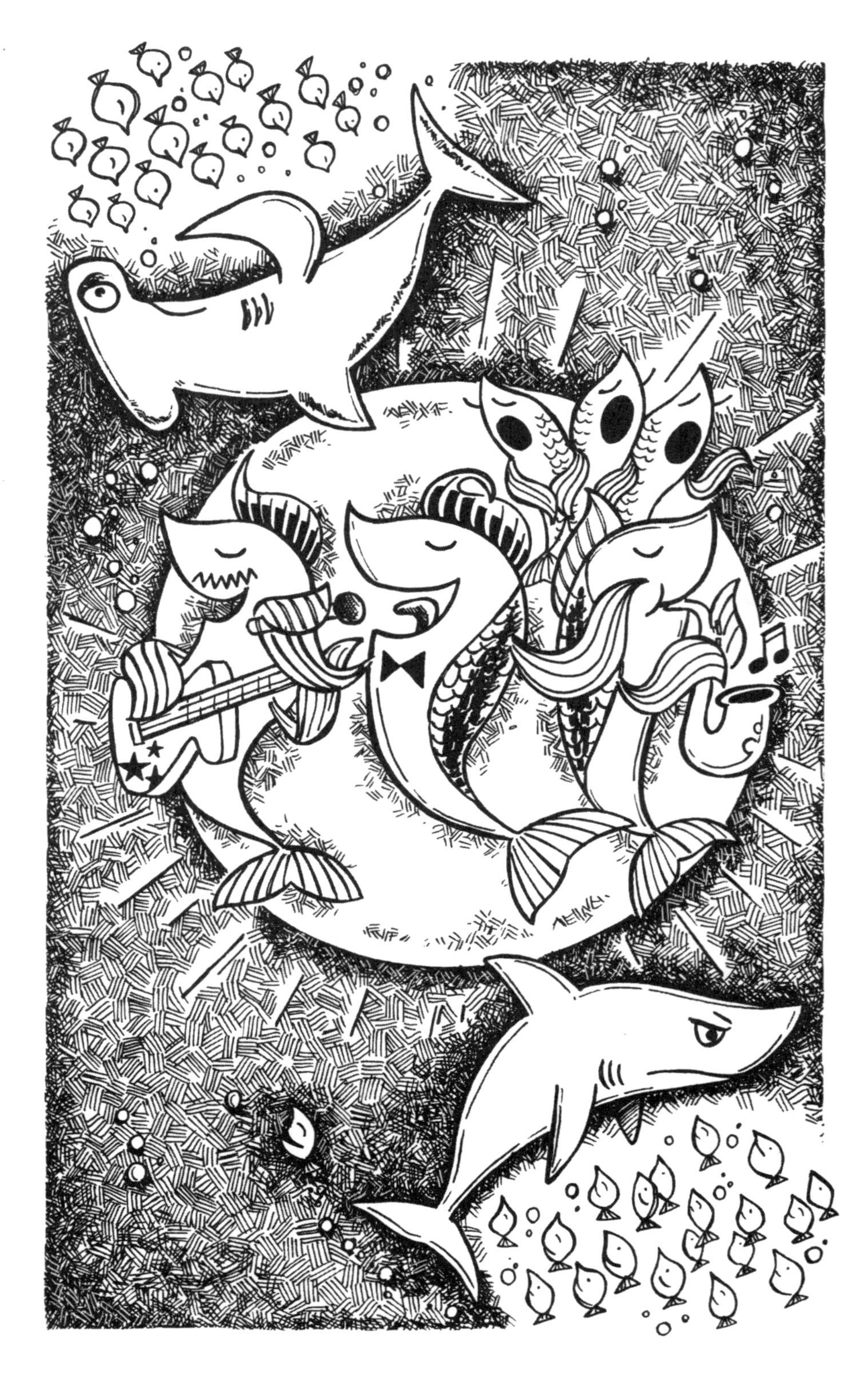

ren und am Ball zu bleiben. Auch mit Gedächtnistraining kann man seine Konzentration sehr gut trainieren, aber auch das dauert ein klein wenig, bis es sich auszahlt und man damit Erfolge erzielt. Geht es nicht vielleicht auch schneller und spielerisch? Vielleicht mit einem Computerspiel oder einer App?

Das Arbeitsgedächtnis trainieren

Schon im ersten Kapitel habe ich erwähnt, dass sich das Arbeitsgedächtnis trainieren lässt. Können wir dadurch tatsächlich unsere Konzentration verbessern und damit auch unser Wissen erweitern? Kann ich etwas tun, um Informationen besser und effektiver zu filtern, um Strukturen und Muster schneller zu erfassen, und so leichter einen Überblick gewinnen?

Die bereits erwähnten Psychologen Susanne Jæggi und Walter Perrig aus Bern sind der Auffassung, dass das Arbeitsgedächtnis in der Tat trainierbar ist. Voraussetzung sei allerdings, dass man beim Training immer bis an die Belastbarkeitsgrenze seines Gehirns geht und das mehrmals pro Woche jeweils für etwa zwanzig Minuten.[122] Bei der Studie trainierten die Probanden eine sogenannte *n*-back-Übung, bei der man sich auf einem großem Quadrat mit neun Feldern die ständig wechselnde Position eines Kästchens einprägt und sich gleichzeitig noch an Buchstabenkombinationen erinnern muss. Wenn eine bestimmte Folge der Kästchen und Buchstaben wieder erscheint, drückt man entsprechende Tasten. Eine sehr herausfordernde Übung. Bereits zehn Minuten tägliches Training können etwas bewirken. Der schwedische Hirnforscher Torkel Klingberg empfiehlt außerdem das Schachspielen, da man dabei immer einige Züge vorausdenken muss – eine anspruchsvolle kognitive Aufgabe. Andere Neurowissenschaftler schlagen Lesen, Musizieren oder Meditieren vor.[123] Ob das Arbeitsgedächtnis also tatsächlich durch systematisches Training in Bezug auf die Aufmerksamkeitsspanne sowie das komplexe Schlussfolgern verbessert werden kann,[124] möchte ich ausprobieren. Deshalb vereinbare ich einen Termin beim Psychologen. Ich werde einen IQ-Test absolvieren, bei dem das Arbeitsgedächtnis als Teilbereich ebenfalls »gemessen« wird. Hierbei muss man sich möglichst viele Ziffern in der richtigen Reihenfolge merken, sie wieder rückwärts aufsagen oder Ziffern und Buchstaben nach einmaligem Hören nach Größe beziehungsweise Reihenfolge im Alphabet sortieren. Das ist für mich gar nicht so einfach, weil ich gleichzeitig meine erlernten Gedächtnistechniken und meine Zahlenbilder unterdrücken muss.

Selbsttest: Aus dem Internet habe ich mir ein Programm mit *n*-back-Übungen heruntergeladen, das auch bei der Berner Studie verwendet wurde und ein kostenloses Training ermöglicht.[125] Ich präge mir also verschiedene Kästchen ein, die an unterschiedlichen Orten aufblinken, und merke mir gleichzeitig Buchstabenfolgen im Kopf. Zuerst herrscht Chaos. Die Übung ist eine riesengroße Herausforderung für das Arbeitsgedächtnis und somit gleichzeitig ein super Training, da sich der Schwierigkeitsfaktor stets an die eigene Leistung anpasst. Die Aufgabe fordert mein Gehirn ungemein, und ich bemerkte bald erste Fortschritte.

Ich bin neugierig geworden. Um mehr Abwechslung beim Trainieren zu haben, suche ich nach weiteren Trainingsplattformen für das Arbeitsgedächtnis und finde Internetseiten wie NeuroNation, Memorado oder mybraintraining, die alle eine breite Palette geeigneter Übungen anbieten. Ich entscheide mich für die Seite, die ich zuerst gefunden habe, da ich die verschiedenen Übungen auch unterwegs auf meinem Handy durchspielen kann. Das Training macht sogar großen Spaß, da die unterschiedlichen Übungen sich abwechseln, sich ständig an der eigenen Leistung orientieren und einen somit immer neu herausfordern.

Ich habe es tatsächlich geschafft, drei Wochen mein Arbeitsgedächtnis jeden Tag 10 bis 30 Minuten lang herauszufordern. Nun habe ich es erneut bei dem Psychologen testen lassen. Und tatsächlich: Meine Werte sind deutlich besser geworden. Bei der Aufgabe, sich Zahlen vorwärts und rückwärts zu merken, mache ich weniger Fehler. Ich hatte bei diesem Test immer noch Schwierigkeiten, meine Gedächtnistechniken nicht anzuwenden, aber die Verbesserung meines Arbeitsgedächtnisses zeigt, dass sich etwas getan hat. Vor allem bei der Aufgabe, bei der man Buchstaben und Ziffern im

Geiste ordnen soll, verbesserte ich mich von 5 auf 7. Bei diesem Test hört man zum Beispiel einmal die Folge: 3 T 2 A 8 und muss sie nun aufsteigend nach Zahlen und der Reihenfolge im Alphabet erneut aufsagen. In diesem Fall: 2 3 8 A T. Beim ersten Mal schaffte ich fünf, beim zweiten Test kann ich sieben Informationen richtig ordnen. Für mich ist das eine erhebliche Steigerung, vor allem da ich diese Aufgabe speziell überhaupt nicht trainiert habe. Ein solches Training gibt uns die Möglichkeit, mehr Informationen »auf dem Schirm« zu haben, und ich merke schon, dass ich mich ein wenig besser konzentrieren kann. Nicht nur, wenn man viel pendelt, kann ein kurzes Training einen perfekten Start in den Arbeitstag darstellen. Auch zwischendurch bietet es eine willkommene Abwechslung für die grauen Zellen.

Volle Konzentration im Flow

Volle Konzentration erleben wir zum Beispiel im Flow, den wir im Kapitel über Stress schon kurz gestreift haben. Wenn wir uns im Flow befinden, sind wir nicht nur glücklich, sondern auch motiviert. Wir befinden uns dann genau in der Mitte zwischen Langeweile und unangenehmem Stress, vergessen die Zeit und alles andere um uns herum. Es ist ein ganz besonderer Gehirnzustand, der von Harmonie gekennzeichnet ist, da die in den Prozess involvierten Hirnareale zeitlich perfekt zusammenarbeiten und wir unsere beste Leistung abrufen können. Wie man sich aber in einen Flow-Zustand katapultiert, muss man leider ganz allein herausfinden. Wenn Sie jedoch Leidenschaft für etwas empfinden oder genau an die Grenze Ihrer Leistungsfähigkeit kommen, bei der Sie noch Spaß an der Sache haben, stehen die Chancen ziemlich gut. Flow kann sich beim Tischtennis oder beim Computerspielen einstellen, aber auch während der Ausübung der eigenen beruflichen Tätigkeit.

Um mich gut konzentrieren zu können, muss ich aber vor allem wach und fit sein. Wie bekomme ich das am besten hin? Können mir Sport, ausreichend Schlaf oder die richtige Ernährung weiterhelfen? Das möchte ich im nächsten Kapitel herausfinden.

Das Kapitel auf einen Blick

- Wir sind sehr leicht ablenkbar.
- Das *Default Network* nutzt jede Gelegenheit, sich ins aktuelle Geschehen einzuschalten, sodass wir über uns selbst nachdenken, auch wenn wir uns konzentrieren wollen.
- Ablenkungen können Sie leichter unterdrücken, indem Sie sich diese durch kurzes Formulieren bewusst machen.
- Zwischen Zeiten höchster Konzentration brauchen wir immer wieder Auszeiten zum Entspannen.
- Das Arbeitsgedächtnis lässt sich trainieren.
- Volle Konzentration erleben wir, wenn wir im Flow sind.

So werden Sie genialer

- Schalten Sie alle Geräte auf lautlos und schließen Sie alle nicht benötigten Programme oder Internetseiten, wenn Sie konzentriert arbeiten wollen.
- Es gibt Programme, mit denen Sie Werbung oder bestimmte Internetseiten ausblenden können. Diese lassen sich auch für bestimmte Tageszeiten sperren.
- Suchen Sie sich ein paar Konzentrationsübungen, fangen Sie an und bleiben Sie dran!
- Meditieren Sie oder trainieren Sie Ihre Achtsamkeit, spielen Sie Schach oder lesen Sie mehr, zum Beispiel über Konzentration.
- Achten Sie darauf, wann und in welchem Umfeld Sie sich besonders gut konzentrieren können.
- Gehen Sie sooft wie möglich raus in die Natur.

Kapitel 12

Einfluss von Schlaf, Bewegung und Brainfood: Bodytraining

»Es ist nicht genug, zu wollen, man muss auch tun.«
Goethe

Was ist denn plötzlich mit mir los?

Der wunderschöne stille Scharmützelsee liegt vor mir und mein Wellness-Bademantel hinter mir auf dem Bett. Mein Akupunkteur meinte, ich müsse dringend Urlaub machen, um dem Stress und der Hektik der letzten Monate zu entkommen, am besten drei Wochen am Stück. Ich habe keine Zeit, drei Wochen auszuspannen, erwidere ich. Aber er antwortet, das zähle nicht. Irgendwann müsse mal Ruhe im Karton sein. Damit meint er natürlich mich. Das bedeutet wohl nichts Gutes, aber wo soll ich jetzt noch Zeit für einen Urlaub hervorzaubern? Wir haben uns schließlich auf einen Kurztrip geeinigt.

In der kurzfristig verordneten Ruhe hier am See entspanne ich mich und fühle schon weniger Unruhe im Karton. In meiner letzten Nacht hier am See wird im Fernsehen die Oscar-Verleihung übertragen, die ich, solange ich mich erinnern kann, immer angeschaut habe. Um meine gerade eintretende Erholung nicht zu gefährden, beschließe ich, früh schlafen zu gehen und ausnahmsweise auf die Übertragung der Preisverleihung ab Mitternacht zu verzichten. Doch um 22 Uhr stelle ich fest, dass ich ja nur noch zwei Stunden wach bleiben müsste, um zumindest den Anfang zu schauen, also nur das Ankommen auf dem roten Teppich. Dieses Argument akzeptiere ich – und gegen vier Uhr morgens schlafe ich ein. Um neun

Uhr klingelt mein Wecker. Ich brauche aber nicht fünf Stunden Schlaf, sondern leider acht. Und nun beginnt mein eigenes Scharmützel hier am See.

Ich bestelle an der Rezeption ein Taxi – aus Versehen für 12 statt für 11 Uhr. Viel zu spät, denn um 13 Uhr habe ich schon wieder einen Termin in Berlin. Diesen Fehler bemerke ich jedoch erst beim Auschecken und versetze damit die ganze Rezeption in Panik. Ein Mitarbeiter, der gerade meine Kreditkarte ins Lesegerät steckt, bietet mir an, mich zum Bahnhof zu fahren. In der Hektik, die ich um mich herum verbreite, fällt niemandem auf, dass meine Karte immer noch im Lesegerät steckt. Auch ich merke es erst kurz vor der Ankunft am Bahnhof, als mich eine Mitarbeiterin des Hotels anruft. Sie verspricht, mir die Karte umgehend zu schicken. Bei meinem Termin in Berlin bleibe ich zweimal mit meiner Jacke an einer Türklinke hängen, was nicht den besten Eindruck vermittelt, aber lustig aussieht.

Nur fünf Stunden Schlaf haben mich wieder mal in den größten Tollpatsch verwandelt. Warum? Werde ich mich nie ändern? Und dann lese ich auf meiner Zugfahrt nach Hause auch noch ausgerechnet, dass Katrin Bauerfeind jedes Jahr die Oscar-Verleihungen aufzeichnet, um sie sich am nächsten Tag in aller Ruhe anzuschauen. Und diese Frau hat gerade ein unterhaltsames Buch übers Scheitern geschrieben. Gibt es eine Steigerung von Scheitern? Nein, dann bleibt wohl nur, heiter weiterzuscheitern. Oder vielleicht doch nicht. Noch werfe ich nicht die Flinte ins Korn. Da nicht nur Schlaf, sondern auch Bewegung und Ernährung große Auswirkungen auf unsere körperliche und geistige Leistungsfähigkeit haben, betrachten wir diese drei Faktoren doch einmal ein wenig genauer.

Ach, hätte ich doch mehr Sport gemacht!

Wäre dieser Tag anders verlaufen, wenn ich mich in den drei Tagen sportlich betätigt hätte? Sport macht manchmal zwar müde, aber auch zufrieden und langfristig glücklicher und soll sogar das Planungsvermögen steigern. Letzteres hätte mir wahrscheinlich geholfen, an diesem verflixten Tag nicht so übermüdet und fahrig durch die Welt zu taumeln. So war meine Entscheidung am Vorabend, doch nicht früh ins Bett zu gehen, wieder mal ein Planungs- und Umsetzungsfehler zugleich.

Dank der Plastizität unseres Hirns (Sie erinnern sich an das erste Kapitel?) sind wir in der Lage, uns immer wieder an neue Situationen anzupassen, neue Leistungsschwerpunkte zu bilden, indem neue Verknüpfungen entstehen. Und bis ins hohe Alter können sich aufgrund der Neurogenese neue Gehirnzellen aus dem unerschöpflichen Reservoir der Stammzellen bilden. Unter normalen Umständen integrieren sich bis zu 30 Prozent dieser neuen Gehirnzellen in das bestehende Netzwerk.[126] Was wäre, wenn Sie nun von einem Wundermittel hörten, das die Integration auf 80 Prozent erhöht? Wären Sie bereit, in dieses Wundermittel zu investieren, um länger fit zu bleiben?

Die gute Nachricht zuerst: Sie können es umsonst erwerben. Die schlechte Nachricht ist allerdings, dass es Energie, Zeit und Willen kostet. Aber ich sage nur: Am Ende winken 80 Prozent! Wie neuere Forschungsergebnisse belegen, steckt hinter diesem Wundermittel die Kombination von ganz gewöhnlichem Ausdauersport mit der Aneignung expliziten Wissens. Erst diese Kombination führt Sie auf die wirkliche Erfolgsspur! Beim Ausdauersport wird das Gehirn besser durchblutet, also mit mehr Sauerstoff versorgt, was sich auch positiv auf unser Denkvermögen auswirkt. Langfristig gesehen führt regelmäßiger Ausdauersport neben der Ankurbelung des Herz-Kreislauf-Systems aber auch dazu, dass nicht nur mehr neue Nervenzellen entstehen, sondern auch mehr überleben. Dies ist bisher zumindest bei Mäusen nachgewiesen worden.

Bei der entsprechenden Versuchsanordnung wurden Mäuse beobachtet, die sich in unterschiedlichen »Welten« aufhielten. Es gab Mäuse, die zusammen mit Artgenossen in einem kreativen Umfeld mit interessantem Spielzeug und großem Auslauf lebten und sich viel bewegten, da es viel zu entdecken gab. Die anderen Mäuse hausten alleine in einer kargen Umgebung und hatten keine Anreize, auf Entdeckungsreisen zu gehen und »Sport« zu treiben. Es zeigte sich, dass sich in den Mäusehirnen der ersten Gruppe mehr neue

Nervenzellen bildeten, die sich auch mit anderen Gehirnzellen verknüpften, als in der zweiten. Die Mäuse, die in anregender Umgebung lebten, lernten auch viel besser. Sie konnten sich zum Beispiel die Lage einer Plattform besser merken, auf der sie sich in einem Wasserbecken ausruhen konnten.[127] Die Mäuse der zweiten Gruppe hatten sie nicht mehr so gut in Erinnerung. Solche Pechmäuse!

Ein 45-minütiges Ausdauertraining wie Radfahren, Schwimmen, Tanzen, Joggen, Wandern, Skaten oder Tennisspielen dreimal pro Woche fördert nicht nur die Entstehung neuer Gehirnzellen, sondern hilft auch, diese Neuro-Küken am Leben zu erhalten. Regelmäßiges Training führt auch langfristig zu einem Anstieg des Dopaminspiegels, der uns glücklicher macht. Ausdauersport ist nicht nur top für einen gut trainierten Po, sondern auch für ein gut trainiertes Gehirn. Es verbessert sich vor allem im Bereich der exekutiven Fähigkeiten wie Zielsetzung, Planung und Konzentration, ebenso profitiert das Arbeitsgedächtnis. Ausdauersport ist also der erste Part des Wundermittels.

Damit sich diese neu gebildeten Neuronen auch in das existierende Netzwerk einfügen, müssen wir unser Gehirn bewusst fordern und uns mit neuen Themen beschäftigen. Diese mentale Anstrengung ist der zweite Bestandteil des Wundermittels. Hier stehen Ihnen viele Optionen offen: Sie können sich aufraffen und sich die Namen Ihrer neuen Arbeitskollegen, Nachbarn oder endlich den Namen Ihres Chefs merken, Ihren Englischwortschatz erweitern oder sich endlich mit den Wissensgebieten beschäftigen, für die Sie sich schon lange interessieren. Suchen Sie sich am besten etwas aus, das Sie spannend finden, das Ihnen Spaß macht und Sie begeistert.

Übrigens, bis eine neue Gehirnzelle wirklich in ihr Umfeld eingebunden ist, dauert es einige Wochen. Lernen braucht also Zeit.

Eine alternative Trainingsmethode – Life Kinetik

Das Konzept von *Life Kinetik*, das ich durch Zufall beim Dreh für die Sendung *Wie werd' ich …?* kennenlernte, basiert auf der Verbindung von Wahrnehmung, Bewegung und kognitiven Übungen. Ziel dabei ist es, die körperliche und mentale Leistungsfähigkeit zu stärken. Hierbei geht es nicht um die Aneignung expliziten Wissens. Eine der ersten Übungen ist zum Beispiel diese: Sie haben zwei kleine Bälle in der Hand, werfen sie gleichzeitig senkrecht hoch, kreuzen dann Ihre Arme vor dem Körper und fangen die Bälle mit der jeweilig anderen Hand wieder auf. Der Ball, der mit der rechten Hand hochgeworfen wurde, wird mit der linken Hand gefangen und umgekehrt. Hört sich erstmal ganz leicht an und sieht auch einfach aus, ist es aber gar nicht!

Das Neuartige an dieser Trainingsmethode ist, dass die mit kognitiven Aufgaben verbundenen Bewegungsabläufe jeweils nur so lange ausgeführt werden, bis sie ein paarmal gelingen. Dann wird der Schwierigkeitsgrad sofort erhöht, um eine Automatisierung der Bewegungsabläufe zu verhindern. So bleibt das Gehirn ständig aktiv, um neue Aufgaben zu meistern. Diese permanente Herausforderung ist der entscheidende Punkt, warum dieses Training so effektiv ist und gleichzeitig auch noch Spaß macht.

Matthias Grünke, Professor an der Universität zu Köln, führte Studien zu dieser Trainingsmethode durch, die erstaunliche Erkenntnisse zutage brachten. Fünf Wochen lang trainierten Kinder mit gravierenden Lernauffälligkeiten dreimal pro Woche 25 Minuten verschiedene Übungen. Nach diesem Training zeigte ein Test, dass sich der durchschnittliche IQ der Kinder in dieser Gruppe von ungefähr 78 auf 87 erhöhte hatte – das macht etwa 12,2 Prozent aus und spricht damit für die Zunahme der fluiden Intelligenz. Die Kinder waren aufmerksamer und konnten sich besser konzentrieren. Andere Studien zeigten, dass sich durch das Training selbst mathematische und verbale Fähigkeiten verbessern lassen.

Selbsttest: Da ich dieses Thema spannend fand, habe ich mich selbst zur Trainerin ausbilden lassen. Nach dem fünftägigen Lehrgang war ich erstaunt, wie fit ich mich körperlich und mental nach dieser kurzen Zeit fühlte, obwohl ich während dieser Tage an zwei Abenden bei Freunden zum Geburtstag eingeladen war und morgens früh schon wieder vor Ort sein musste. Mir fiel auf, dass ich viel aufmerksamer war. Ich realisierte wieder, wo ich Schlüssel, Handy oder meine Uhr hinlegte und hatte die entsprechenden Stellen auch bildlich im Kopf. Damit sich langfristig Erfolge einstellen, muss man auch bei dieser Methode dranbleiben und regelmäßig trainieren. Am besten lernt man die Übungen mit anderen in einem Kurs, bei dem das etwas ungewöhnliche Training so umgesetzt wird, dass auch die gewünschten Erfolge eintreten.

Seit längerem arbeiten viele Leistungssportler mit dieser Technik, etwa der erfolgreiche Skirennfahrer Felix Neureuther oder die Fußballer von Borussia Dortmund. Deren Trainer Jürgen Klopp sagt, dass damals, als er mit dem Life-Kinetik-Training angefangen habe, eine neue Tür aufgegangen sei. Die Spieler beschäftigen sich mit aufeinander aufbauenden, ständig wechselnden Bewegungsvarianten, und daraus resultiert die Fähigkeit, in den verschiedensten Situationen viel schneller, klarer und gezielter reagieren zu können.

Es gibt noch weitere interessante Möglichkeiten

Für alle, die von sportlicher Aktivität überhaupt nichts halten, geht es auch ein wenig entspannter. Spazierengehen hat einen ganz ähnlichen Effekt auf das Gehirn wie Ausdauersport und hält ebenfalls fit. Bewegung unter freiem Himmel lohnt sich übrigens doppelt, denn Sonnenlicht ist unser Motor. Es stoppt nicht nur die Ausschüttung des schläfrigmachenden Hormons Melatonin, sondern kurbelt unter anderem auch die Produktion des »Wohlfühlhormons« Serotonin an, das unser Gehirn aktiviert und uns während des Tages fit hält und glücklich macht.

Die Visualisierung von Melatonin und Serotonin: *Melatonin* macht **mela**ncholisch, also schläfrig, und *Serotonin*, beschert uns ein Wohlgefühl, wie das Betrachten von **Seero**sen.

Für die Erhaltung der körperlichen und geistigen Leistungsfähigkeit eignen sich aber auch Gleichgewichts- und Koordinationsübungen. So ist zum Beispiel Tai Chi eine interessante Möglichkeit, umfassend fit zu bleiben, auch für ältere Menschen.

Sie können Ihr Gehirn noch auf ganz andere Weise fordern und unterstützen, etwa durch Riechen. Klingt ziemlich ungewöhnlich, oder? Doch was sind die drei letzten Gerüche, an die Sie sich erinnern? Sie merken, dass dem Geruchssinn in unserem »Film« nur eine Nebenrolle zukommt. In Wirklichkeit ist unser Geruchssinn jedoch etwas Besonderes. Beim Riechen wird fast ein Drittel unseres Gehirns aktiviert. So schlägt der Geruchforscher Hans Hatt zum Beispiel vor, morgens und abends an frischem Obst und Gemüse und Kräutern zu riechen und sich diese Düfte einzuprägen, um so das Gehirn fit zu halten. Riechen Sie an den verschiedensten Dingen: an Kerzen, Blumen, Besteck und Tellern. Alles hat seinen eigenen Duft.[128] Beschreiben Sie ihn. Riecht es floral, holzig, sauer, fruchtig, aromatisch oder zitrusartig? Durch das Riechen sprießen neue Synapsen und die eine oder andere neue Gehirnzelle, und wer weiß, wie Sie davon profitieren werden.

Schlaf – ohne ihn geht nichts!

Wenn wir nicht ausreichend geschlafen haben, sinkt unsere Konzentrationsfähigkeit drastisch, und die Fehlerquote steigt. Das habe ich nicht nur bei meiner Abfahrt vom Scharmützelsee erfahren, sondern erlebe es fast jeden Tag. Doch wie viel Schlaf benötigt so ein Gehirn? William Shakespeare schrieb in seiner Tragödie *Julius Cäsar* voller Verzückung über den Schlaf: »Genieß den honigschweren Tau des Schlummers.« Mit Beginn der Industrialisierung schlich sich dann dessen teilweise schlechter Ruf ein. Manche Menschen wie der Erfinder Thomas A. Edison, betrachteten Schlaf sogar als Zeitverschwendung. Wie der französische Kaiser Napoleon Bonaparte oder Sir Winston Churchill schlief auch Edison nachts nur etwa fünf Stunden, machte tagsüber aber heimlich auch mal ein Nickerchen. Churchill bekannte sich hingegen zu seinem Mittagsschlaf und meinte, auf diese Weise aus einem Tag anderthalb zu machen. Margaret Thatcher soll der Meinung gewesen sein, Schlaf sei für Weicheier.

Wie lange ein Mensch ohne Schlaf auskommt, hat der Amerikaner Peter Tripp 1959 als Erster ausprobiert. Er schaffte es, acht Tage und neun Stunden wach zu bleiben, und moderierte währenddessen aus einem Glascontainer auf dem New Yorker Times Square täglich seine dreistündige Radiosendung. Inzwischen liegt der Rekord im Wachbleiben bei 266 Stunden, allerdings ohne zusätzliches Moderieren. Doch alle Rekorde und wissenschaftlichen Experimente zu diesem Thema zeigen eindeutig, dass der Mensch seinen Schlaf dringend braucht. Bei totalem Schlafentzug wird man nicht nur schreckhaft, misstrauisch und völlig desinteressiert an seiner Umgebung, sondern es kommt bald auch zu Halluzinationen und Sinnestäuschungen, vor allem aber schwinden unsere Willenskraft und Denkfähigkeit.

Auch Experimente mit verkürzten Schlafzeiten, in denen die Probanden zwei Wochen lang entweder nur sechs oder vier Stunden schliefen, bestätigten mit messbaren Ergebnissen, dass man bereits nach wenigen Tagen definitiv weniger leistungsfähig ist, vergleichbar mit dem Gefühl nach einer durchgemachten Nacht. Auch wenn die Probanden angaben, sich nicht müde und schläfrig zu fühlen, zeigten die Aufmerksamkeitstests etwas ganz anderes. Das ist übrigens die Crux am Schlafdefizit: Je müder man wird, desto mehr überschätzt man seine Leistungsfähigkeit.

Wie stark Müdigkeit unser Verhalten beeinflusst, kennen wir auch aus eigener Erfahrung: Wenn wir müde sind, schieben wir gerne alles auf und sind schlecht gelaunt. Es fällt uns viel schwerer, Entscheidungen zu treffen. Kognitive Aufgaben sind dann so anstrengend, als ob man gerade einen Halbmarathon laufen würde und gleichzeitig alle Aufgaben aus einem Mathebuch auf einmal rechnen müsste.

Was treibt unser Gehirn, nachdem wir eingeschlafen sind?

Unser Schlaf ist ein nächtlicher Wellnessurlaub. Man atmet ruhiger, die Körperhaltung ist entspannter, und auch das Herz schlägt nicht mehr so oft. Doch wie schlafen wir ein, und warum ist es manchmal gar nicht so einfach einzuschlafen?

Um abends Schlaf zu finden, reicht Müdigkeit nicht aus. Wir müssen schläfrig sein und die »Schlafpforte« erwischen, um problemlos einschlafen zu können. Manchmal sind wir trotz Müdigkeit oder gerade wegen extremer Müdigkeit überdreht oder aufgekratzt. In diesen Situationen sind wir zwar müde, aber eben nicht schläfrig. Wie EEG-Aufzeichnungen belegen, ist unser Gehirn in diesen müden, aber nicht schläfrigen Situationen tatsächlich putzmunter.

Um einzuschlafen ist es daher wichtig, unser biologisches System bewusst herunterzufahren und rein physikalisch ein bisschen »cool« zu werden«, denn auch unsere Körpertemperatur schwingt mit unserem Schlaf-Wach-Rhythmus. Unterstützend wirkt daher ein kühles Schlafzimmer. Möglichst dunkel sollte es natürlich auch sein. Helligkeit hält wach, deshalb fällt es uns auch so schwer, uns trotz Müdigkeit von Fernseher und Computer loszureißen und einzuschlafen, wenn wir gerade noch auf das helle Licht von Mattscheibe, Laptop oder Tablet geblickt haben.

Unser Schlaf wird in fünf verschiedene Phasen unterschiedlicher Schlafintensität eingeteilt: in die Einschlafphase (Stufe 1), in die Phase des leichten Schlafs (Stufe 2), in zwei Tiefschlafphasen mit unterschiedlichen Wellenlängen (Stufe 3 und 4) und in den REM-(Rapid-Eye-Movement-)Schlaf, der jede Phase abschließt. Die Wellenlängen geben Auskunft darüber, wie aktiv unser Gehirn während des Schlafens ist. Im REM-Schlaf schnellen unsere Augen immer wieder kurz von rechts nach links und zurück: In diesen REM-Phasen träumen wir besonders intensiv. Hier scheinen auch Bewegungsabläufe wiederholt zu werden, sodass sie sich langfristig einprägen, wie zum Beispiel das Schreiben oder Geigespielen. Im Schlaf erleben wir nochmals die Ereignisse des Tages, und es fallen auch die unbewussten Entscheidungen, welche Informationen langfristig benötigt und gespeichert werden.

Durch Schlafmangel geht zwar keine organische Substanz des Gehirns verloren, doch funktioniert das Gehirn am folgenden Tag nicht mehr so zuverlässig, da uns entscheidende Schlafphasen fehlen. Von diesem verpassten Schlaf holen wir am nächsten Abend, wenn wir früher schlafen gehen, wenn auch nicht alles, aber doch die gesamte Tiefschlafzeit und große Teile der REM-Schlafphasen nach, sodass wir uns am nächsten Morgen wieder fit fühlen. So einigermaßen jedenfalls.

Unser Gehirn schläft nie, es ist beim Schlafen also nicht abgeschaltet, sondern seine Leistung ist modifiziert. Es ist beispielsweise sogar aktiver, als wenn wir fernsehen. Unsere Sinnesorgane wie auch unsere Muskeln befinden sich im Stand-by-Modus: entspannt, aber jederzeit bereit, notfalls wieder alle Prozesse anzukurbeln. Dafür laufen andere Systeme auf Hochtouren und erfüllen wichtige Aufgaben. So ist zum Beispiel unser Immunsystem im Tiefschlaf äußerst aktiv, und unsere Vorratsspeicher für Immunzellen, Antikörper und Botenstoffe werden aufgefüllt.

Damit unser Immunsystem und unser Gehirn in Ruhe ihren Job machen können und wir gesund bleiben, ist es also nicht ganz unwichtig, ausreichend lang zu schlafen und auch nicht zu spät ins Bett zu gehen.[129] Während eines durchschnittlichen Lebens schlafen wir etwa 25 Jahre. Also sollten wir schauen, dass wir zur richtigen Zeit schlafen, um den Rest der Zeit genießen und gut für uns nutzen zu können. Durchschnittlich benötigt der Mensch acht Stunden Schlaf, manche brauchen etwas mehr, manche weniger. Auch in diesem Punkt sind wir alle ein wenig unterschiedlich.

Achten Sie mal darauf, ob Sie sich 15 Minuten nach dem Aufwachen richtig wach und auch fit fühlen. Wenn nicht, versuchen Sie doch einmal, 15 oder 30 Minuten früher aufzustehen, aber dementsprechend auch früher einzuschlafen, und beobachten Sie, ob Sie sich dann besser fühlen. Denn wenn Sie morgens immer nur sehr schwer aufwachen und dementsprechend müde sind, haben Sie den Wecker vielleicht gerade auf eine Zeit gestellt, in der Sie sich in einem Tief Ihres Biorhythmus befinden. Doch nicht nur unser Schlaf, auch unser Essen hat großen Einfluss auf unser Wohlbefinden.

Ist der Mensch wirklich das, was er isst und trinkt?

Eigentlich ist es unfassbar: Die meisten der Billionen Zellen unseres Körpers werden in unterschiedlichen Zeitabständen immer wieder ausgetauscht. Der Körper ist ein wahres Regenerationswunder. Doch für die Erneuerung unserer Zellen stehen nur die Baustoffe zur Verfügung, die wir durch unser Essen aufnehmen. Unser Körper ist ein Meister im Überleben, deshalb schafft er diesen Austausch auch mit Lebensmitteln geringerer Qualität, doch vermutlich zahlen wir mit einem schnelleren Alterungsprozess oder leider viel zu oft auch mit unserer Gesundheit dafür.

Deswegen sollten wir uns nicht nur im Hinblick aufs »Schlauerwerden« Gedanken machen, sondern auch darüber, *was* wir essen! Es scheint aber, als würden wir mehr auf unsere Autos als auf unseren Körper achten. Biokraftstoff lehnen wir ab, weil er den Tank kaputt machen könnte. Aber was wir selbst tanken und konsumieren, scheint für uns zweitrangig zu sein, sonst würden wir alle nur erstklassigen Kraftstoff tanken: viel Gemüse, Obst, Vollkornprodukte, etwas Fleisch vom Biobauernhof und Fisch oder andere eiweißhaltige Lebensmittel.

Da unser Gehirn nicht nur aus Fett und Proteinen (Eiweißen) besteht, sondern vor allem, nämlich etwa zu 80 Prozent, aus Wasser, sollten wir darauf achten, es auch ausreichend damit zu versorgen, vor allem, wenn wir es effektiver nutzen möchten. Das heißt, zusätzlich zu allen anderen Flüssigkeiten wie Kaffee, Limonade oder Bier täglich mindestens zwei, besser drei Liter Wasser zu trinken: lieber ein wenig zu viel als viel zu wenig. Auch Kräutertees und kalorienarme Saftschorlen zählen. Der erste Liter sollte schon vor dem Mittag getrunken werden. Stellen Sie einfach eine schöne Kanne an eine prominente Stelle, etwa an Ihren Arbeitsplatz oder auf den Küchentisch, dann denkt Ihr Gehirn automatisch an das Trinken. Und es schmeckt super, wenn man je nach Geschmack Gurken-, Orangen-, Zitronenscheiben, Ingwer oder Minze zum Wasser dazugibt. So banal das klingt, es ist und bleibt enorm wichtig.

Und dass Wasser auch noch schön macht, ist natürlich ein wunderhübscher Nebeneffekt: Makellose Haut haben wir nur, wenn unser Körper und somit auch die Hautzellen mit genügend Flüssigkeit versorgt sind. Deswegen gibt es auch Feuchtigkeitscremes für die Haut, die von außen wirken, und für die Schönheit von innen gilt es eben, ausreichend Wasser zu trinken. *Tun Sie es!*

Unser Gehirn steht auf Zucker!

Der Energielieferant unseres Gehirns ist Glucose, ein einfacher Zuckerbaustein. Unser Gehirn kann Glucose nicht speichern und darf deshalb diesen Energiespender jederzeit vom Körper anfordern. Starten wir ein kleines Gedankenexperiment. Angenommen, Sie organisieren einen Kindergeburtstag für die kleinen Fische im Aquarium und haben für den Ablauf zwei Möglichkeiten zur Auswahl. Wie würden Sie die Feier gestalten?

Die Visualisierung der Glucoseparty: Bei Variante A tritt ein großer Clownfisch direkt am Anfang auf und veranstaltet eine Zaubershow: Er öffnet eine Riesenmuschel, aus der viele bunte Neonfische wie kleine Luftballons aufsteigen, und anschließend schwimmt auch noch ein Planktonschwarm vorbei und wirft Konfetti, sodass alle kleinen Fische vor Freude jauchzen. Anschließend schwimmt der Clownfisch zurück in die Dunkelheit, und danach passiert nichts mehr. Es kommt Langeweile auf. Wie gut sind die Fische am Ende der Party drauf?

Auch bei der Variante B führt der Clownfisch zu Beginn der Party ein paar Kunststücke vor, zieht sich dann aber wieder etwas ins Dunkel zurück. Nach einer Weile ruft er die kleinen Fische zusammen und startet für sie einen Wettbewerb: Wer lässt die größte Luftblase platzen? Der Sieger erhält als Preis eine rote Koralle. Wenig später darf er dem Clownfisch beim Abfeuern einer Luftschlangenkanone und beim Öffnen einer Riesenmuschel helfen, aus der viele Neonfische aufsteigen wie kleine Luftballons. Und schließlich wird am Ende der Party noch Konfetti verteilt. Hier ist die Bespaßung also kontinuierlich. Wie glücklich sind die Fische am Ende dieser Party?

Variante A steht für eine Ernährung, die zum großen Teil aus Haushaltszucker und Weißmehl besteht. Beides wird sehr schnell in Glucose umgewandelt, gelangt sofort ins Blut, und wir bekommen einen großen Energieschub, der aber nur von kurzer Dauer ist. Es kann sogar sein, dass wir uns durch das schnelle Absinken des Blutzuckerspiegels noch müder als vorher fühlen. Weißmehl und Zucker brennen quasi so schnell wie Papier. Es gibt aber auch Nahrung, die so lange wie Holzkohle glüht.

Bei Variante B ernähren Sie sich abwechslungsreich, und auf Ihrem Speiseplan stehen unter anderem sehr viel Gemüse, auch Kartoffeln, Vollkorngetreide, Vollkornreis und Obst. Dies alles enthält komplexen Zucker, der nur langsam in Glucose gespalten wird und somit kontinuierlich ins Blut gelangt.

Gibt es tatsächlich Brain Food?

Gehirnforscher und Mediziner sind sich darüber einig, dass unser Essen unser Gehirn beeinflusst. Mit *Brain Food* kann angeblich jeder seine Gedächtnisleistung verbessern. Es führt zu einer schnelleren Reaktionsfähigkeit, höheren Konzentration, besseren Motivation und sogar zu mehr Kreativität, heißt es. Und gute Laune soll es oben drauf auch noch geben. Hört sich erstmal sehr gut an.

Toll wären »Clevere Chips«, die man abends auf der Couch während des Fernsehens verdrücken kann und die einen wie von Geisterhand schlau machen. Doch so funktioniert das leider nicht. Weder mit irgendwelchen Pillen noch mit Kapseln. Auch macht Essen allein niemanden intelligenter. Aber intelligente Ernährung versorgt unseren Körper optimal mit Nährstoffen, sodass wir uns besser konzentrieren können, leistungsfähiger sind und nicht so schnell müde werden.

Vitamine und Mineralstoffe – wie Eisen und Magnesium – sowie Aminosäuren, denen wissenschaftliche Studien einen positiven Einfluss auf unser Gedächtnis bescheinigen, sind am Stoffwechsel der Neurotransmitter beteiligt. Da sie bei der Impulsübertragung zwischen den Gehirnzellen eine ganz entscheidende Rolle spielen, sollten wir bei unseren Mahlzeiten von allem genügend abbekommen.

Aminosäuren zum Beispiel können direkt als Neurotransmitter fungieren oder in diese umgewandelt werden. Sie sind die kleinsten Baustoffe von Eiweißen und kommen vor allem in Vollkorngetreide, in Hülsenfrüchten wie Erbsen, Linsen und Bohnen, Sojabohnen, also auch in Sojaprodukten, und in Nüssen vor. Tierische Eiweißlieferanten sind vor allem Fisch und Meeresfrüchte, mageres Fleisch, Eier und

Milchprodukte. Auch fetter Frischkäse ist – in kleinen Mengen – nichts Schlechtes. Ebenso spricht nichts gegen Magerquark. Magerquark ist übrigens das einzige Lightprodukt, das Ernährungsexperten empfehlen, denn in anderen Lightprodukten wird der natürliche Geschmack durch künstliche Stoffe ersetzt. Nicht so gut!

Grünes Gemüse soll sogar Wunder wirken. So gibt es schon seit längerem den Trend der gesunden grünen Smoothies, die wie einst Bubble Tea und Frozen-Yogurt neue Läden aus dem Boden sprießen lassen.

Selbsttest: Das kann ich auch selbst, dachte ich mir und gab meinem Mixer eine neue Aufgabe: Fast jeden Morgen mixe ich mir nun einen grünen Smoothie. Es dauert keine fünf Minuten, das Spülen des Mixers miteingerechnet. Im Internet gibt es zahlreiche Rezepte, und ich mixe Spinat mit Äpfeln, Bananen oder Sellerie, Äpfel, Mangos und frisch gepresstem Orangensaft zusammen und gebe noch ein wenig Kokos- oder Leinöl dazu, damit der Körper die vielen Vitamine besser aufnehmen kann. Noch Wasser oder Saft in den Smoothie, damit sich alles schön glatt mixen lässt: voilà!

Sie können alles reinwerfen: Grünkohl, Gurke, Ingwer, Kräuter, Nüsse, auch Salate, was immer das Herz begehrt, es sollte nur am Ende auch Ihrem Geschmack entsprechen. Je frischer das Gemüse und Obst und je weniger Pestizide dran sind, desto besser. Also möglichst auf einem Markt Ihres Vertrauens oder aus biologischem Anbau einkaufen und alles sehr gut waschen. Einen Obst- und Gemüsereiniger kann man übrigens ganz leicht selbst mit Essig oder Zitronensaft und Wasser herstellen.

Das viele Grünzeug ist wichtig, da grüne Pflanzen reich an Chlorophyll sind, das ihnen nicht nur ihre Farbe verleiht, sondern auch den Körper bei der Entgiftung unterstützt. Diese Säfte schmecken super, sind gesund und machen fit; ich finde, man hat schon beim Trinken das Gefühl, dass sie einem ein klein wenig mehr Energie geben, und sie machen mich morgens wacher, als es ein Kaffee je hinbekommen würde. Und das ist ja nie verkehrt. Grüne Smoothies sind auch eine tolle Lösung für alle, die nicht so gerne Gemüse und Obst essen, da man so Vitamine und Mineralstoffe in konzentrierter Form zu sich nimmt. Und schmecken tut's auch noch! Probieren Sie es aus, denn dieser Trend ist tatsächlich

berechtigt. Denn wenn es unserem Körper gut geht, dann ist auch unser Gehirn glücklicher und hat mehr Energie.

Unter dem grünen Gemüse genießen vor allem Brokkoli und Avocado, aber auch grünes Blattgemüse wie Kohl, Spinat, Mangold und Salat einen besonders guten Ruf, nützlich für das Gehirn zu sein. Von Walnüssen, Bananen, Salbei, Blaubeeren und auch Erdbeeren hört man Ähnliches. Auch fette Fischsorten wie Hering, Lachs und Makrele reihen sich dank des hohen Omega-3-Fettsäuren-Anteils nahtlos in das »Brain-Food«-Sortiment ein, würde ich aber nicht in den Mixer werfen.

Die positive Wirkung einer gesunden und abwechslungsreichen Ernährung belegt unter anderem eine dreimonatige, an der Charité in Berlin durchgeführte Pilotstudie, an der leicht bis mäßig übergewichtige Probanden über 50 Jahre teilnahmen. Die Ernährung der in drei Gruppen unterteilten Teilnehmer unterschied sich sehr: Die einen nahmen im Verlauf der Studie 30 Prozent weniger Kalorien auf und ernährten sich gesünder, die anderen versuchten, 15 Prozent mehr ungesättigte Fettsäuren zu sich zu nehmen, und die letzten behielten ihr gewohntes Essverhalten bei. In den anschließenden neuropsychologischen Tests schnitten die Teilnehmer der kalorienreduzierten Gruppe am besten ab. Die Lern- und Merkfähigkeit dieser Teilnehmer hatte sich signifikant verbessert.[130] Wenn Ihnen das nächste Mal der Magen knurrt und weit und breit kein Butterbrötchen in Sicht ist, wissen Sie nun zumindest, dass Sie gerade etwas für Ihre mentale Fitness tun.

Kalorienreduzierte Ernährung hat übrigens nie etwas mit Hungern zu tun. Wir sollten nach jedem Essen immer ein leichtes Sättigungsgefühl haben. Also möglichst gut kauen, denn unser Gehirn braucht ein wenig länger, bis es überhaupt merkt, dass wir satt sind.

Das Thema Essen hat sich inzwischen zu einer Art Ersatzreligion entwickelt, bei der sich jeder seine eigenen Glaubensregeln schafft. Und wenn man glaubt, dass einen bestimmtes Essen schlauer macht, dann tut es das vielleicht sogar. Der beste Nebeneffekt: Kochen und Neues ausprobieren hilft uns allemal, genialer zu werden!

Das Kapitel auf einen Blick

- Ausdauersport fördert die Durchblutung des Gehirns und auch die Produktion und Integration neuer Gehirnzellen. Ebenso wichtig ist es, parallel dazu Neues zu lernen und auszuprobieren.
- Ausreichender Schlaf macht uns leistungsfähig. Im Schnitt brauchen wir acht Stunden Schlaf, was aber individuell variieren kann.
- Achten Sie auf abwechslungsreiche Nahrung mit großem Gemüseanteil.

So werden Sie durch Bewegung genialer

- Machen Sie regelmäßig Sport oder gehen Sie spazieren.
- Tragen Sie die Termine in Ihren Kalender ein. Betrachten Sie diese wie Geschäftstermine, die man auch nicht so leicht absagen kann.
- Verabreden Sie sich mit Freunden oder Kollegen zum Sport. Dann müssten Sie jemandem absagen, und das wollen Sie doch nicht!

So werden Sie durch Schlaf genialer

- Finden Sie Ihren Schlaftyp im nächsten Urlaub heraus. Stellen Sie keinen Wecker. Nach wenigen Tagen werden Sie merken, wie viele Stunden Schlaf Sie brauchen.
- Wachen Sie am Wochenende immer zu früh auf? Stellen Sie sich vor, es wäre Montag und Sie müssten gleich zur Arbeit gehen. Dieser Gedanke kann unglaublich effektiv helfen, noch ein Stündchen zu schlafen, oder?

So werden Sie durch Ernährung genialer

- Essen Sie abwechslungsreich, vor allem viel Obst und Gemüse sowie Fisch oder Sojaprodukte.

- Trinken Sie ungefähr drei Liter Wasser am Tag.
- Ein wenig Studentenfutter am Tag ist tatsächlich sinnvoll.
- Unser Körper braucht auch ein wenig Fett, und zwar gesundes wie: Raps-, Leinsamen-, Sesam-, Kürbiskern-, Walnuss-, Mandel-, Avocado-, Oliven- oder Hanföl, möglichst aus kontrolliert biologischem Anbau. Erhitzen Sie diese aber nicht zu stark. Kokosöl eignet sich gut zum Anbraten, da es besonders hitzestabil ist.
- Trinken Sie ab und an einen grünen Smoothie.

Kapitel 13

Und wie merke ich mir das alles? Lernen und Erinnern

»Wir sind, woran wir uns erinnern.«
Eric Kandel

Ich vergesse – und vergesse nicht

Seit vielen Jahren arbeite ich als Gedächtnistrainerin und war in jüngeren Jahren Juniorenweltmeisterin im Gedächtnissport. Manchmal frage ich mich allerdings, wie das passieren konnte. Vermutlich nehmen Sie an, ich würde nie oder zumindest selten etwas vergessen. Aber das ist leider nicht der Fall, denn Gedächtnissportler sind auch Weltmeister im Vergessen.[131] So habe auch ich schon alles Mögliche vergessen. Flugtickets im Hotel, Handys auf Bankautomaten und Geldbeutel zu Hause. Was nicht unbedingt praktisch ist, wenn man verreist.

Ich ernte auch immer wieder großes Erstaunen, wenn ich mich nicht an ein Gesicht oder einen Namen erinnern kann – als Gedächtnisweltmeisterin müsse man das doch immer wissen! Nein, da muss ich Sie enttäuschen. Es könnte sicher besser funktionieren, wenn ich mich permanent anstrengen würde, aber wie ich schon erwähnte, in manchen Dingen bin ich ein wenig faul.

Und bei Gedächtnismeisterschaften ist fast immer nur das Kurzzeitgedächtnis gefordert. Vielleicht sollte man daher den Titel entsprechend umwandeln. Aber Kurzzeitgedächtnisweltmeister trifft es auch nicht so richtig, da bei einigen Disziplinen die Zeit zum Einprägen bei einer Stunde liegt und man für die Wiedergabe sogar zwei Stunden Zeit hat, das sind immerhin schon drei Stunden. Außerdem hat es ja auch keinen Sinn, fiktive Geschichtsdaten, Wörterkolonnen oder irgendwelche Zahlenreihen zu behalten, die in keinem Kontext stehen. Da hat mein Gehirn also durchaus Recht, wenn es sich auch sehr gut um das Vergessen kümmert.

Es gibt aber tolle Tricks und Methoden, wie man sich Informationen tatsächlich sehr leicht einprägen kann, die man für einen bestimmten Termin, eine Präsentation oder eine Prüfung braucht. Wenn man sich etwas merken will, was einem wirklich wichtig ist, dann sind Gedächtnistechniken unfassbar gut. Mit etwas Übung kann man sich innerhalb kürzester Zeit Inhalte von Texten einprägen, und wenn man sie ein paar Mal in größeren Abständen wiederholt, sind sie auch nach Jahren noch präsent. Aber auch nur, wenn man wiederholt! Wenn ich also in einer Situation bin, in der es auf etwas ankommt, kann ich mich darauf verlassen, dass die Techniken funktionieren. Unter der Voraussetzung, dass ich mich ausreichend vorbereitet habe. Wie bei jeder Sportart ist man auch hier meistens nur dann außergewöhnlich gut, wenn man außergewöhnlich viel trainiert hat.

Doch genauso wenig, wie wir jemals in der Lage sein werden, alles zu wissen, werden wir uns jemals alles merken können. Aber zu einem gewissen Teil haben Sie es selbst in der Hand, was Sie sich gerne einprägen wollen. Denn für alles Merkenswerte gibt es Techniken, von denen ich Ihnen einige vorstellen werde.

Was bedeutet Lernen?

Als Kind habe ich meinen Lehrern nicht geglaubt, dass wir nicht für die Schule, sondern für das Leben lernen. Auch meinen Eltern nicht und auch sonst niemandem. Die Schule war mir zunächst leider ziemlich egal. Deswegen war ich anfangs keine gute Schülerin. Glücklicherweise lernte ich später die Gedächtnistechniken kennen, die mir Spaß machten. Sie in der Schule anzuwenden, half mir in brenzligen Situationen unglaublich weiter. Heute begegnet uns das lebenslange Lernen an vielen Ecken, fast schon an zu vielen. Je älter man wird, desto mehr sieht man wahrscheinlich ein, dass dahinter gar keine so schlechte Idee steckt. Ausbildung und Aufgabenfelder werden in nahezu allen Berufen unserer modernen Gesellschaft immer komplexer. Wer mit der zunehmenden Technisierung spielerisch umgehen und sich schneller neues Wissen aneignen kann oder verschiedene Sprachen spricht, hat größere Aussicht auf Erfolg. Unser Gehirn lernt zum Glück sehr viel von ganz allein, aber wir können es natürlich dabei unterstützen, gerade wenn die Anforderungen stetig zunehmen.

Bei der Aneignung konkreten Wissens teilt sich Lernen für mich in drei Phasen ein, und zwar in Verstehen, Merken und Erinnern. Wenn wir etwas spannend finden, kann es sein, dass die erste Phase, das Verstehen, schon ausreicht, um Informationen im Langzeitgedächtnis zu speichern. Oft passiert es uns aber auch, dass wir etwas verstanden und uns im Prinzip auch gemerkt haben, aber in der entscheidenden Situation können wir uns dann doch nicht mehr explizit daran erinnern. Wir würden zwar aus vier verschiedenen Antwortmöglichkeiten vermutlich die richtige auswählen oder nickend zustimmen, wenn jemand eine Antwort vorschlägt, aber ohne einen Hinweis wären wir aufgeschmissen. Wir könnten die Antwort nicht selbst formulieren.

Um Informationen und ihre Zusammenhänge zu verstehen, hilft es, sich ihnen aus möglichst vielen unterschiedlichen Perspektiven zu nähern, etwa verschiedene Texte zu einem Thema zu bearbeiten, eine Skizze zu machen, Fragen zu klären, es uns von jemand anderem erklären zu lassen oder noch viel besser: es selbst jemandem zu erklären oder die Inhalte anzuwenden. In der Lernpsychologie spricht man in diesem Zusammenhang von der *Verarbeitungstiefe*. Dieser Begriff umfasst, wie intensiv wir uns mit einem Thema auseinandersetzen und das Wissen in unsere bestehenden Netzwerke integrieren. Wie schnell wir uns etwas aneignen, hängt natürlich auch von unserem bisherigen Erfahrungsschatz ab. Der spielt eine große Rolle, wenn wir etwas richtig lernen wollen.

Wie lernt unser Gehirn?

In den vorangehenden Kapiteln haben wir schon einiges über das Lernen gelernt. Wir haben gehört, dass der Hippocampus beim Lernen eine zentrale Rolle einnimmt. Bei der Bewertung neu eingegangener Informationen arbeitet er mit anderen Hirnregionen zusammen, etwa mit dem präfrontalen Cortex und der Amygdala.

Wenn wir etwas Neues intensiv lernen, vergrößert unser Hippocampus sich durch die Erfahrungen, die wir machen, und deshalb arbeitet er auch umso besser, je mehr wir ihn mit neuen Erfahrungen oder Lerninhalten füttern. Zu unserem Glück können wir unser neugieriges Gehirn auch gar nicht davon abhalten zu lernen, da alle eingehenden Informationen automatisch auf ihren Neuigkeitswert überprüft werden, wie wir schon im Kapitel über Entscheidungen gesehen haben.[132] So erfolgt die Fortschreibung unserer neuronalen Netzwerke, die Aktualisierung unserer Repräsentationen der Welt im Gehirn. Wir lernen – ein Leben lang.

Besonders effektiv nehmen wir neue Informationen auf, wenn wir uns dem Lernstoff bewusst zuwenden, Irrelevantes ausblenden und aktiv und mit Begeisterung bei der Sache sind. Dann reagiert unser Belohnungszentrum und honoriert es mit angenehmen Gefühlen. Wir sind zwar von Natur aus motiviert, uns neues Wissen anzueignen, aber irgendwie fällt uns mitunter das Lernen schwer, und wir brechen nicht immer in einen Jubeltanz aus, wenn uns etwas Neues herausfordert. Deshalb ist es wichtig, sich nicht nur über seine persönlichen Motive, sondern auch über die eigenen Motivationskiller klar zu werden, die uns oft gar nicht so bewusst sind.

So wird ein Lob beim Lernen ja allgemein als positive Verstärkung gesehen. Doch wie eine Studie der Psychologin Carol Dweck mit 400 New Yorker Fünftklässlern belegt, kann selbst ein gutgemeintes Lob zum Motivationskiller werden und sich negativ auf Motivation, Leistung und Selbstwahrnehmung von Kindern auswirken.[133] In dieser Studie mussten Kinder zunächst relativ einfache Rätsel lösen und wurden für ihre Leistung willkürlich entweder für ihre Intelligenz oder für ihre Bemühungen gelobt. Nach einigen schwierigen Tests und Rätseln, bei denen die Gruppenteilnehmer, die für ihre Anstrengungen mit »Du hast dir sicher große Mühe gegeben«, gelobt worden waren, bereits viel intensiver und hartnäckiger gearbeitet hatten, wiederholten die Kinder zum Schluss noch einmal einen Test, der dem Einstiegstest ähnelte. Die Kinder, die mit den Worten »Du bist ja richtig schlau!« für ihre Intelligenz gelobt worden waren, schnitten nun schlechter ab als zu Beginn, während sich die Punktzahl bei den Kindern der anderen Gruppe um durchschnittlich 30 Prozent erhöhte, da sie keine Angst hatten zu versagen, sondern sich mit Begeisterung der neuen Herausforderung stellten. Die Angst, Erwartungen nicht erfüllen zu können, kann unsere Motivation und Leistung extrem schwächen.

Wichtig ist es daher, Wege zu finden, unsere Begeisterung für den Lernstoff zu wecken. Das kann über verschiedene Motivationsstrategien erreicht werden, über Lerntechniken, mit denen das Lernen zu einem aktiven und lustigen Prozess wird, oder auch durch konsequentes Üben. Die daraus resultierenden Erfolgserlebnisse motivieren uns, und das Lernen macht wieder Spaß. Wenn wir in etwas geübt sind, können wir uns Informationen viel leichter merken, da uns gut ausgebaute Netzwerke zur Verfügung stehen, in denen neue Informationen mit wenig Aufwand abgespeichert werden können. So erzählte mir zum Beispiel Axel Raab von der Deutschen Flugsicherung, mit dem ich auch über das Thema Multitasking gesprochen hatte, dass er sich auch heute noch alle Telefonnummern und Zahlen auf Englisch merkt. Denn es gehörte zu seinem Berufsalltag als Fluglotse, sich die sechs- bis siebenstelligen Kennzahlen amerikanischer Militärmaschinen auf Englisch einzuprägen.

Neben dem richtigen Lob kann aber auch Bewegung helfen. Viele Schauspieler lernen ihren Text vor allem, während sie sich bewegen: beim Spazierengehen, auf dem Crosstrainer oder in einem Schaukelstuhl. Es ist auch viel leichter, einen Text zu lernen, wenn man ihn mit Gesten oder Handbewegungen verknüpft. Das ist nicht nur bei Texten so. Selbst bei der Lösung eines algebraischen Problems kann das Bewegen der Hände dazu führen, sich wesentlich besser an den Lösungsweg zu erinnern, wie die Psychologin Susan Wagner Cook von der University of Rochester in einem Experiment herausfand.[134] Nachdem man Kindern erklärt hatte, wie eine bestimmte Matheaufgabe zu lösen war, durften sie beim Üben entweder den Lösungsweg laut erklären, und mit ihren Händen bestimmte Bewegungen machen oder nur die entsprechenden Gesten ausführen. Von den Schülern, die die Lösung sowohl mit den Handbewegungen als auch mit lautem Erklären bearbeitet hatten, konnten sich nach drei Wochen noch über 90 Prozent an die Lösung erinnern, und waren somit noch ein wenig besser als die Gruppe, die nur ihre Hände bei der Lösung des algebraischen Problems genutzt hatte. Wer sich der Aufgabe nur verbal näherte, konnte sich wesentlich schlechter erinnern. Nur etwa 33 Prozent hatten den Lösungsweg noch im Kopf.

Es wäre also sinnvoll, wenn wir uns beim Lernen verstärkt bewegten, statt brav still zu sitzen. Warum wir uns Informationen so besser merken, ist noch nicht ganz erforscht, aber wahrscheinlich liegt es einfach daran, dass unser Gehirn durch Bewegungen noch aktiver ist und weitere Verknüpfungen während des Lernens entstehen.

Wie können wir uns etwas sehr gut merken? Die Bedeutung des Geschichtenerzählens

Am besten merken wir uns Informationen, Situationen und Zusammenhänge, wenn sie uns begeistern. »Das Gehirn wird so, wie man es mit Begeisterung nutzt«,[135] sagt Gerald Hüther. Wenn wir uns etwas Neues merken wollen, müssen wir dafür sorgen, dass es uns begeistert. Und jetzt weiß ich auch, warum mir das Gedächtnistraining von Anfang an immer so viel Spaß gemacht und mich fasziniert hat.

Während mir die Schule in der Unterstufe leider immer gleichgültiger wurde, interessierten mich die unterschiedlichen Gedächtnistechniken, die ich im Kurs von Dr. Gunther Karsten kennen lernte, brennend. Es war mein Glück, dass ich diesen Kurs durch Zufall entdeckt hatte, da er direkt in meiner Straße stattfand. Hier konnten wir unserer Kreativität freien Lauf lassen und über unsere lustigen Ideen lachen. Außerdem motivierte uns unser Trainer immer wieder mit neuen kleinen Wettkämpfen. Im Laufe der Zeit wurde aus den Bildern, die ich für die einzelnen Zahlen hatte – wie schon erwähnt ein Schaf für 68 und ein Baum für 93 –, mehr ein Gefühl für Schaf und Baum. Diese mit Gefühlen verbundenen Bilder konnte ich sogar noch viel schneller abspeichern als die Bilder allein. Wir waren in diesem Kurs fasziniert von diesen effektiven Methoden und stellten uns Schafe vor, die auf Tauben durch die Luft flogen, auf einer Matte landeten und dann mit dem Bus weiter in ein hübsches Tal fuhren. Das ist übrigens eine meiner Geschichten für die Zahl 68 19 31 90 15. Warum ich genau diese Bilder benutze, erkläre ich in meinem Buch *Warum fällt das Schaf vom Baum?*

Damit Sie jetzt nicht erst das ganze Buch lesen müssen, stelle ich Ihnen kurz einige Gedächtnistechniken vor, die Ihnen weiterhelfen, sich Informationen ganz leicht und spielerisch einzuprägen:

1. Denken Sie sich bitte irgendein Wort aus. Das ________ springt vom Baum. Wir können uns alles sehr gut merken, was wir uns selbst ausgedacht haben. In der Psychologie spricht man vom *Generierungseffekt*. Formulieren Sie Ihren Lernstoff also immer mit Ihren eigenen Worten.
2. Wir prägen uns Informationen sehr gut ein, die wir mit etwas verknüpfen, das wir bereits wissen. Wir brauchen also *Verknüpfungen* zu etwas, was schon in unserem Langzeitgedächtnis verankert ist, sodass wir es problemlos abrufen können. Der kanadische Psychologe Donald Hebb stellte bereits 1949 die Regel auf: Was zusammen feuert, wird verdrahtet – *what fires together, wires together*. Wenn wir also lernen wollen, dass Christoph Kolumbus 1492 Amerika entdeckt hat, dann bauen die Gehirnzellen, die für Kolumbus beziehungsweise für 1492 zuständig sind, eine starke Verbindung miteinander auf. Je öfter wir diese Kombination abrufen, also wiederholen oder Eselsbrücken bauen, desto besser werden die Gehirnzellen miteinander verknüpft, die zuständigen Synapsen also gestärkt. Wenn wir uns dann an Kolumbus erinnern, werden über die Synapsen automatisch auch die »1492er-Gehirnzellen« aktiviert, sodass uns beides gemeinsam in den Sinn kommt. Und wenn Sie an Ihrer Sonnencreme riechen, tauchen sicher auch sofort die Bilder aus Ihrem letzten Urlaub auf.

3. Wir erinnern uns vor allem an *Bilder und Geschichten*! Abstrakte Informationen wie Fakten, Zahlen oder Formeln merken wir uns tendenziell nicht sehr leicht.
4. Außergewöhnliches, Merkwürdiges oder *Lustiges* bleibt viel leichter in unserem Gedächtnis hängen, weil unser Gehirn dann besonders aktiviert wird.
5. Wir behalten auch gut in Erinnerung, was in irgendeiner besonderen Art und Weise unsere *Gefühle* anspricht. Überlegen Sie also, in welcher Situation das Gelernte Sie selbst betreffen würde, und stellen Sie so einen Bezug zu Ihren Emotionen her.
6. Um uns Informationen zu guter Letzt langfristig zu merken, müssen wir sie vor allem anwenden und *wiederholen* – am besten direkt nach der Lernphase, dann am gleichen Abend, nach einer Woche und nach einem Monat. Studien haben gezeigt, dass wir den Lernstoff bis zu sieben Mal über mehrere Wochen hinweg wiederholen sollten, damit er sich wirklich gut in unserem Langzeitgedächtnis verankert. Viel besser noch als reines Wiederholen ist das direkte Anwenden des Gelernten.

Wenn Sie anfangen, dieses Wissen beim Erinnern einzusetzen, werden Sie sich mehr Informationen einprägen, als Sie sich jetzt vielleicht vorstellen können. Und nicht nur das: Automatisch werden Sie von Ihrem Gehirn auch noch mit Glücksgefühlen belohnt.

Die Visualisierung der sechs Aspekte des Einprägens: Stellen Sie sich vor, Sie wären ein kleiner Fisch in unserem großen Aquarium und wollten sich die sechs Aspekte merken, die uns helfen, etwas gerne und leicht abzuspeichern. Dafür müssen Sie sich als Fisch natürlich etwas ausdenken, also etwas *generieren*. Und zwar denken Sie sich ein Puzzle aus, beim dem ja auch alle Stücke richtig ineinanderpassen, also richtig miteinander *verknüpft* werden müssen. Nun basteln Sie an Ihrem Puzzle und langsam wird eine *Bildergeschichte* auf den Puzzlesteinen sichtbar. Und zwar sieht man, wie ein Hai von ein paar kleinen grünen Schildkröten und roten Krabben in den Hintern gezwickt wird. Das findet unser kleiner Fisch natürlich sehr *lustig*. Und wahrscheinlich werden auch Ihre *Gefühle* angesprochen, weil Sie sich entweder mit dem

kleinen Fisch freuen oder den Haifisch bedauern. Am Ende sind Ihre Begeisterung und die des kleinen Fisches so groß, dass Sie sich alle sechs Punkte merken können, und deshalb *wiederholen* Sie die Geschichte gleich noch mal.

Natürlich können Sie sich eine Geschichte, die Sie sich selbst ausdenken, noch viel besser merken. Fällt Ihnen vielleicht eine eigene Geschichte zu den sechs Punkten ein? Bei Geschichten, die wir selbst ersinnen, können wir alle Vorteile nutzen, die uns unser Gehirn beim Lernen anbietet. Wenn Sie sich etwas Neues merken möchten, zum Beispiel Namen, Vokabeln, Produktinformationen oder Gesprächsleitfäden, dann denken Sie sich ab jetzt kleine Geschichten aus. Auf diese Weise lässt sich eigentlich alles speichern. Übrigens hat die Geschichtentechnik eine uralte Tradition. Mit ihr wurden nicht nur die Bibel, sondern auch historische Epen oder unsere Märchen überliefert.

Doch auch wenn wir Techniken anwenden, ist Wiederholen das A und O, da unser Gehirn sich dank des Übens in Zukunft nicht mehr so anstrengen muss, um die gelernten Informationen abzurufen. Und das funktioniert nicht nur bei Lernstoff, selbst Bewegungsabläufe können wir hervorragend lernen, wenn wir sie auch im Geiste durchgehen.

Mikaela Shiffrin, die junge, frischgebackene amerikanische Olympiasiegerin im Slalom bei den Winterspielen von 2014 sagte nach ihrem Rennen, dass es überhaupt nicht schwer gewesen sei, da sie im Training immer wieder, Hunderte Male, alle möglichen Situationen in Gedanken durchgespielt hatte: Sie hatte sich bereits siegen, auf dem dritten Platz oder stürzen sehen und aus jedem ihrer Läufe im Kopfkino gelernt. Mit der Folge: »Für jeden anderen ist dies hier vielleicht mein erstes Olympia. Für mich ist es das tausendste.«[136]

Natürlich gelangt die Geschichtentechnik ab einer gewissen Menge an Informationen an ihre Grenzen, gerade wenn wir uns ganz genau oder wortwörtlich an etwas erinnern möchten. Ab zehn, zwölf Informationen kann es leicht vorkommen, dass wir etwas vertauschen oder auslassen. Deshalb gibt es noch eine weitere tolle Methode, die Ihnen bei größeren Informationsmengen weiterhelfen kann.

Die Loci-Methode

Die Loci-Methode, auch Routenmethode genannt, ist eine Technik, die schon über 2000 Jahre alt ist. Sie wurde von den Griechen und Römern genutzt, in erster Linie, um sich die Stichpunkte einer Rede zu merken.

Diese Methode funktioniert so, dass Sie in einem Raum oder einer Wohnung, die Sie gut kennen, nach einer logischen Reihenfolge sogenannte Routenpunkte festlegen. Man fängt zum Beispiel bei der Zimmer- oder Wohnungstür an, überlegt dann, in welcher Richtung man durch die Wohnung geht und legt dabei die Reihenfolge der Routenpunkte nacheinander fest.

Man kann eine Route aber auch am eigenen Körper verankern, was wir hier einmal durchspielen wollen. Der erste Routenpunkt sind die Schuhe, Nummer zwei die Knie. Gehen Sie diese Punkte ruhig im Geist mit durch, und legen Sie zusätzlich jeweils eine Hand auf den Routenpunkt, so können Sie sich diesen noch viel besser einprägen, weil eine Bewegung hinzukommt. Wir brauchen die Punkte nämlich gleich noch. Die Hosentaschen sind der dritte Punkt. Nummer vier ist der Rücken, Nummer fünf der Bauch. Der sechste Routenpunkt ist die Brust, gefolgt von Schultern, Hals, Gesicht und Haaren beziehungsweise dem Kopf. Elf sind die Hände, die Sie auf den Kopf legen, und zwölf die Ellenbogen, die Sie bestimmt sehen können, falls Sie Ihre Hände noch auf dem Kopf haben.

Wir haben also nun:

1. Füße
2. Knie
3. Hosentaschen
4. Rücken
5. Bauch
6. Brust
7. Schultern
8. Hals
9. Gesicht
10. Kopf
11. Hände
12. Ellenbogen

Nun möchte ich, dass Sie sich einmal zu folgenden Fragen Gedanken machen.

1. Erinnern Sie sich noch, was wir im ersten Kapitel über das *Gehirn* gelernt haben?

2. In welchen Bereichen können Sie das, was wir nun über unser *Denken* wissen, anwenden?
3. Worum ging es im Kapitel über *Information Overkill*?
4. *Multitasking*, was war das noch mal genau? Und geht das überhaupt?
5. Im fünften Kapitel haben wir auf die *Achtsamkeit* geachtet, oder?
6. Was könnten Sie anders machen, um *Stress* zu reduzieren?
7. Welche *Zeitmanagement*technik würden Sie am liebsten zuerst ausprobieren?
8. Welche Routine könnten Sie entwickeln, um sich zu *motivieren*? (Und warum?)
9. Wie war das nochmal mit den *Entscheidungen*?
10. In welchen Bereichen könnten Sie *kreativer* werden?
11. Wobei benötigen Sie mehr *Konzentration*?
12. *Sport, Schlaf und Ernährung* – wollen Sie hier vielleicht etwas verändern und warum?

Und *Lernen*, das tun wir gerade. Ganz schön viele Fragen auf einmal. Durch sie vergegenwärtigen Sie sich die Inhalte dieses Buches noch einmal. Vielleicht finden Sie dabei auch heraus, mit welchen Gebieten Sie sich noch intensiver beschäftigen möchten. Ihre Antworten können Ihnen ein klein wenig helfen, sich genialer und glücklicher zu fühlen.

Deshalb möchte ich Ihnen nun kurz anhand dieser Fragen zeigen, wie wir sie uns mithilfe der Körperroute merken können. Es geht darum, Bekanntes und Neues auf möglichst logische, skurrile, merkwürdige oder lustige Weise miteinander zu verknüpfen, je nachdem, was Ihnen am leichtesten fällt. Auf diese Weise können Sie es sich viel leichter merken.

1. Füße und *Gehirn*
   Wenn Sie Ihre Füße nebeneinander stellen und die Zehen einziehen, sehen Sie mit viel Fantasie ein Gehirn von oben mit seinen zwei Gehirnhälften. Ich habe Ihnen ja gesagt, je seltsamer diese Bilder sind, desto besser.
2. Knie und *Denken*

Kennen Sie die Plastik *Der Denker* von Rodin? Der Denker legt eine Hand auf seinem Knie ab beim Denken. Oder Sie verneigen sich und gehen auf die Knie vor Ihrem eigenen genialen Denken.

3. Hosentasche und *Information Overkill*
   Stellen Sie sich vor, wie Sie Ihr Smartphone in der Hosentasche verschwinden lassen und damit auch den *Information Overkill.*
4. Rücken und *Multitasking*
   Überlegen Sie, wie viele Dinge Sie gleichzeitig erledigen können, während Sie auf dem Rücken liegen. Auf dem Laptop schreiben, sich sonnen … Ihnen fällt bestimmt viel mehr ein.
5. Bauch und *Achtsamkeit*
   Achten Sie einmal ganz genau darauf, wie es sich anfühlt, wenn Sie ganz achtsam das Gefühl haben, in den Bauch zu atmen.
6. Brust und *Stress*
   Bei zu viel Stress steigt unter anderem die Herzfrequenz, und das Herz sitzt bekanntlich in der Brust. Und zu viel Stress wollen wir ja nicht, denn wir möchten ja noch genug Zeit für die Familie und Freunde haben, die wir ebenso in unserem Herzen tragen. Ach, was für ein schönes und entzückendes Bild!
7. Schulter und *Zeitmanagement*
   Um uns übrigens zu merken, dass der siebte Routenpunkt die Schultern sind, können wir uns vorstellen, dass die sieben Zwerge auf unserer Schulter sitzen und uns zuwinken. Wir winken natürlich zurück. Welche Zeitmanagementtechniken die sieben Zwerge auf Ihrer Schulter wohl anwenden, dass sie so viel Zeit zum Winken haben?
8. Hals und *Motivation*
   Wie können Sie sich motivieren, dass Sie mehr Sport machen oder gesünder leben, damit Ihr Hals nicht mehr so oft kratzt und Sie nicht mehr so oft krank sind und einen Schal um den Hals tragen müssen? Vielleicht fällt Ihnen noch ein besseres Bild ein?
9. Gesicht und *Entscheidungen*
   Ja, wenn wir eine gute Entscheidung getroffen haben, dann strahlen wir selbstverständlich über das ganze Gesicht.

10. Kopf und *Kreativität*
    Was wäre die kreativste Frisur, die Sie sich auf Ihrem Kopf vorstellen könnten? Ein pinker Vokuhila vielleicht?
11. Hände und *Konzentration*
    Wenn wir uns ganz besonders konzentrieren möchten, dann legen wir natürlich die Hände auf unseren Kopf oder an unsere Schläfen, um ihn dabei zu unterstützen.
12. Ellenbogen und *Sport, Schlaf und Ernährung*
    Schauen Sie sich an, wie hübsch Ihre Ellenbogen aussehen, wenn Sie sich um all diese Bereiche kümmern. Und wenn die Ellenbogen schon so bezaubernd aussehen, wie sieht dann erst das Gesamtbild aus?

Ich hoffe, ich habe Ihre Fantasie nicht überstrapaziert. Wenn man sich auf die Techniken einlässt, sind sie tatsächlich höchst wirksam. Und wie Sie an den ungewöhnlichen und lustigen Beispielen gesehen haben, werden Sie sich beim Anwenden der Gedächtnistechniken immer wieder über Ihre verrückten Bilder und Ihre blühende Fantasie wundern. Je öfter man sich merkwürdige Bilder ausdenkt, desto leichter fällt es einem. Die Werbung arbeitet übrigens mit ähnlichen Methoden. Bei der Werbung geht es oft darum, Geschichten zu erzählen, Emotionen zu wecken und zu überraschen.

Wichtig bei der Routentechnik ist, dass Sie sich die Verknüpfungen als Bilder in Ihrem Kopf vorstellen und sie im Geiste sehen können. Nur lesen oder sich Bilder auszudenken, ohne sie zu sehen, bringt leider nicht so viel. Überprüfen Sie einmal, ob Sie mithilfe der Körperroute alle zwölf Stichpunkte wieder zusammenbekommen.

Wenn Sie die Routenpunkte in einem Raum oder einer Wohnung festgelegt haben, müssen Sie sich später übrigens nicht in diesem Raum aufhalten, denn Sie können die Strecke ja auch in Gedanken abgehen. Wenn Sie sich für eine Prüfung vorbereiten wollen, empfehle ich, jeden Routenpunkt mit nur einer wichtigen Information zu belegen. Das hat die Konsequenz, dass man bei einer großen Menge an Lernstoff erst mal viele Routenpunkte festlegen muss. Aber wenn einem die Technik liegt, kann man mit ihr mit viel Spaß und Begeisterung lernen.

Schlüpfen Sie in andere Rollen

Haben Sie eine wichtige Prüfung vor sich, rate ich Ihnen vor allem, früh genug mit dem Lernen anzufangen, damit Ihr Gehirn genug Zeit hat, alle nötigen Verknüpfungen für den neuen Lernstoff zu schaffen und ihn in die bestehenden Muster einzufügen oder neue zu entwickeln. Das braucht Zeit, und natürlich ist es das Wichtigste, den Lernstoff zu wiederholen und anzuwenden, wenn wir ihn uns langfristig einprägen wollen.

Wiederholen Sie das Gelernte immer abends vor dem Schlafengehen, denn unser Gehirn verarbeitet und »lernt« vor allem nachts, was es am Tag so alles erfahren hat.

Wenn Sie Tests bestehen müssen, stellen Sie sich vor, Sie wären eine dieser schlauen Personen, die Sie bewundern, und lösen Sie die Aufgabe so, wie diese Person es Ihrer Meinung nach tun würde. Studien haben gezeigt, dass dies höchst effektiv ist: Der britische Professor Robert Hartley hatte Schüler gebeten, sich in jemanden hineinzuversetzen, den sie kannten und den sie für besonders schlau und intelligent hielten. Im Anschluss sollten sie einen Test so absolvieren, wie ihn diese schlaue Person lösen würde. Und siehe da, es funktionierte. Sogar Schüler mit unterdurchschnittlichen Noten konnten mit dieser Methode mit den Besten mithalten.[137] Probieren Sie es mal aus. Jetzt schauen wir uns noch einmal kurz in der Schnellversion an, was wir gelernt haben und wie wir nun genialer werden können.

Das Kapitel auf einen Blick

- Wir lernen,
  - wenn uns etwas begeistert
  - wenn wir etwas in eigenen Worten formulieren
  - wenn wir es in Bezug zu uns selbst setzen
  - wenn wir Neues mit Bekannten verknüpfen können
  - wenn wir uns lustige und merkwürdige Bilder ausdenken
  - wenn uns etwas emotional bewegt

- wenn wir beim Lernen unsere Hände benutzen.
- Um etwas im Langzeitgedächtnis zu speichern, müssen wir es oft wiederholen und anwenden.

So werden Sie genialer

- Probieren Sie die Geschichtentechnik in Ihrem Alltag aus.
- Merken Sie sich mithilfe der Geschichtentechnik einmal die Themen der Tagesschau.
- Versuchen Sie das Gleiche am darauffolgenden Tag mit der Körperroute.
- Legen Sie eine Route mit 30 Punkten in Ihren eigenen vier Wänden fest. Beginnen Sie am besten bei der Haus- oder Wohnungstür, gehen Sie in einer logischen Reihenfolge die verschiedenen Räume ab, und suchen Sie dort markante Routenpunkte.
- Belegen Sie die Routenpunkte am nächsten Tag zum Beispiel mit den Punkten Ihrer Einkaufsliste.
- Lernen Sie jede Woche bewusst etwas Neues, das Sie interessiert. Namen von Schauspielern, alle Ministerpräsidenten, die Hauptstädte der EU … Ihrer Fantasie sind keine Grenzen gesetzt.

Kapitel 14

Für Eilige

Das Neue naht

Eilig geht fast gar nichts, wie wir gesehen haben. Zu Beginn dieses Buches habe ich Ihnen gesagt, dass Ihr Gehirn nach dem Lesen nicht mehr das gleiche sein würde. Bei mir hat dieses Buch nicht nur mein Gehirn, sondern mein ganzes Leben verändert, und zwar nicht nur ein klein wenig. Ich meditiere jetzt fast jeden Morgen und starte den Tag mit einem kleinen Arbeitsgedächtnistraining. Ich weiß jetzt, wie ich Ziele erreichen und mich motivieren kann. Ob ich nun wirklich eine Gebrauchsanweisung für meinen Kopf vor mir liegen habe, wird sich zeigen, aber ich habe gemerkt, über welche fantastische Grundausstattung wir mit unserem Gehirn verfügen. Eigentlich wissen wir oft ziemlich genau, was zu tun ist, wenn wir ganz aufmerksam in uns hineinhorchen. Wir haben nicht unbedingt ein Wissens-, sondern viel eher ein Umsetzungsproblem. Aber wie wir etwas ändern können, wenn wir es tatsächlich wollen – und das ist die Voraussetzung –, das wissen wir nun.

Wir können nicht mit einem Schlag und ganz einfach viel genialer werden. Denn wir haben gesehen, dass wir eigentlich nur eine Sache auf einmal in unserem Leben verändern können. Deshalb schlage ich Ihnen vor, auch Schritt für Schritt schlauer zu werden. Suchen Sie sich ein einziges Thema heraus, das Ihnen besonders wichtig ist, und versuchen Sie, sich einen Monat lang nur auf ein Detail dieses Themas zu konzentrieren. Beschäftigen Sie sich in den nächsten vier Wochen nur mit diesem einen Thema. Wenn Sie Ihr Zeitmanagement verbessern wollen, starten Sie nur mit einer Technik, wenn Sie ein Achtsamkeitstraining beginnen möchten, melden Sie sich zunächst für einen Kurs an.

Vielleicht werden Sie bald wieder vergessen, auf Ihre Achtsamkeit oder die Zeitmanagementtechnik zu achten, aber das macht nichts. Die Lösung ist einfach: immer wieder von vorne anzufangen. So hat der Philosoph Albert Camus auch Sisyphos als »glücklichen Menschen« und als »Held des Absurden« gesehen, der immer wieder aufs Neue die Absurdität des Alltags meistert. Und Sie dürfen sogar entscheiden, welchen Stein Sie als Sisyphos wälzen möchten.

Wir brauchen sowieso ab und an Phasen, in denen wir ein wenig undiszipliniert sind, um dann wieder eine neue Phase größerer Disziplin anzutreten. Manchmal müssen wir den schweren Stein den Berg hinaufwälzen, wenn wir uns neue positive Angewohnheiten erarbeiten wollen, aber wenn wir es geschafft haben und er wieder herunterrollt, können wir auf dem Weg hinab entspannen oder müssen für alle Tätigkeiten, die wir uns vorgenommen haben, nicht mehr so viel Energie aufwenden, da sie nun zur Routine geworden sind. Dann werden wir die Dinge ein wenig schleifen lassen. Aber dann geht's wieder auf zu etwas anstrengenderen Etappen, wenn wir den Stein aufs Neue auf den Gipfel befördern wollen.

Wenn Ihnen vier Wochen Selbstdisziplin zu viel erscheinen, setzen Sie sich zunächst das Ziel, zwei Wochen lang am Ball zu bleiben, dann wird es auf jeden Fall wesentlich einfacher durchzuhalten. Und danach starten Sie nochmal. Irgendwann sind dann vier Wochen geschafft. Bis sich ein Verhaltensmuster tatsächlich ändert, kann es im Schnitt bis zu 66 Tage dauern. Ihr kleines Ziel ist also, zunächst zwei Wochen durchzuhalten und sich dann auf 66 Tage zu steigern. Ein paar Tage Unterbrechung darf es zwischendurch natürlich auch geben, aber der Stein muss immer in Bewegung bleiben. Wir wissen, große Projekte sollten wir immer in kleine Schritte aufteilen. Manchmal ist es schon ein Zwischenziel, einen Tag durchzuhalten.

Sie können den Monat auch verlängern und Ihr persönliches Brain-Jahr starten, indem Sie sich für jeden Monat des Jahres eine kleine Änderung oder ein Thema vornehmen. Wichtig ist es einfach anzufangen. Mit der Gebrauchsanweisung ist nämlich noch nichts getan. Auch ein Billy-Regal baut sich nicht von allein auf. Legen Sie also los!

Andere Menschen können wir sowieso nicht ändern, also ändern Sie einfach sich selbst. Und wenn wir uns selbst ändern, ändern sich vielleicht die anderen mit uns. Wenn Sie beispielsweise glauben, keine Zeit für Sport zu haben, weil Ihre Familie Sie so sehr in Beschlag nimmt, dann verbinden Sie doch beides: Machen Sie Radtouren, rangeln, toben, wandern Sie oder gehen Sie gemeinsam schwimmen.

Nutzen Sie eine kleine Starthilfe, und schreiben Sie mal alle positiven und negativen Konsequenzen folgender Idee auf: Warum wäre es gut, wenn ich mich ab jetzt einen Monat lang jeden Tag mindestens fünf Minuten bewusst mit einer Sache beschäftigte, die ich gerne ändern möchte? Sie können als dritten Punkt auch noch »Interessantes« notieren, also Dinge, die Ihnen eine Veränderung außerdem noch bringen könnte. Das ist übrigens eine sehr gute Technik, um seine Ziele oder alle möglichen Themen von unterschiedlichen Standpunkten und Perspektiven aus zu betrachten.[138]

Was würde geschehen, wenn ich mich jeden Tag fünf Minuten mit einer Sache beschäftigte, die ich gern ändern möchte?

Positives: ____
____
____
____

Negatives: ____
____
____
____

Interessantes: ____
____
____
____

Wie gebrauchen wir künftig unser Gehirn? Indem wir es nicht unbeaufsichtigt lassen! Und Sachen machen, die uns Spaß bereiten und für die wir uns begeistern. Indem wir im Alltag immer wieder eins nach dem anderen erledigen, achtsam sind, Bücher lesen, unsere Gedanken aufschreiben, bewusst im Internet surfen, selber denken und uns vor allem mit den Themen beschäftigen, die uns wirklich interessieren. Indem wir uns selbst motivieren und uns fragen, warum wir schlechte Laune haben, und unsere Probleme benennen. Wenn Sie neugierig bleiben und staunen, dann verschaffen Sie sich neues Wissen, mit dem Sie leichter und kreativer Probleme lösen können. Und stellen Sie sich das, was Sie lernen oder erreichen möchten, auch immer bildlich vor. Und Sie werden dabei bestimmt – ganz automatisch – sogar noch etwas glücklicher!

The End.

Danke ...

Mein größter Dank geht an Gianna Slomka vom Campus Verlag, ohne deren viele Ideen das Buch heute nicht so wäre, wie es ist. Fraglich, ob es überhaupt da wäre. Ebenso möchte ich meiner Lektorin Dr. Kirsten Reimers für Ihre tolle Arbeit danken und allen, die im Verlag an diesem Buch beteiligt waren.

Herrn Professor Michael Madeja bin ich für die Kommentare zu den neurowissenschaftlichen Inhalten und Max Bachmeier für die wundervollen Illsutrationen sehr dankbar. Bei Samira El Ouassil, Sabine Heijman, Hendrik Grawe, Niko Kleinhammer, Johannes Löffler, Doris Müller, Simone C. Nicklas, Axel Raab, Julia Romeiß, Martin Schlesinger, Katja Sterzenbach und Oscar Tiefenthal, bedanke ich mich für Ihre Zeit und die wertvollen Anregungen.

Julia Gerecke – vielen Dank, dass du in unserem spontanen Kurzurlaub das gesamte Manuskript gelesen hast und für die vielen sehr, sehr guten Impulse. Ein großer Dank geht auch an die Mitarbeiter der Staatsbibliothek in München, die immer so freundlich grüßen, an meinen Bäcker und an Antje, Daniela, Julia, Nina, Lisa, Lena, Sonja für die fröhliche Ablenkung. An Toni für seinen psychologisches Fachwissen und Olli für die psychologische Betreuung; an alle, die hier nicht genannt sind und an Katharina für ihre Geduld und an meinen Lieblingsbruder für die Hilfe beim Kürzen. So, viel mehr kann ich jetzt auch nicht schreiben, sonst muss er noch mal ran. Für alle eventuell verbliebenen Fehler in diesem Buch bin ich natürlich verantwortlich. Beziehungsweise mein unbeaufsichtigtes Gehirn.

Wenn Sie mehr über das Gedächtnis und die Gedächtnistechniken erfahren möchten, melden Sie sich gern auf www.christianestenger.de für meinen »keep in mind.«-Newsletter an.

Anmerkungen

Kapitel 1

1 *Gehirn und Geist*, Dossier 1/2013, »Die 7 größten Neuromythen«, S. 8.
2 Madeja, Michael, *Das kleine Buch vom Gehirn. Reiseführer in ein unbekanntes Land*, 2. Auflage München 2012, S. 203.
3 März, Ursula, »Bündnis der Blondinen«, *Zeit online*, 06. Februar 2014, http://www.zeit.de/2014/07/dschungelcamp.
4 Siefer, Werner, *Das Genie in mir. Warum Talent erlernbar ist*, Frankfurt am Main 2009, S. 71–75.
5 Ebd.
6 Jaeggi, Susanne M., Buschkuehl, Martin, Jonides, John, Perrig, Walter J., »Improving fluid intelligence with training on working memory«, Proceedings of the National Academy of Sciences (PNAS), 28. April 2008, http://www.pnas.org/content/early/2008/04/25/0801268105.abstract.
7 Terman, Lewis M. (Hrsg.), *Genetic Studies of Genius,* 2. Auflage Stanford 1926, PDF unter: https://archive.org/stream/geneticstudiesof009044mbp#page/n7/mode/2up und Bodderas, Elke, »Das Geheimnis der Genies«, *Die Welt*, 10. Oktober 2008, http://www.welt.de/wissenschaft/article2556630/Das-Geheimnis-der-Genies.html.
8 Rock, David, *Brain at Work. Intelligenter arbeiten, mehr erreichen*, Frankfurt am Main 2011, S. 23.
9 Hüther, Gerald, *Bedienungsanleitung für ein menschliches Gehirn,* 11. Auflage Göttingen 2013, S. 97 ff.

Kapitel 2

10 Kitz, Volker, Tusch, Manuel, *Warum uns das Denken nicht in den Kopf will. Noch mehr nützliche Erkenntnisse der Alltagspsychologie*, München 2014, S. 255 ff.

11 Von der Weiden, Silvia, »Die unsichtbare Gefahr aus dem Plastikmüll«, *Die Welt*, 24. Februar 2014, http://www.welt.de/gesundheit/article125155672/Die-unsichtbare-Gefahr-aus-dem-Plastikmuell.html.

12 Eagleman, David, *Inkognito. Die geheimen Eigenleben unseres Gehirns*, Frankfurt am Main 2012, S. 237 und Goleman, Daniel, *Konzentriert Euch! Anleitung zum modernen Leben*, München 2014, S. 28.

13 Swaab, Dick, *Wir sind unser Gehirn. Wie wir denken, leiden und lieben*, München 2011, S. 31.

14 Goleman 2014, S. 28.

15 Kitz/Tusch 2014, S. 258.

16 Kahneman, Daniel, *Schnelles Denken, langsames Denken*, 2. Auflage München 2012, S. 33.

17 Ebd.

18 Haier, R. J., Siegel, B. V., MacLachlan, A., Soderling, E., Lottenberg, S., Buchsbaum, M. S., »Regional glucose metabolic changes after learning a complex visuospatial/motor task: A positron emission tomographic study«, in: *Brain Research* 570, 1992, S. 134-143.

19 Schaaf, Julia, »Das Wichtigste wäre ein richtig guter Vater«, *Faz.net*, 02. November 2009, http://www.faz.net/aktuell/gesellschaft/jugend-schreibt/hirnforscher-huether-ueber-jungs-das-wichtigste-waere-ein-richtig-guter-vater-1867114.html.

20 Boeck, Gisela, Bommas-Ebert, Ulrike, Brandenburger, Timo, *Prüfungswissen Physikum*, Stuttgart 2009, S. 945.

21 Ariely, Dan, *Denken hilft zwar, nützt aber nichts. Warum wir immer wieder unvernünftige Entscheidungen treffen*, München 2010, S. 40.

22 Hafner, Katie, »In Web World, Rich Now Envy the Superrich«, *New York Times*, 21. November 2006, http://www.nytimes.com/2006/11/21/technology/21envy.html?pagewanted=all&_r=0 und Ariely 2010, S. 56f.

Kapitel 3

23 Carr, Nicolas, *Wer bin ich, wenn ich online bin … und was macht mein Gehirn solange? Wie das Internet unser Denken verändert*, München 2010, S. 191ff.

24 Simon, Herbert, »Designing Organizations for an Information-Rich World«, in: Lamberton, Donald M. (Hrsg.), *The Economics of Communication and Information*, Cheltenham 1997, zitiert nach Goleman, 2014, S. 20.

25 Goebel, Simone, *Klinische und experimentelle Neuropsychologie der strategischen Fähigkeiten*, Dissertation, Halle 2007, S. 32-40, http://sundoc.bibliothek.uni-halle.de/diss-online/07/07H313/index.htm.

26 Miller, George. A., »The magical number seven, plus or minus two: Some limits on our capacity for processing information«, in: *Psychological Review* 63, 1956, S. 81-97.

27 Cowan, Nelson, »The magical number 4 in short-time memory: A reconsideration of mental storage capacity«, in: *Behavioral and Brain Sciences*, 2001, 24, S. 87-114.

28 Übersetzt: Genesung, beleihen, Erfolg haben und die Angst, von Enten beobachtet zu werden.

29 Zitat aus dem Film »Es werde Stadt« von Dominik Graf, 2014; Gertz, Holger, »Eine Erschütterung, die bis heute nachzuwirken scheint«, *Süddeutsche.de*, 4. April 2014, http://www.sueddeutsche.de/medien/doku-zum-zustand-des-deutschen-fernsehens-wir-waren-schon-mal-weiter-1.1928959-2.

30 Rauner, Max, »Abstieg in die Dummheit«, *Zeit online*, 27. Februar 2008, http://www.zeit.de/zeit-wissen/2008/02/Flynn-Interview/komplettansicht.

31 Schirrmacher, Frank, *Payback, Warum wir im Informationszeitalter gezwungen sind zu tun, was wir nicht tun wollen, und wie wir die Kontrolle über unser Denken zurückgewinnen*, München 2011, S. 17.

32 Carr 2010, S. 23.

33 Dobelli, Rolf, »Vergessen Sie die News«, in: *Schweizer Monat*, 984, März 2011, S. 14-23, PDF unter: http://www.dobelli.com/wp-content/uploads/2011/06/Dobelli_Vergessen_Sie_die_News.pdf.

34 Zeug, Katrin, »Süchtig nach Anerkennung«, *Zeit online*, 9. Juli 2013, http://www.zeit.de/zeit-wissen/2013/04/psychologie-soziale-anerkennung.

35 Davis, Phil, »Is Google making us stupid? Nope!«, *The Scholary Kitchen Blog*, 16. Juni 2008, http://scholarlykitchen.sspnet.org/2008/06/16/is-google-making-us-stupid-nope/, zitiert nach Carr 2010, S. 25f.

Kapitel 4

36 Blawat, Katrin, »Arbeitspsychologie: Schön der Reihe nach statt Multitasking«, *Spiegel online*, 01. Juli 2007, http://www.spiegel.de/wissenschaft/mensch/arbeitspsychologie-schoen-der-reihe-nach-statt-multitasking-a-491334.html.

37 *BBC News*, »›Infomania‹ worse than marijuana«, 22. April 2005, http://news.bbc.co.uk/2/hi/uk/4471607.stm.

38 Bundesanstalt für Arbeitsschutz und Arbeitsmedizin (Hrsg.), *Bitte nicht stören! Tipps zum Umgang mit Arbeitsunterbrechungen und Multitasking*, Dortmund 2012, S. 14, PDF unter http://www.baua.de/de/Publikationen/Broschueren/A78.html?nn=667384.

39 Elger, Christian E., *Neuroleadership. Erkenntnisse der Hirnforschung für die Führung von Mitarbeiten*, 2. Auflage Freiburg 2013, S. 58.

Kapitel 5

40 *rbb Online*, »Mensch Einstein – Der zerstreute Professor im Alltag«, 17. Februar 2005, http://www.menscheinstein.de/biografie/biografie_jsp/key=1557.html.

41 Goleman 2014, S. 87.

42 Hubert, Martin, »Schwerpunktthema: In der Ruhe liegt die Kraft«, *Deutschlandfunk*, 31. Oktober 2013, http://www.deutschlandfunk.de/schwerpunktthema-in-der-ruhe-liegt-die-kraft.1148.de.html?dram:article_id=267335.

43 Rock 2011, S. 129.

44 Rock 2011, S. 130.

45 Siegel, Daniel J., *Das achtsame Gehirn*, 3. Auflage, Freiburg 2010, S. 314f.

46 Ricard, Matthieu, *Glück*, München 2007, S. 272-82.

47 Weitere Tipps finden Sie hier: Sterzenbach, Katja, 30 Minuten Business Yoga. In 30 Minuten wissen Sie mehr!, Offenbach am Main, 2012.

48 Abedi, Karim, »Meditation ohne Ziel, Oder: Warum meditieren, wenn's nichts bringt?«, *Sein*, Juli 2013, http://www.sein.de/archiv/2013/juli-2013/meditation-ohne-ziel-oder-warum-meditieren-wenns-nichts-bringt.html.

Kapitel 6

49 Peters, Achim, *Das egoistische Gehirn. Warum unser Kopf Diäten sabotiert und gegen den eigenen Körper kämpft*, Berlin 2011, S. 40-44.

50 Spitzer, Manfred, *Lernen. Gehirnforschung und die Schule des Lebens*, Nachdruck Heidelberg 2014, S. 167f.

51 Groll, Tina, »Brand Me!«, *Zeit online*, 19. November 2009, http://www.zeit.de/karriere/beruf/2009-10/eigen-pr-erfolg-karriere-2.

52 Böschen, Stefan, Weis, Kurt, *Die Gegenwart der Zukunft: Perspektiven zeitkritischer Wissenspolitik*, Wiesbaden 2007, S. 249.

53 Knoblauch, Jörg, *Die Personalfalle, Schwaches Personalmanagement ruiniert Unternehmen*, Frankfurt am Main 2010, S. 104f.

54 Perry, John, *Einfach liegen lassen. Das kleine Buch vom effektiven Arbeiten durch gezieltes Nichtstun*, München 2012, S. 62ff.

Kapitel 7

55 Klein, Stefan, *Zeit. Der Stoff aus dem das Leben ist. Eine Gebrauchsanleitung, Frankfurt am Main 2006, S. 26.*

56 Wittmann, Marc, *Gefühlte Zeit. Kleine Psychologie des Zeitempfindens*, München 2012, S. 141.

57 Rosa, Hartmut, *Beschleunigung. Die Veränderung der Zeitstrukturen in der Moderne*, München 2005, S. 201.

58 Baumeister, Roy, Tierney, John, *Die Macht der Disziplin. Wie wir unseren Willen trainieren können*, Frankfurt am Main 2012, S. 96 ff.

59 Ariely 2010, S. 164 ff.

60 Mehr über die konkrete Umsetzung von Zielen erfahren Sie bei David Allen, *Wie ich die Dinge geregelt kriege. Selbstmanagement für den Alltag*, 18. Auflage München 2014, S. 103 ff.

61 *The Pomodoro Technique by Francesco Cirillo*, »Do more and have fun with time management«, http://pomodorotechnique.com.

62 Nussbaum, Cordula, *Organisieren Sie noch oder leben Sie schon. Zeitmanagement für kreative Chaoten*, 2. aktualisierte Auflage Frankfurt am Main 2012, S. 103.

63 Seiwert, Lothar, *Noch mehr Zeit für das Wesentliche. Zeitmanagement neu entdecken*, München 2006, S. 87 ff.

64 Perry 2012, S. 19 ff.

65 Passig, Kathrin, Lobo, Sascha, *Dinge geregelt kriegen – ohne einen Funken Selbstdisziplin*, 3. Auflage Reinbek bei Hamburg 2012.

Kapitel 8

66 Kandel, Eric, Schwartz, James H., Jessell, Thomas M., *Neurowissenschaften. Eine Einführung*, Heidelberg 1996, S. 626.

67 Urban, Martin, *Wie die Welt im Kopf entsteht. Von der Kunst, sich eine Illusion zu machen*, Frankfurt am Main 2002, S. 17 f.

68 Baumeister/Tierney 2012, S. 23.

69 Baumeister/Tierney 2012, S. 173.

70 Kitz/Tusch 2014, S. 149 ff.

71 Pantalon, Michael V., *Nicht warten – starten! Das 7-Minuten-Programm zur Motivation,* München 2012, S. 78 f.

72 Festinger, Leon, *A Theory of Cognitive Dissonance*, Stanford 1957.

73 Zimbardo, Philip G., Gerrig, Richard J., *Psychologie*, 16. aktualisierte Auflage München 2004, S. 779 ff. und Kitz/Tusch 2014, S. 161 ff.

74 Perry 2012, S. 44 ff.

75 Baumeister/Tierney 2012, S. 9 f.
76 Tough, Paul, *Die Chancen unserer Kinder. Warum Charakter wichtiger ist als Intelligenz*, Stuttgart 2013, S. 118 f und Baumeister/Tierney 2012, S. 17.
77 Schäfer, Jürgen, »Stark sein«, *Geo* 09/ 2013, S. 98.
78 Baumeister/Tierney 2012, S. 31 ff.
79 Baumeister/Tierney 2012, S. 36 f.
80 Possemeyer, Ines, »Nein, kein Wunderkind«, *Geo* 03/ 2014, S. 117.
81 Oaten, Megan, Cheng, Ken, »Improved Self-Control: The Benefits of a Regular Program of Academic Study«, in: *Basic and Applied Social Psychology* 28, 2006, S. 1-6, zitiert nach Baumeister/Tierney 2012, S. 156.
82 Baumeister/Tierney 2012, S. 158 f.

Kapitel 9

83 Kurscheid, Thomas, *Dein Körper belügt Dich! Wie Du seine Tricks durchschaust und länger lebst*, München 2013, S. 38.
84 Pöppel, Ernst, *Zum Entscheiden geboren*. Hirnforschung für Manager, München 2008, S. 19.
85 Pöppel 2008, S. 56, 187 ff.
86 Pöppel 2008, S. 182.
87 Kast, Bas, *Revolution im Kopf. Die Zukunft des Gehirns. Gebrauchsanweisung für das 21. Jahrhundert*, Berlin 2003, S. 127.
88 Pöppel 2008, S. 138 ff.
89 Berndt, Christina, »Das innere Auge«, *Süddeutsche.de*, 19. Mai 2010, http://www.sueddeutsche.de/panorama/intuition-das-innere-auge-1.923320.
90 Pöppel 2008, 90 ff.
91 Drosdek, Andreas, *Die Liebe zur Weisheit. Kleine Philosophenschule für Manager*, Frankfurt am Main 2003, S. 99-109.
92 Streminger, Gerhard, »Die Vernunft ist die Sklavin der Leidenschaften und soll es sein«, in: *Aufklärung und Kritik*, 3/2011, S. 50-53, PDF unter: http://members.aon.at/gstremin/Streminger_Hume-Leidenschaft.pdf.
93 Siefer, Werner, Miltner, Frank, »Mal Intuition, mal Strategie«, *Focus* 30/2007, S. 67.
94 Damasio, Antonio, *Selbst ist der Mensch. Körper, Geist und die Entstehung des menschlichen Bewusstseins*, 2. Auflage München 2011, S. 122, 135.
95 Roth, Gerhard, »Verstand oder Gefühle – wie das Gehirn unser Verhalten steuert«, in: *Index* 4/2007, S. 46-55, http://www.persens.com/de/index/hefte/?&magazine=10&mbaction=detail.

96 Pöppel 2008, S. 89.
97 Spitzer 2014, S. 176, 195.
98 Siefer/Miltner, *Focus* 30/2007, S. 67 f.
99 Siefer/Miltner, *Focus* 30/2007, S. 70.
100 Baumeister/Tierney 2012, S. 114.
101 Hartmann-Wolff, Elke, »Das Schwierigste fürs Gehirn: Gewohnheiten ablegen«, *Focus* 2/2013, S. 102 ff.
102 Kast, Bas, *Ich weiß nicht, was ich wollen soll. Warum wir uns so schwer entscheiden können und wo das Glück zu finden ist*, Frankfurt/Main 2012, S. 73.

Kapitel 10

103 Pöppel, Ernst. *Von Natur aus kreativ. Die Potenziale des Gehirns nutzen*, München 2012.
104 Kelley, David, Kelley, Tom. *Kreativität und Selbstvertrauen. Der Schlüssel zu Ihrem Kreativbewusstsein*, Mainz 2014, S. 98.
105 Kelley/Kelley 2014, S. 262.
106 Kelley/Kelley 2014, S. 18.
107 Tietz, Janko, »Delle im Universum«, *Der Spiegel*, 35/2011, S. 87.
108 Grolle, Johann, »Glücksfall im Lesesaal«, *Der Spiegel* 42/2013, S. 156.
109 Eagleman 2012, S. 15.
110 De Bono, Edward, *De Bonos neue Denkschule. Kreativer denken, effektiver arbeiten, mehr erreichen*, 5. Auflage München 2013, S. 82.
111 Csikszentmihalyi, Mihaly, *Kreativität. Wie Sie das Unmögliche schaffen und Ihre Grenzen überwinden,* 2. Auflage Stuttgart, 1997, S. 39.
112 Kelley/Kelley 2014, S. 143 f.
113 Rock 2011, S. 112.
114 Goleman 2014, S. 61.
115 Csikszentmihalyi 1997, S. 529.
116 Über Edward de Bono und seine Techniken erfahren Sie mehr unter: http://edwdebono.com.

Kapitel 11

117 Goleman 2014, S. 24.
118 Goleman 2014, S. 20.
119 Rock 2011, S. 77.
120 Rock 2011, S. 78.

121 Berman, Marc, Jonides, Jon, Kaplan, Stephan, »The Cognitive Benefits of Interacting with Nature«, in: *Psychological Science* 19, Nr. 12 2008, S. 1207-1212.
122 Von Thadden, Elisabeth, »Die Gestörten«, *Zeit online*, 16. September 2008, http://www.zeit.de/2008/38/ST-Konzentration.
123 Schnabel, Ulrich, »Das Wesentliche im Blick«, *Die Zeit* 18/2011, http://www.zeit.de/2011/18/Aufmerksamkeit.
124 Rost, Detlef H., *Handbuch Intelligenz*, Weinheim 2013, S. 436-439.
125 »Brain Workshop – a Dual N-Back game«, http://brainworkshop.net.

Kapitel 12

126 Siefer 2009, S. 113-117.
127 Siefer 2009, S. 118-123.
128 Hatt, Hans, Dee, Regine, *Das kleine Buch vom Riechen und Schmecken*, München 2012, S. 205 ff.
129 Zulley, Jürgen, *Mein Buch vom guten Schlaf. Endlich wieder richtig schlafen*. München 2005, S. 65.
130 Hermannstädter, Henrike Maximiliane, Beeinflussung der kognitiven Leistungen durch Kalorienrestriktion, Dissertation, Berlin 2013, http://www.diss.fu-berlin.de/diss/servlets/MCRFileNodeServlet/FUDISS_derivate_000000012913/Dissertation_hmr_23_07_2012_endversion_fuer_dissertationsserver_24_01_2013.pdf?hosts.

Kapitel 13

131 Carey, Bendict, »Remembering, as an Extreme Sport«, *New York Times*, 19. Mai 2014, http://mobile.nytimes.com/blogs/well/2014/05/19/remembering-as-an-extreme-sport.
132 Spitzer 2014, S. 14.
133 Lehrer, Jonah, *Wie wir entscheiden. Das erfolgreiche Zusammenspiel von Kopf und Bauch*, München 2009, S. 71.
134 *Annals of psychotherapy and integrative health*, »Hand Movements May Assist the Learning Process«, 29. Juli 2009, http://www.annalsofpsychotherapy.com/articles/news/10/15/Hand-Movements-May-Assist-the-Learning-Process.
135 Klaft, Claudia, Böhme, Marco, »Das Gehirn ist kein Muskel«, *faktor-Magazin*, 17. März 2010, S. 66.
136 Steinle, Bernd, Poljana, Krasnaja, »Zu perfekt, um wahr zu sein«, *Faz.*

net, 21. Februar 2014, http://www.faz.net/aktuell/sport/olympische-win terspiele/skisport/skirennfahrerin-mikaela-shiffrin-zu-perfekt-um-wahr-zu-sein-12812586.html.

137 Ostrander, Sheila, Schroeder, Lynn, *SuperMemory. Der Weg zum optimalen Gedächtnis*, München 1996, S. 193.

Kapitel 14

138 De Bono 2002, S. 25.

Literatur

Bear, Mark F., Connors, Barry W., Paradiso, Michael A., *Neurowissenschaften. Ein grundlegendes Lehrbuch für Biologie, Medizin und Psychologie*, 3. Auflage Heidelberg 2009.

Birkenbihl, Vera F., *ABC Kreativ. Techniken zur kreativen Problemlösung*, 4. erweiterte Auflage Kreuzlingen/München 2007.

Brown, Jeff, Fenske, Mark, *So denken Gewinner. Warum Erfolg wenig mit IQ zu tun hat und andere Ergebnisse der Hirnforschung. Die 8 entscheidenden Strategien*, München 2011.

Degener, Margret, Hütter, Heinz, *Raus aus dem Zeitstress. Selbsttraining zur Work-Life-Balance*, Berlin 2010.

Doidge, Norman, *Neustart im Kopf. Wie sich unser Gehirn selbst repariert*, Frankfurt am Main 2008.

Erharter, Wolfgang A., *Kreativität gibt es nicht. Wie Sie geniale Ideen erarbeiten*, München 2012.

Felser, Georg, *Motivationstechniken. Persönliche Erfolgsfaktoren ermitteln. Psychologie praktisch anwenden*, Berlin 2002.

Huhn, Gerhard, Backerra, Hendrik, *Selbstmotivation. FLOW – Statt Stress oder Langeweile*, 3. Auflage München 2008.

Klingberg, Torkel, *Multitasking. Wie man die Informationsflut bewältigt, ohne den Verstand zu verlieren*, München 2008.

Pink, Daniel H., *Unsere kreative Zukunft. Warum und wie wir unser Rechtshirnpotential entwickeln müssen*, München 2008.

Pink, Ruth, *Denken – kreativ, professionell und systematisch*, Berlin 2009.

Pöppel, Ernst, Wagner, Beatrice, *Dummheit. Warum wir heute die einfachsten Dinge nicht mehr wissen*, 3. Auflage München 2013.

Roth, Gerhard, *Persönlichkeit, Entscheidung und Verhalten. Warum es so schwierig ist, sich und andere zu ändern*, 6. Auflage Stuttgart 2011.

Seung, Sebastian, *Das Konnektom. Erklärt der Schaltplan des Gehirns unser Ich?*, Heidelberg 2013.

Sprenger, Reinhard, K., *Die Entscheidung liegt bei dir. Wege aus der alltäglichen Unzufriedenheit*, 14. erweiterte Auflage Frankfurt am Main 2010.

Väth, Markus, *Feierabend hab ich, wenn ich tot bin. Warum wir im Burnout versinken*, Offenbach 2011.

Werder, Lutz von, *Creative Thinking. Die Ideenfabrik. Die effektivsten Denkmethoden großer Philosophen für Schule, Studium und Beruf*, Uckerland 2003.

Zulley, Jürgen, Knab, Barbara, *Unsere Innere Uhr. Natürliche Rhythmen nutzen und der Non-Stop-Belastung entgehen*, Freiburg im Breisgau 2000.

Zulley, Jürgen, Knab, Barbara, *Wach und fit. Mehr Energie, Leistungsfähigkeit und Ausgeglichenheit*, Freiburg im Breisgau 2004.